KB076048

전쟁과 가족

정소영 옮김

권헌익 지음

전쟁과 가족

창비

2020년 올해는 한반도에서 전쟁의 비극이 일어난 지 70년이 되는 해이다. 70이라는 숫자가 뭐 그리 중요하겠냐마는 한국인의 오늘날 평균수명을 80세 언저리로 봤을 때 이 숫자는 의미가 새롭다. 어린 시절 혹은 청소년 시기에 전쟁을 직접 경험한 세대, 그 세대가 간직한 살아 있는 전쟁의 기억이 이젠 그 생을 다할 때가 왔다는 것이다. 이 시점을 전쟁문화사 연구자들은 중요한 전환점으로 이해한다. 이 책에 제1차세계대전 이야기가 많이 등장하는데 이는 1차대전 연구에서 기억의 삶에 관한 논의가 특히 첨예하고 정교하기 때문이다. 이 논의의 핵심은 전쟁의 경험자들이 더이상 존재하지 않을 때 그 전쟁을 어떻게 기억할 것인가라는 시간과 세대의 문제이다. 또한 누가 그들을 대신해서 파괴의 시대를 기억하는가라는 기억의 주체에 관한 문제이기도 하다. 국가가 대신하는가? 사회는 국가가 대신하도록 놔둘 것인가? 경험자들이 가실 때 기억을 갖고 떠나시는가 아니면 조금이라도 두고 가시는가? 만약 두고 간다면 남은 자들은 이를 어떻게 해야 하는가? 그들이 둔 것은 짐인가 아니면 선물인가? 이런 피할 수 없는 질문들을 생각하면 한국전쟁 70주년은 무심하게 흘려보내기 힘든 시간이다.

그런데 한반도의 전쟁은 70년이란 세월이 흘렀음에도 불구하고 아직도 '끝나지 않은 전쟁', 아직 역사가 되길 거부하는 놀랍도록 예외적인 사건이다. 남북관계에서도, 북미관계에서도 아직도 진행 중인 전쟁이다. 한국전쟁을 넓은 환경에서 규정했던 동서대결의 냉전이 종식된 지도 어언 한 세대가 지났음을 상기하면 놀라움은 더하다. 세상은 탈냉전시대로 접어든 지 오래되었는데 한반도만 유일하게 아직 과거에 매여 있다는 의미에서 한반도를 '냉전의 섬'이라고 표현하기도 했다. 한편 지금 급증하는 미중 간의 갈등을 두고 신냉전 혹은 냉전 II 등의 말이 회자되고 있다. 현재가 과연 신냉전의 환경인지는 모르겠지만 (왜냐하면 이는 냉전을 어떻게 정의하느냐의 문제이기 때문에) 한국전쟁의 지긋지긋하게 끈질긴 생명력은 이 환경의 영향을 분명 받을 것이다.

　세계사의 영역에서 한국전쟁의 영향은 엄청나다. 한국전쟁은 일차적으로는 내전, 즉 한민족의 동족상잔의 현장이었지만 또한 소위 신냉전의 두 주요 행위자인 미국과 중국의 청년들이 (중국은 많은 장년들을 포함해서) 서로를 살상한 현장이었다. 미국은 이 전쟁으로 인해 군사제국이 되었고, 오늘날 중국의 대국주의의 기원 역시 한국전쟁 시기에서 찾는다. 일부 역사학자들은 스탈린의 소련이 한반도 상황에 소극적일 때 중국은 항미원조(抗米援朝), 보가위국(保家衛國)의 깃발 아래 조선전쟁에 전격적으로 참전함으로써 대국으로의 행보를 시작했다고 주장한다. 처음에는 사회주의권에서 소련과 어깨를 나란히 하는 대국, 소련의 붕괴 이후에는 더 넓은 영역에서의 대국으로 나아갔다.

　끝나지 않은 전쟁은 한일관계에도 적용된다. 1951년 9월 연합국과 일본은 샌프란시스코에서 평화조약을 맺었고, 이 조약에서 비롯한 샌프란시스코체제에 관심을 두는 국제관계학 연구자들에게 (자신들의 패권전쟁의 과거를 제대로 대면하지 못하는) 일본의 오늘날 불행한 모습에 실은 한반도의 전쟁의 역사가 깊이 내재해 있다는 것은 익숙한 주제이다. 비록 한일관계가 최악의 상황으로 치닫는 요즘 공공연히 말하기 쉽지 않은 주제이기는 하지만, 기본적으로 내전인 한국전쟁이 미일관계와 1945년 태평양전쟁 종전 후 일본에서 진행된 일련의 사회개혁에 가져온 변화는 엄청났다.

우리의 전쟁이 세계에 가져온 변화를 이해하는 것은 중요하다. 그만큼 이 '작은' 전쟁이 세계사의 넓은 지평에서 차지하는 자리를 이해하는 것도 중요하다. 이 자리는 결코 작지 않은데 이 책은 이 자리를 냉전이라는 이름의 '세계내전'에서 가장 명료하게 대표적인 내전, 가장 폭력적인 내전으로서 한국전쟁을 정의한다. 그리고 20세기의 대표적 내전인 이 전쟁의 어제와 오늘을 이해하기 위해서는 세계사적 시각만큼 경험세계의 인식이 필요함을, 나아가서 이 두 영역을 연결하고 한 공간에 모으는 실천이 필요함을 주장한다. 왜냐하면 이 경험의 세계에 이미 세계에 대한 이해가 내재되어 있기 때문이다.

이런 시각에서 이 책은 한국전쟁의 경험에, 경험의 주체의 세계에 다가가고자 시도한다. 경험이란 반드시 그 현장에 있었다는 의미가 아니다. 경험하는 역사적 주체가 어떤 존재였는지, 그 존재의 모습을 이해하기 위해서 어떤 노력을 해야 하는지 질문해야 한다. 역사적 현장에 대한 애정만큼 사회과학의 엄밀한 개념적 사고가 요구되는 질문이다. 이 책은 이 주체의 모습을 '관계'로 설정한다. 가족, 친족 그리고 공동체를 언급하지만 이들 모두 결국 관계적 세계의 일면일 뿐이다. 왜 관계인지 그리고 이 관계의 세계가 어떻게 일상의 관계와 정치적 관계를 모두 포함하는 입체적인 세계인지 소개한다. 이 책이 과연 한국전쟁의 입체적인 주체의 세계를 복원하는 데 일조했는지, 하늘이 무너지는 시대에 생명과 인륜의 존엄을 지켰던 이 경험주체들의 기적적인 삶에 조금이나마 경의를 표하는 데 성공했는지, 독자의 판단에 맡긴다.

2020년 6월
권헌익

| 감사의 말 |

이 책은 내가 만난 많은 사람의 도움과 격려가 없었다면 나오지 못했을 것이다. 무엇보다 당신들의 양분되었던 과거 공동체의 삶을 파고들던 이방인인 나를 관대하게 맞아주신 안동의 어르신들에게 감사드린다. 마을에 대한 조사를 할 수 있게 허락해준 북제주의 하귀리 마을발전협의회를 비롯하여 자신들의 가족사를 기꺼이 들려준 분들 모두에게 특히 감사를 표하고 싶다.

이 연구조사는 2016년 대한민국 교육부와 한국학중앙연구원(한국학진흥사업단)을 통해 한국학세계화랩사업의 지원(AKS-2016-LAB-2250005)을 받아 이루어졌다. 무엇보다도 책을 완성하는 중요한 시기에 서울대 인류학과와 사회과학대학은 나를 초빙석좌교수로 초청해 큰 도움을 주었다. 특히 인류학 특강에 참여한 여러 학생들과 정향진 교수의 『한국 가족과 친족의 인류학』 공저 작업으로부터 많은 배움이 있었다. 한국어판 준비 과정에 서울대 인류학과 박사과정 황희선씨가 큰 도움을 주었다. 깊이 감사드린다. 이외 다른 많은 기관의 도움으로, 아시아와 유럽과 북아메리카의 학생과 동료는 물론 일반대중과 함께, 한편으로는 현대 전쟁의 역사와 유산을 새롭게 생각할 다른 방식에 대해, 다른 한편으로는 현대 정치에서 공동체(communitas)의 운명에 대해 논의할 수 있는 기회를 가질 수 있었다. 이 두 연구영역에서 나누었던 생각들을 하나로 통합하는 과정에서 이 책이 나왔다.

이 책은 또한 내가 앞서 연구했던 베트남전쟁 역사의 연장선이기도 하다. 정치폭력에 대항한 인간의 분투라는 거대한 역사적 환경의 한 사례에서 다른 사례로 넘어가는 과정에서, 베트남전쟁과 미국 대외정책의 탁월한 연구자인 뉴욕대학교의 메릴린 영(Marilyn B. Young) 교수는 내 연구에 한결같은 지지를 보내주었다. 처음 만났을 때 중국 국공내전 연구에서 시작한 그녀 역시 비슷한 여정을 준비하고 있었다. 우리는 이런 여정이 통상 냉전이라 불리는 전지구적 내전이 남긴 파괴의 흔적을 다루기 위해 꼭 필요한 일이라는 확신을 공유했다. 이 책을 이제는 고인이 된 그녀에게 헌정한다.

차
례

서론

낯선 사람을 마주치면 머리를 쉼 없이 가로젓는 할머니가 있다. 한국전쟁 초기에 사고로 아들을 잃은 후 생긴 이 유별난 신체 반응은 할머니 자신도 어쩔 수 없는 것이다. 할머니의 외동아들은 옆마을의 외갓집에 숨어 있었다. 어느날 논에서 일을 하는데 한떼의 무장군인이 난데없이 할머니 앞에 나타났다. 군인들이 아들을 쫓고 있다고 믿은 할머니는 화들짝 놀라서 아들이 어디 있는지 모른다는 뜻으로 격렬하게 고개를 가로저었다. 시어머니가 거짓말에 서툰 것을 아는 젊은 며느리가 그런 상황이 닥치면 그렇게 하라고 했던 것이다. 얼어붙었던 할머니는 곧 정신을 차린 뒤, 군인들이 아직 아들에 대해 묻지도 않았다는 괴로운 사실을 깨닫고 말았다.[1] 또다른 이야기에서 중년여성 한명은 쇠약한 어머니와 함께 절을 방문하는 중이다. 모녀는 서울에서 가족이 겪은 전쟁경험과 관련된 비밀을 공유하고 있다. 이 비밀은 가족이 전쟁에서 살아남으려면 지켜야만 했지만, 전쟁이 끝난 후로는 서로를 서먹하게 만드는 원인이 되었다. 딸은 어머니가 관세음보살에게서 구원을 찾는 것을 안다. 그런 모습을 지켜볼 때마다 어머니를 위로하고 싶지만 목구멍에 이물질이 걸린 것처럼 말이 나오지 않는다. 말을 가로막는 이 작고 거친 덩어리를 그녀는 한국전쟁의 기억이라

고 부른다.[2]

북한 인민군이 서울을 점령했던 때인 1950년 6월 28일에서 9월 28일까지의 기간 동안 역사학자 김성칠이 적은 일기가 있다.[3] 그중에 점령군에 협력한 이웃에 대한 기록이 있다. 그의 부인은 혹시 점령군이 바뀐다면 남편의 친공산당 행적으로 인해 집안에 무슨 탈이 생기지 않을까 걱정이 태산이었다. 그녀는 이웃에서 믿을 수 있는 유일한 사람인 김성칠의 부인에게 이 사실을 털어놓는다. 부인은 위로를 하고 싶었지만 어떻게 위로해야 할지 몰랐다고 한다. 게다가 혹시 말을 잘못해서 그 말을 이웃의 남편이 듣게 되면 자신의 집안에 재앙이 닥치리라는 것도 알았다. 소설가 박완서도 이웃 간의 신뢰가 무너지는 비슷한 이야기를 전한다. 자전적 소설에서 박완서는 숙부의 가족을 회고한다. 북한군은 서울에 살던 숙부의 방 세개짜리 집을 접수하여 장교 식당으로 사용했다.[4] 이후 전세가 역전되어 국군과 미군이 서울을 탈환했을 때 숙부가 그 일로 체포되어 즉결처분되었다. 이웃이 그를 부역자로 고발했던 것이다. 교사였던 박완서의 오빠는 전쟁 전에 급진적 정치운동에 가담했었다. 하지만 이후 가족의 압력에 못 이겨 과거 급진주의자들을 반공애국주의라는 '올바른 길'로 재교육한다는 목적으로 세워진 국민보도연맹(이하 보도연맹)에 가입했다. 북한군이 서울을 점령했을 때 이전 동지들은 혁명전쟁을 지원하는 활동에 가담할 것을 그에게 종용했고, 그는 곧 남한 '자원병'으로 조선인민군에 징집되었다. 전세가 바뀌어 국군이 해방군으로 들어오자 그의 과거 전적과 한동안 집을 비웠다는 사실이 박완서 가족의 생사를 위협하는 문제가 되었다. 당시 문학을 전공하는 대학 초년생이던 박완서는 살아남고자 하는 절박한 마음으로 반공청년단에서 서기로 일한다.

혼돈이 마감된 것은 오래전의 일이지만, 서울을 번갈아가며 덮치던 폭력의 물결의 효과는 현재의 이 생기 넘치는 거대도시 곳곳에서 여전히 감지된다. 일례로 구시가지에 이웃의 집들과 아주 다른 주택 하나가 있다. 집의 주인은 형제들이 집을 못 찾아올까봐 그 산동네 이웃들이 다들 해온 주택개조를 지난 60년 동안 거부해왔다. 한국전쟁 당시 열한살이던 막내에게 금방 돌아오겠다는 약속을 하고 북쪽으로 떠난 형제들이 여태 그 약속을 지키지 못하고 있는 것이다. 북한이 핵무장을 주장하고 미국이 그에 대해 선제 공격을 하겠다며 적대적인 대치상황이 벌이지던 최근, 작가 한강은 서울에서 돈을 다 잃어버린 한 남자 이야기를 소개했다.[5] 그는 평생 모은 돈을 은행에서 모두 인출해 불안에 떨며 가지고 돌아오는 길에 잃어버리고 말았다. 1950년대 전시 경험을 떠올리며 전쟁이 터지면 손주들의 생존에 필요하다고 생각했기 때문에 돈을 마련했던 것이다.

이 모두가 참담한 경험이 아닐 수 없다. 이런 이야기에 묘사된 전쟁의 상흔은 현대 전쟁의 문화사에서 익숙하게 만나볼 수 있는 것과는 다를 수도 있다. 예를 들어 현대 인류학의 중요한 학자인 윌리엄 리버스(William H. R. Rivers)의 관심을 사로잡았던, 참호전으로 인한 전쟁신경증(war neurosis) 같은 것 말이다. 리버스는 심리학과 인류학을 공부한 후 친족연구에서 비교방법론을 적용한 선구적 인물이다. 1차대전 당시 그는 에든버러 근교의 크렉 록하트 군병원에서 정신병리학자로 일했다. '셸 쇼크'로 불리는 전쟁신경증 개념이 널리 받아들여지고 인정받게 된 것도 리버스가 참호전의 경험으로 고통받던 시그프리드 서순(Siegfried Sassoon)을 비롯한 여러 영국군 장교들을 임상적으로 관찰한 것과 얼마간 관련이 있다.[6] 리버스는 전쟁신경증을 실제 질병이라고 보았고, 그것을 야기하는 충동이 자기보존 본능이라고 믿음으로써 초기 성적 경험과 그와 관련된 잠재 불안을 강조했던 당시 지배적인 신경증 이론과 다른 입장을 보였다. 또 한국전쟁의 상흔은 앨런 영(Allan Young)이 1970년대 미국의 '정신병리학의 문화'(culture of psychiatric science)라고 부르는 외상후스트레스장애와도 다르다. 이 이론은 초기에 베트남전쟁에 참전한 미군이 겪은 증상에만 집중했기 때문이다. 대중의 한국전쟁 경험은 문학작품, 자서전, 증언록 등을 통해 최근에 비로소 공개되었는데, 그 내용을 보면 3년에 걸친 이 전쟁이 전투원뿐 아니라 전문적 역할을 수행하지 않았던 무수히 많은 사람들에게 깊은 상처를 남긴 경험이었다는 사실이 분명히 드러난다. 더구나 민간인이 겪은 이 전쟁상처는 **사회적** 상흔이었다. 병사의 정신적 외상과 구분된다는 점에서뿐만 아니라, 개별화된 개인이나 그 신체보다는 관계 속에 놓인 존재가 겪었다는 점에서 그렇다.

　사실 한국전쟁의 경험을 담은 한국의 문학적 재현에서는 '관계'가 핵심 용어로 등장한다.[8] 관계적 고난이란 한국전쟁의 폭력성이 공동체나 가족 관계의 환경에 잔혹하고도 지속적인 영향을 끼치는 방식을 지칭한다. 그것은 또한 전쟁의 주된 정치적 폭력성이 적군의 신체나 집단적 사기만이 아니라 인간유대의 도덕성과 정신을 겨냥했다는 사실을 입증하기도 한다. 더구나 이러한 맥락에서 이해되는 관계는 3차원적 현상이다. 구체적이고 친밀한 대인관계뿐 아니라 비인격적 정치체제와 이 정치체제가 품고 있는 추상적 이상 간의 상호작용에 대해서도 말해주는 바가 있는 것이다. 나아가 이 개념은 이렇게 질적으로 다른 관계의 형식들이 맺고 있는 관계성, 즉 직접적인 인간관계의 운명과 민족적·전지구적 규모의 비인격적인 정치적 힘 사이의 또다른 관계의 실재를 가리킨다.[9] 한국전쟁을 다룬 고전적 소설인 최인훈의 『광장』에서 철학과 학생 명준이 신생 남한정부의 보안부대에 끌려가, 오래전 집을 떠난 자신의 부친이 북한 공산체제의 동조자라고 믿은 이들에게 호된 취조를 당하는 것도 그 때문이다. 명준은 이들에게 자신과 아버지의 유대관계는 가족관계이자 동시에 정치적 관련성이 있어서 그 둘이 구별되지 않는다는 사실을 깨닫는다. 공산주의자의 아들이면 곧 김일성과 스탈린의 추종자나 다름없고, 그렇게 잘못된 집안 배경을 타고난 사람의 목숨은 파리목숨이나 매한가지라는 사실도 알게 된다. 인간관계성에 대한 그와 같은 공격이란 어떤 형식의 전쟁에서나 일어나기 마련이고, 잔혹성의 측면에서 타의 추종을 불허하는 현대 내전에서는 더 말할 나위가 없다는 주장도 있을 수 있다. 일리가 있는 주장이고, 한국전쟁의 경험을 현대 내전이라는 넓은 비교역사적 맥락에 놓을 수 있다는 이점도 있다. 하지만 한국전쟁의 사회적·인간관계적 고난은 20세기 전쟁의 보편적인 인간조건만이 아니라 한국 분쟁의 특수한 성격도 뚜렷이 보여준다.

한국전쟁(1950~53)은 하나의 전쟁이 아니라 서로 다른 종류의 전쟁이 결합한 것이라 할 수 있다. 무엇보다 그것은 식민지배에서 벗어난 상호 부정하는 두 정치세력이 그 부정성을 근거로 하나의 통일된 근대국민국가를 건설하고자 하는 과정에서 벌어진 전쟁이었다. 또한 서로 다른 근대성의 전망을 지녔던 두 갈래의 국제적 세력 간에 벌어졌던 전지구적 갈등의 일부이기도 하다. 보통 냉전이라는 이름으로 알려져 있는 이 갈등은 요즘 일부 이론가는 '전지구적 내전'으로 지칭하기도 한다.[10] 한국전쟁은 또한 오늘날 두 패권국가들인 미국과 중국 간에 벌어진 국제분쟁이기도 했다. 1990년대초 냉전이 끝난 이후로 한국전쟁을 중국과 미국 간의 충돌로 바라보는 연구가 풍부해졌다. 구소련과 중국, 그리고 구 동유럽 연합국들에 소장되어 예전에는 볼 수 없었던 자료들이 점점 많이 공개되었기 때문이기도 하다. 그런 연구 중에는 미국과 서양의 다른 나라에 소장된 새로운 자료나 기존 자료에 대한 새로운 해석도 있다. 미중 관계의 중추적 사건으로서의 한국전쟁에 점점 관심이 집중되는 것은 또한 이 특정한 차원에 내재된 함의가 현재 세계정치의 전개과정에서도 강한 반향을 일으키고 있기 때문이다.[11] 지난 세기 지배적인 지정학적 질서였던 냉전이 종식되면서 한국전쟁의 실체를 또다른 시각과 차원에서 바라보는 일이 가능해졌다. 내전이자 국제적 분쟁이라는, 상대적으로 잘 알려진 한국전쟁의 성격 외에 탈식민의 한반도에서 또다른 종류의 전쟁이 있었다는 사실이 최근의 연구를 통해 드러난 것이다.

캐나다 역사학자인 스티븐 리(Steven H. Lee)에 따르면 1950년대에 한국에서 벌어진 전쟁은 주요하게는 사회를 상대로 한 전쟁이었다.[12] 사회학자 김동춘 역시 비슷한 시각에서 전시에 민간인에게 가해졌던 무자비한 폭력에 주목해 '또다른 한국전쟁'이라 지칭하고 그 실상을 탐구한다. 전시에 겪은 민간인의 고통은 외부세계에 잘 알려지지 않았고, 심지어 한국인 자신들도 잘 모른다고 김동춘은 지적한다.[13] 역사학자 박찬승은 한국전쟁의 사회적 실체를 미시적으로 들여다본다. 그는 이 실상을 "마을로 들어간 전쟁"이라 일컬으며, 민족적·국제적 서사로서의 전쟁사와 지역공동체에서 기억하는 전쟁사 사이의 차이를 강조한다.[14] 이 책에서는 더욱 미시적인 시각을 취하여, 친밀한 관계망의 영역에서 한국전쟁의 역사와 유산에 접근하고자 한다. 이를 위해 시비타스(civitas, 영토와 소유에 기초한 시민적·정치적 사회)와 구별되는 소시에타스(societas, 사람과 사람 사이의 관계에 기초한 질서)의 개념을 부분적으로 빌려 올 것인데, 이 두 대조적 개념은 한때 친족과 정치를 다루는 인류학에서 핵심적이기도 했다.(이후 논의를 참조할 것)[15] 한국전쟁이 '마을의 전쟁'이었던 사람들 사이에서는 그 시기를 "난데없이 하늘이 무너져 내렸던 때"라거나 "천륜도 인류도 없었던 때"로 기억하는 경우가 많다. 그러한 표현은 폭력적 수단을 동원한 배타적 정치주권의 정치, 즉 내전의 성격을 띤 한국전쟁이 야기한 사회적 혼란의 강도와 극단적인 인간조건을 말해준다. 천륜에 대한 언급은 도덕성의 위기를 보여준다. 현대 내전이 인간의 인간다움에 대한 근본적 인식을 얼마나 철저히 유린할 수 있는지, 그리고 서로 어울려 사는 일상적 삶의 규범에 얼마나 깊은 상처를 남기는지를 말이다.

1950~53년의 전쟁은 엄청난 사상자를 남겼다. 무엇보다 충격적인 것은 민간인 사상자가 200만명이 넘었다는 사실이다. 이 수는 3년 동안 전쟁에 투입된 여러 국적의 전투원들의 총전사자 수를 넘는다.[16] 스티븐 리는 이런 규모의 사상은 부수적 피해로 치부할 수 없다고 주장하면서, 양측의 무장 정치세력이 자행한 광범위하고 무분별한 폭력에 맞서 비무장 민간인이 생존을 위해 벌였던 사투를 고려하지 않고는 한국전쟁의 실체를 이해할 수 없다는 의견을 개진한다. 남한정부는 전쟁 초기부터 대규모 선제적 폭력을 자행했다. 적에 동조하는 인물이나 잠재적 협력자로 간주한 사람들을 대상으로 벌인 정부 차원의 행동은 이후 이어진 전쟁의 혼돈 속에서 민간인에 가해지는 폭력의 악순환을 촉발했다. 남한정부의 행동은 북한군 점령 당시 남한체제의 조력자로 분류된 개인과 가족에 대해 더욱 가혹한 징벌적 처벌을 도발했고, 다시 전세가 역전되었을 때는 공산주의 점령군의 협력자에 대한 보복적 폭력의 강도가 한층 더 격화되었다. 일시적으로 점령했던 남한지역을 떠나면서 북한군은 남한군이 앞서 했던 것과 똑같이 남한체제의 동조자로 간주한 사람들에게 선제적 폭력의 일환으로 끔찍한 잔혹행위를 저질렀다. 사회에 가해진 혼란스럽고 만연한 폭력으로 인해 무수한 사람들이 겁에 질린 채 고향을 버리고 남으로 혹은 북으로 떠나는 대이동을 감행했다. 바로 이 때문에 전후 한반도의 인간조건과 관련한 아주 중대한 쟁점이자 여전히 풀리지 않은 채 남아 있는 문

제인 이산가족의 곤경이 생겨난 것이다. 전쟁이 끝난 후에는 사라진 가족 구성원, 곧 적의 영역으로 넘어갔다고 의심되거나 반정부적 동조자의 혐의가 있는 희생자들은 살아남은 가족 전체가 감당해야 할 심각한 문제가 되었다.

이산가족과 연대책임이라는 이 두 현상은 가족과 친족 내에 극심한 존재적·도덕적 위기를 초래했다. 전쟁이 끝난 뒤 재결합을 바라는 마음과 연좌처벌을 받게 될지도 모른다는 공포 사이에서 시달리게 되었던 것이다. 어딜 가나 가족들은 친목 및 연대의 시간뿐 아니라 실망 및 갈등의 순간을 겪는다. 하지만 이러한 현실에서도 친족의 기본적 의미, 즉 서로를 보살피고 서로의 삶에 참여해야 하는 인간조건이 약화되지는 않는다.[17] 한국전쟁의 장에서 넓은 의미의 이러한 친족세계는 공적 세계에서 독립되어 존재하는 사적 영역일 수도 없었고, 사적 이해를 추구하는 개인 간의 익명적 연합의 세계로부터 은신처가 되어주지도 못했다. 그 대신, 긴 냉전시기 내내 세계를 양극화하는 전지구적 정치 패권과, 손상되기 쉬운 인간사회 친밀성의 도덕적 온전성이 격렬한 투쟁을 벌이는 장이 되었던 것이다.

전쟁이 끝난 후 그러한 도덕적·정치적 위기와 갈등에 대한 인정은 공적으로 금기시되었다. 의식적으로 반공주의 정치 노선을 택한 사회에서 살아온 남한 주민은 최근까지도 집단적 연대책임이라는 정치적 경험을 공개적으로 공유할 수 없었다. 사정은 북한에서도 마찬가지여서, 의식적으로 혁명정치 노선을 택한 사회에서 살아온 북한 주민들은 미제국주의에 맞서 승리한 해방전쟁이라는, 국가가 제공하는 단 하나의 공식적 전쟁서사만을 따를 수밖에 없었다. 북한의 '성분'제도는 각 가족의 정치적 배경을 기초로 순 핵심계층과 주변부 적대계층, 그리고 이 양극단 사이에 들어

가는 여러 계층으로 구성된 거대한 동심원적 위계질서 내에 모든 시민을 다양하게 구분해 넣는다. 이 체제에서는 전시에 고향을 떠나 남한으로 간 가족구성원이 있는 가족, 그리고 최근 급증한 남한으로의 탈북에 가담한 자가 있는 가족을 겨냥한 연좌제라는 정치가 여전히 사회통제의 강력한 수단으로 기능하고 있다. 가족들을 단단히 입막음하고는 있지만 삼팔선 위아래에서 사회에 자행되었던 전시 폭력의 기억은 이후 긴 시간 동안 전해져왔다. 조상의 제삿날에 모인 믿을 만한 친지들 사이에서 조용하게 오가는 이야기나, 조부모가 전쟁에서 어떻게 돌아가셨는지를 자식들에게 사실대로 말하지 못하는 부모의 말없는 고통, 자식들이 여전히 휴전선 반대편에 살아 있으리라 믿지만 그 소식도 듣지 못하고 생사조차 모른 채 어떻게 죽음을 맞이해야 할지 모르는 연로한 부모의 근심처럼 말이다. 잊고 있던 조상의 혼령이 굿판에 갑자기 찾아와 격노한 말을 쏟아내 모인 가족을 기절초풍하게 만드는 경우나, 가족들이 합당한 이유도 대지 못하면서 펄펄 뛰며 결혼을 반대하는 까닭을 도무지 이해할 수 없는 한 마을의 젊은 남녀의 걱정이나, 북적거리는 번화한 동네 한가운데에 시간이 정지한 듯 기이하게 옛날 그대로의 모습으로 남아 있는 집에서도 그 기억의 흔적을 찾아볼 수 있다.

이러한 이야기들은 한국에서 여전히 펼쳐지는, 한국전쟁과 관련된 인간 드라마가 이루는 거대한 빙산의 작은 조각에 불과하다. 최근 그 일각에서 전쟁의 감춰진 상흔을 용기 있게 대면하려는 진솔한 노력이 나타나기도 한다. 대략 1990년대 중반 이후로 일어나기 시작한 이러한 공동체 주도의 노력은 통상 냉전의 종식이라고 불리는, 전지구적 규모로 벌어진 거대한 변화와 밀접한 관련이 있다. 양극화된 전지구적 정치질서의 소멸은 한반도에서는 완전히 실현되지 못해서, 냉전 초기에 만들어진 두 국가체제는 여전히 공고하다. 1990년대 이후 한반도 내 두 국가 간 관계에 상당한 변화가 있긴 했지만, 한때 전지구적으로 벌어진 대결상황은 이제 독특한 지역적 방식으로 지속되고 있다. 이 지역에서 냉전의 종식이란 과거의 일이라기보다는 여전히 미래의 전망이긴 하지만, 그럼에도 불구하고 전지구적 변화는 한국전쟁의 역사가 지역과 공동체의 차원에서 이야기되고 이해되는 방식을 근본적으로 바꿔놓았다. 최근 남한 민중의 전쟁경험을 아주 많이 접할 수 있게 되면서 이 전쟁이 사회적 경험의 틀에서 어떤 의미였는지를 이해하는 일도 점점 가능해지고 있다. 많은 공동체가 오래도록 목에 걸린 이물질이었던 친밀한 관계 속의 전쟁기억을 비로소 뱉어내기 시작했기 때문이다. 그렇게 토해내다보니 전지구적 냉전체제를 형성한 초기 주요 사건이었던 한국전쟁의 체험된 역사, 냉전 종식 후에도 오랫동안 바깥의 빛을 보지 못했던 그 역사가 문득 현대사의 중요한 주제로 등장했다. 이 책은 반세기 이상 시간이 흐른 뒤 역사가 파괴의 산 기억과 결별하려는 시점에 현재로 돌연 분출하며 민족지학적 관심을 받게 된 신기한 현상에 대한 응답으로 쓰였다. 소용돌이처럼 전개되는 이 과정 속에 인간의 친족관계가, 산 자와 죽은 자 모두와 관계를 유지할 근본적 권리를 회복할 것을 요구하는 목소리를 내고 있다. 그 결과를 두려워하지 않는 채 말이다.

사회적 전쟁

가족과 국가 간의 도덕적 갈등이라는 주제는 근대 정치사의 전통에서 지속적인 관심을 받아왔다. 이 주제를 죽음의 애도와 기억이라는 차원에서 탐구하는 헤겔철학의 계보는 가족은 가계의 구성원이라면 전사자를 포함하여 모든 망자를 똑같이 포괄적으로 기억하려는 도덕적 성향이 있다고 가정한다. 그에 비해 공적(功績)이 있는 시민의 희생만을 기억하고 기리는 것이 근대국가의 명령이다. 국가의 행위에는 자격이 없거나 자기편을 배신한 사람들에 대한 기억을 공적인 영역에서 배제하는 일도 포함된다. 소포클레스의 비극『안티고네』(Antigone)에서 끌어온 유명한 논의에서 게오르크 헤겔(Georg W. F. Hegel)은 각각 국가의 법과 친족의 법이라고 지칭한 두 도덕적 명령의 충돌을 해결할 수 있는 가능성의 차원에서 근대의 정치적 삶의 윤리적 토대를 정의했다.

그런데 철학 전통 내의 이러한 논의는 국가와 가족이 길을 달리하는 각각의 도덕적 요구를 따라 서로 대면하는 그 비극 내의 특정한 맥락을 간과하는 경향이 있다. 그 맥락이란 내전의 상황이고, 바로 그것이 애초에 죽음의 도덕적 위계와 배제의 정치를 만들어낸 것이다.[18] 국가의 포고령에 대한 안티고네의 저항은 죽은 형제에 대한 애도와 기억일 뿐 아니라 특히 옳은 일(영웅이 된 오빠에게 있어서)과 옳지 못한 일(배반자가 된 다른 오빠와 관련하여) 사이에서 분열된 자신의 기억행위이기도 하다. 여기에는 가족을 '자연적인' 혹은 정치 이전의 실체로 여기는 경향이 연루되어 있다. 이렇게 친족법을 자연법으로 보는 시각은 친족을 뚜렷한 정치적 개념으로 여기는 근대 인류학의 전통과 상충된다. 이 책에서 언급되는 친족개념은 이 중 후자에 가깝긴 하지만 정치이론의 이 두 전통 모두─정치 이전의 실체로 보는 시각과 그렇지 않은 시각─와 관련이 있다. 여기서의 친족개념은 헤겔의 정의처럼 그들의 이해관계를 대변하면서, 필요하다면 하나의 목소리로 바깥의 국가권력에 맞설 수도 있는 자연적 사랑(natural love)으로 맺어진 특정한 단일체를 반드시 의미하지는 않는다.

그보다는 인간의 친밀한 영역에서, 그 영역 내부로부터 주권의 정치학에 대면하게 되는 현대 정치적 삶의 영역을 탐구할 것이다. 말하자면 프로이센 출신의 미국 변호사인 프랜시스 리버(Francis Lieber)가 남북전쟁을 묘사하며 쓴 표현처럼, 내전의 묵시론적 바람이 집 대문을 "요란하게 두드린" 후, 바로 그 포위된 상황 말이다.[19] 가족 내에 남부군과 북부군이 모두 있었던 리버에게는 그렇게 문을 두드리는 순간이 바로 시민전쟁(bellum civile)이 사회적 전쟁(bellum sociale)이 되는 순간이었다. 시민전쟁의 일부로 존재하는 사회적 전쟁의 이 영역, 나중에 그 이유를 상술하겠지만 그럼에도 불구하고 내전의 공간과는 차별화되는 공간인 이 영역에서 국가의 주장은 헤겔이 육친애의 표현이라 지칭한 것과 무관한 외적 존재만은 아니다. 오히려 중요한 측면에서 규율적 정치의 핵심적 요소로 가족정서를 이용하면서 국가 주장의 힘과 효력이 생겨난다. 가족에게 연대책임을 강제하는 정치는 친족의 윤리가 국가의 법에 도구화되는 뚜렷한 예이다. 따라서 친족의 윤리와 주권의 정치 사이의 모순은 친족과 정치 둘 다의 구성요소가 된다. 이런 시각에서 이 책의 친족개념은 현대 정치에서 친밀한 인간관계의 운명에 관한 서로 연관된 두가지 질문을 다룬다. 하나는 친족의 정치적 삶과 관련된 것으로, 친족관계가 비인격적인 정치적 힘을 내부로부터 대면하게 되는 방식, 즉 전지구적 정치의 현장으로서의 친족에 대한 것이다. 다른 하나는 친족의 도덕성의 정치, 즉 친족관계에 특유의 윤리적 속성이 내재한다는 그 관념을 현대 정치가 어떻게 전유하는가의 문제이다.

다시 헤겔로 돌아가서, 그의 체계 안에서는 국가의 도덕적 요구와 가족의 윤리적 요구가 **둘 다** 배제적이라는 사실이 중요하다. 국가는 무가치하거나 신뢰할 수 없는 자를 배제하고, 가족은 자체의 본성에 따라 자신과 관련이 없는 자의 기억에는 무관심하다. 하지만 서로 다른 이 두 유형의 배제 사이에서 포용의 강력한 도덕적 실천이 일어난다. 상호 부정과 조직된 상호 간 폭력이라는 두 갈래 길로 몰아감으로써 포위된 하나의 공동체를 완전히 뒤집어놓는 내전이라는 배경이 주어지면 특히 그렇다. 가족의 애도와 기억 행위는 그 윤리적 지향에 충실하기 위해 친구 대 적이라는 지배적 대립구도를 넘어서야 하고, 그러기 위해서는 국가가 정치공동체의 외적 존재로 여기는 정체성에도 관심을 돌려야 한다. 가족은 더 넓은 시민사회적 행위로 발전해나가지 않고서는 이런 도덕적 목표를 현실적으로 추구할 수 없고, 이 시민적 행위가 보편화되면 국가의 배제적 정치학이 지닌 기존 척도에 중대한 변화를 가져올 수 있다. 이를 위해서는 개별 가족의 자의식적이고 자기중심적이기까지 한 도덕적 주장이 어떻게 공유된 관심과 '시민사회'(bürgerliche Gesellschaft)의 일치된 목소리로 변형될 수 있을 것인가가 핵심적이다. 헤겔 자신은 안티고네식의 주장이 결국엔 육친애라는 자기중심적인 협소한 기반을 극복하지 못하리라 믿었기에 그러한 가능성에 회의적이었다.

이 책에서는 유사한 가능성을 좀더 낙관적인 시각으로 바라볼 텐데, 그러면서도 애초에 가족과 국가의 도덕적 갈등이 발생하는 맥락 자체를 놓치지 않음으로써 끝까지 실증적 방식에 충실할 것이다. 앞에서 언급했듯이 그 역사적 맥락이란 자기 스스로와 싸움을 벌이는 사회의 모습에 따라 수많은 공동체를 갈가리 찢어놓는 내전이다. 『안티고네』의 배경인 도시국가 간 고대 전쟁과는 달리 대규모 동원체제의 현대 내전에서는 헤겔이 천착한 도덕적 갈등은 예외적인 사건이 아니라 보편적으로 공유되는 일반화된 조건을 형성한다. 다시 말하면, 이러한 역사적 배경에서는 친족의 목소리와 시민사회의 목소리의 거리가 18세기 철학자가 상상한 이상으로 가까울 수 있다는 것이다. 이 두 목소리가 만나서 점차 한목소리로 될 때라야 내전의 유산을 제대로 직면할 수 있다고까지 말할 수 있다. 사실 이 책에서 보여주고자 하는 것이 바로 한국전쟁의 경험과 관련하여 그런 공동의 목소리가 어떻게 시민적 각성과 행동으로 전환되는지, 그리고 이 과정에서 가까운 인간관계의 환경에서 줄곧 감춰졌던, 공개되지 않은 전쟁의 역사적 현실을 드러내는 일이 얼마나 중요한지이다. 따라서 이 책에서 친족이란 특정한 역사적 의미에서의 **정치적** 개념으로, 인간적 친근함의 환경이 어떻게 전쟁의 주요 표적이 되었는지, 그리고 이후 긴 냉전시기 동안 어떻게 국가의 규율적 행위의 핵심적 장이 되어왔는지를 드러낸다.[20] 그것은 또한 친족의 도덕성이 공적 세계 내에서, 나아가 그 세계를 좀더 민주적인 형태로 재형성하는 과정에서 의미 있는 역할을 할 가능성이 있다는 점에서 **공적** 개념이기도 하다.

친족의 정치적 삶

친족과 정치의 관계는 정치철학만이 아니라 사회인류학 전통에서도 아주 중요하게 다루어진 주제였다. 남북전쟁시기 미국 법학자이자 인류학자였던 루이스 모건(Lewis H. Morgan)의 경력이 증명하듯, 현대 인류학은 어떤 면에서 친족 중심의 정치연구로 시작했다고까지 할 수 있다. 모건은 정치체계와 친족체계의 진화과정을 상호적인 과정으로 바라보면서 인류역사에서 관찰되는 두가지 형식의 통치체계를 제시한다. 하나는 "사람, 그리고 순전히 사람들의 관계"에 기초하는 것(소시에타스 또는 '사회적 조직'이라고 지칭하는)이고, 다른 하나는 영토와 재산에 기초하는 것(시비타스 또는 '정치적 사회'라고 지칭하는)이다.[21] 영역 확보와 사적 소유를 보장하는 국가라는 제도에 기초를 둔, 근대인에게 익숙한 정치체제가 사실은 인류역사의 보편적 형식이 전혀 아니라는 것이 그의 생각이다. 따라서 정치란 국가의 혜택이나 부담이 없는, 서로 간의 거리를 조절하는 방식이나 가깝고 먼 관계에 대한 관습적인 규칙, 그리고 그러한 규칙을 의례를 통해 표현하는 방식에 내포된 인간관계의 양상으로 존재할 수 있다고 말한다. '소시에타스' 대 '시비타스'라는 그의 구별은 이후 지대한 영향을 끼쳤고, 1~2차대전 사이에 친족의 언어로 정치체제를 설명하려 했던 이론적 시도에 특히 그러했다.[22]

이 시도를 한 학자들은 특히 아프리카에 중점을 두어 중앙집권적 정치기구가 없는 사회에서 친족규범이 어떻게 정치관계를 규제하고 권리나 자격, 의무를 할당하는 일에서 중추적 역할을 하는지 연구했다. 여기서 핵심 개념은 정치적 삶의 기본 원칙들이 이해되고 시행되는 방식에 따른 국가사회(모건의 시비타스와 가까운)와 무국가사회(모건의 소시에타스와 가까운)의 대비였다.[23] 근대국가사회의 맥락에서는 친족관계가 정치관계와 아주 인접하다는 가정이 성립하기 힘든 것으로 보이지만, 이 인류학자들은 다른 사회의 인간관계의 형식을 다룰 때에는 그러한 인상을 유예할 필요가 있다고 보았다. 따라서 현대 인류학 발전의 중요한 시기였던 이 기간의 친족연구는 오늘날 보통 친족이라고 하면 상상하는 식으로 가계 내에서 누가 누구와 가깝고 먼가를 이해하는 일이 아니었다. 그와 반대로 1~2차대전 사이 인류학에서 친족연구는 중앙집권적 국가기구가 존재하지 않는 세계의 대다수 지역에서 사회적으로 중요한 역할을 하는 정치와 법에 대한 과학적 탐구로 전개되었다. 더 나아가 친족연구를 당시 신생학문이던 정치학과 국제정치학이 다룰 수 있는 것보다 넓은 범위를 다루는 비교정치학 연구로 전화(轉化)하려고도 했다. 이 초기 인류학자들은 만약 친족관계와 친족규범이 과거와 현재 많은 사회의 정치질서에 핵심적인 것이라면 그러한 규범과 관계의 이해에 기초한 정치이론은 현대세계에 널리 퍼진 정치이론과 법이론 — 국가사회 내부와 그 국가들 사이의 질서에 집중하는 — 과 그 타당성 면에서 동등해야 한다고 생각했다. 20세기 중반 이후 국제정치의 지배적 이론은 국제체제 내 국가 간의 관계를 현대사회의 개인의 모습, 즉 오직 자신의 이익을 추구할 수밖에 없는 자율적이고 주권적인 주체라는 모습에 비춰 바라보았다. 이와 달리 1~2차대전 사이의 친족 인류학은 대내적이거나 대외적인(부족체 내부나 부족체 사이의) 정치질서의 형성에서 관계적 규범(친족과 우애의 유대관계를 가리키는)의 질서를 강조함으로써 규범적 정치이론을 전개했다.

이런 점에서 마이어 포르테스(Meyer Fortes)와 에드워드 에번스프리처드(Edward E. Evans-Pritchard)가 1940년에 출간한 『아프리카의 정치체제』(*African Political Systems*)는 친족규칙의 비교적 분석을 비교정치와 비교정치이론으로 발전시키려 했던 획기적 저작이다. 에번스프리처드는 수단 남부 누에르족(Nuer)의 친족시스템 연구를 통해 그 부족의 정치질서를 이해할 수 있다고 보았다. 누에르족을 '민족'(nation)으로 특징지은 (그의 말에 따르면 "문화적 의미에서이긴 하지만") 뒤, 딩카족(Dinka) 같은 이웃부족과의 "대외관계"를 "구조적 거리"로 설명했는데, 돈독한 연대감을 지닌 내부 독립체를 중심으로 바깥쪽으로 갈수록 연대감이 소원해지는 동심원을 이루며 확장되는 식의 정치체제 개념이라 할 수 있다.[24] 포르테스의 경우도 가나의 북부 탈렌시족(Tallensi) 혈통체계의 이해는 의미상 그 부족의 법적·정치적 체제의 이해와 마찬가지라고 보았다. 전통사회 내 친족규칙과 규범의 비교연구를 근대국가사회 내 법과 정치의 비교연구와 동등한 것으로 이해했던 것이다. 포르테스는 줄곧 정치와 친족이 상호 구성적인 불가분의 질서라는 생각을 견지했다. 또한 친족을 다른 유형의 인간관계와 구별되는 방식으로 규정하기 위해 '우호의 원칙'(the axiom of amity)이나 '관용의 윤리'(the ethics of generosity)라는 용어를 만들어내기도 했다. 그러면서도 친족의 도덕적 특성이 지닌 이중성, 즉 겉으로는 친선과 단합의 이념을 천명하면서도 잠재적 갈등과 적대관계가 만연하다는 사실도 충분히 이해했다. 이런 점에서 그는 탈렌시족에 서로 대조적인 조상의 이미지가 공존한다는 사실에 관심을 가졌다. 조상이 어떤 맥락에서는 자애롭고 관대하지만 다른 상황에서는 (후손에게) 위협적인 모습으로 나타난다는 것이다. 친족과 정치적 조직체에 대한 포르테스의 저작에서 두드러지는 '우호'(amity)라는 개념은 어원상 흥미로운 배경이 있다. 고대 영어에서 이 단어는 친족관계의 상호성, 그리고 서로를 친구로 여기는 개인이나 무리 간의 친밀감이라는 두가지 의미를 가진다. 말하자면 친족(kinship)과 우애(friendship)가 구별되지 않는다는 점에 바로 이 개념의 중요한 유산이 놓여 있는 것이다.[25] 가깝거나 친밀한 관계를 나타내는 한자 '親'도 그와 비슷해서, 친족뿐 아니라 국제적 친선을 포함한 우애관계를 나타낼 때도 쓰인다. 20세기 전반에 '에머티'라는 용어가 다시 등장해서 국제관계에서 중요한 자리를 차지했다. 민족 간 친선 (amity of nations)이라는 표현처럼 이 맥락에서의 우호는 국제적 연대감을 향한 관념적 지향이나 규범적 성향을 지칭한다. 때로는 만국평화의 이상을 지칭하는 '민족들의 가족'(family of nations)이라는 오래된 관념과 구별 없이 쓰이기도 했다.[26]

　포르테스가 우호와 친선의 원칙에 관심을 두었던 그 당시에 그와 연관된, 특히 전쟁의 위협과 국제평화에 대한 공공사회의 점증하는 열망과 연관된 '에머티'의 또다른 의미가 등장하고 있었다는 사실을 의식했는지는 분명하지 않다. 하지만 2차대전이 끝나고 냉전이 시작될 때 즈음 친족과 정치를 연구했던 인류학자 가운데는 국제평화라는 문제를 친족관계의 도덕성과 연관지을 방법의 필요성을 명확히 의식한 사람들이 있었다. 그중 남아프리카공화국 출신 인류학자인 맥스 글럭먼(Max Gluckman)이 주목할 만한데, 그는 『아프리카의 정치체제』에서 제기했던 친족관계와 정치질서에 대한 핵심 논점을 전쟁과 평화라는 광범위한 문제에 대한 도전적 시각으로 발전시키고자 했다. 1955년의 저작에서 글럭먼은 전통적 아프리카 부족의 분할적 혈통/출계체계(segmentary descent system)가 각 구성집단을 경쟁관계로 몰아넣고 그로 인해 이따금 분쟁이나 전쟁에까지 이르는 위기를 야기한다고 보았다.[27] 하지만 아프리카 친족의 광범위한 세계 내에는 혼인이나 교역관계를 통해 확립된 다른 영역의 관계도 존재한다. 금방이라도 전쟁이 벌어질 것 같으면 그런 관계가 앞으로 나서서, 서로 싸우는 (혈통이념으로 조직된) 집단 사이에서 강력한 외교적 주도권을 발휘하여 화해를 조성할 수 있는 것이다. "분쟁 중의 평화"라고 지칭한 이러한 전통적 아프리카 사회의 모습을 제시하면서 글럭먼이 염두에 두었던 것은 아프리카의 전통적 친족 기반 정치체제와 극단적으로 양분된 당시 전지구적 정치체제의 차이였다. 아프리카 정치체제가 구조적으로 전쟁을 야기하기 쉽지만 구체적인 인간관계망을 기반으로 세워져 있기 때문에 또한 구조적으로 평화를 유지할 능력도 지닌다는 것이다. 그와 달리 냉전정치체제는 절대적 동조(alignment)라는 경쟁적 정치에 토대를 두기 때문에 서로 맞서는 집단을 가로지르는 어떠한 유대관계도 자리 잡을 공간이 없다. 글럭먼의 저작은 한국전쟁 종전 직후인 1955년에 BBC에서 방영한 여섯번의 강연에 기초한 것이다. 남아프리카공화국은 미국의 동맹국으로 한국전쟁에 참전했는데, 그것은 반공주의 수사를 동원하여 인종차별주의 정치질서를 정당화하려는 집권세력인 국민당의 맹렬한 노력의 일환이기도 했다.[28]

1980년대, 아프리카와 중동 그리고 여타 탈식민 국가에서 보편화된 시대적 혼란의 배경에서 또다른 주목할 만한 움직임이 있었다. 그 혼란을 2차 냉전이라고 부르는 역사학자들도 있다.[29] '평화로운 사회'(Societies at Peace)라는 이름의 이 프로젝트에 참여한 인류학자들은 당시에도 존재하던 원시 수렵채집사회의 친화적이고 평화로운 특성을 강조함으로써, 자기보존 본능이 인간의 천성적 특성이라는 가정을 토대로 국가론을 정립했던 토머스 홉스(Thomas Hobbes)의 이론을 정면으로 반박하고 나섰다.[30] 다른 각도에서 조명하면 초기 사회인류학의 친족 기반 정치이론은 냉전적 세계질서를 바라보는 새로운 시각을 제공하기도 했다. 몇몇 국제정치 연구자들은 에번스프리처드가 누에르족의 정치체제를 "질서 있는 무질서"라고 정의했던 방식에 관심을 가지면서, 거기에 20세기 중반의 국제질서가 투영되어 있음을 발견했다. 그 질서는, 세계정부는 존재하지 않고 주권을 주장하는 정치적 독립체들이 점점 늘어간다는 측면에서 마찬가지로 '무국가' 상태라고도 할 수 있었다.[31] 헤들리 불(Hedley Bull)의 『무정부 사회』(*The Anarchical Society*)에서도 비슷한 관심을 찾아볼 수 있다.[32] 이 책은 이른바 국제관계 이론 영국학파의 효시가 되었다는 저작이다. 불은 국제정치를 각각의 협소한 이해관계만을 추구하는 국가 간의 무정부적 권력싸움이라고 보았던 당시 지배적인 생각에 도전하여 규범과 규칙이 있는 국제사회의 존재를 주장했다.

냉전시기를 거치며 특히 국제사회이론에서 친족에 대한 초기 인류학자의 관심은 현대 정치에 대한 신선한 시각으로 발전해갔다. 그에 반해 그 시기 친족 인류학 자체의 전개방향은 친족연구를 정치체제에 대한 비교연구로 수행하고자 했던 초기 학문적 유산에서 단호하게 갈라서는 것이었다. 이 새로운 전개과정에는 복잡하고도 다양한 배경이 존재한다. 여기서는 그러한 과거 연구와의 단절이 단지 학계 내 패러다임의 변화만이 아니라 2차대전 이후 광범위한 정치상황에서 벌어진 중대한 변화와 밀접히 관련되어 있다는 점만 지적하고 넘어가겠다. 그 정치상황에서 가장 주목할 만한 부분은 전지구적인 탈식민화 과정이다. 아프리카와 여타 지역에서 탈식민화가 진행되면서 인류학에서도 전지구적 범위로 벌어지는 광범위한 정치적·사회적 변화와 따로 떨어진 별개의 독립체로서의 전통세계를 상정하기가 힘들어졌던 것이다. 이 과정의 핵심 면모가 민족개념의 부상과 그와 연관된 친족의 쇠퇴이다. 탈식민화란 식민지배에서 벗어나 새로운 국제환경에서 독립적인 자기결정권과 동등한 지위를 확보하는 것을 의미했다. 하지만 국내적으로는 수많은 다양한 공동체를 단일한 민족적 정치사회로 통합하는 것이 핵심 과제였다. 이때는 **민족**이나 **민족적 통일성**이 핵심 용어로 등장하던 때였으므로, 이 환경에서 인간이 그저 다른 사람과의 관계를 통해, 또는 더 나아가 국가라는 제도 없이도 의미 있는 정치적 삶을 영위할 수 있다는 생각이 들어설 자리가 거의 없었다. 더구나 2차대전의 종전과 함께 인류학 연구조사의 중심이 지리적으로 유럽에서 미국으로 넘어가면서, 그 연구주제도 (유럽 제국주의의 지배를 받던 지역에 존재했던) 전통적인 친족 기반 사회에서 아시아와 아프리카의 신생국으로 옮겨 가게 되었다. 이러한 변화에는 록펠러재단과 포드재단의 연구기금이 중추적 역할을 했다.[33] 이러한 환경에서 인류학 연구의 '정치'개념은 점차 정치학 분야에서 익숙한 정치개념과 구분하기 힘든 것이 되었다. 곧 정치라는 개념이 국가제도 내에 고정되어버린 것이다. 포르테스는 이러한 변화에 맞서서 1969년의 저작인『친족과 사회질서』(*Kinship and the Social Order*)에서 친족 정치이론의 장점을 다시 주장했다. 하지만 이때는 아프리카에서 제도적 탈식민화가 완성되어가던 시기였다. 아무리 맞서봐야 그즈음엔 학계 내에서나 광범위한 공적 세계에서나 이른바 친족 기반의 정치질서는 이제 과거지사가 되었다는 인식이 지배적이었으므로 그것을 뒤집기란 포르테스로서도 역부족이었다. 그 당시에는 국가 없는 정치의 기술이 아니라 민족과 민족국가라는 상상의 공동체의 미래에 온통 관심이 쏠려 있었기 때문이다.

이러한 격동의 시대에 이후 친족의 인류학은 여러 다른 발전경로를 걷게 되는데, 다양하기는 하지만 다들 초기 1~2차대전 시기에 가졌던 지향점에 대한 비판적 성찰에서 시작했다. 특히 신랄한 비판은 실천이론을 옹호했던 학자들에게서 나왔다.[34] 이들은 친족에 대한 전통적 접근방식이 출계의 형식적 규칙과 규범체계에만 너무 협소하게 집중하여 친족이 실제 일상생활에서 어떻게 실행되는지를 간과했다고 주장했다. 대략 1960년대말부터 규범적 친족에 반대하여 실천적 친족을 옹호한 이러한 이론은 사회연구의 초점이 규범체계에 대한 관심에서 실제 행위에 대한 관심으로 옮겨 간 광범위한 변화 ─ 프랑스 사회학자인 피에르 부르디외(Pierre Bourdieu)의 표현에 따르면 사람들 자신이 하고 있다고 말하는 것에서 사람들이 실제로 하는 것에 대한 관심으로 ─ 의 일환으로 전개되었다. 부르디외는 1972년에 처음 출간된『실천이론 개요』(*Outline of a Theory of Practice*)에서 친족연구의 초기 경향을 "오래된 지도의 버려진 길"이라고 부르면서 이렇게 적고 있다.

재현적 친족이란 그 집단이 자아상에 맞추어 연기할 때 스스로에 대해 제시하는 자기재현으로 거의 연극의 상연과 다를 바가 없다. (…) 공식적인 것이 비공식적인 것에 대립하듯이 공식적 친족은 실천적 친족과 대립적이다. 집단이 개인과 대립하고, 주술적이거나 유사법률적 형식을 통해 명시적으로 성문화된 공적 영역이, 암묵적이거나 심지어 감춰진 상태로 존재하는 사적 영역과 대립되고, 집단에게 위임되었기 때문에 행위자가 대체될 수 있는 무주체적 실천인 집단적 의례가 개인이나 한 무리의 개인이 실제 이해관계를 충족시킬 목적으로 수행하는 전략과 대립되는 것과 마찬가지다.[35]

집합적 자아의 재현행위로서의 친족의 형식적 규칙과 대립되는 현실의 행위 속 비공식적 친족이라는 부르디외의 이 개념은 이후 전개된 친족연구에 상당한 영향을 끼쳤다. 친족은 점차 음식이나 다른 물건을 공유하는 행위를 통해 그 친밀함과 인접성의 유대가 생산되고 재생산되는 과정을 가리키게 되었다. 다시 말하면 관계를 지배한다고 알려진 규칙이나 규범이 아니라 관계를 창조하고 재창조하기 위해 사람들이 실제 하는 일을 지칭하게 된 것이다. 예전에 개인을 초월하는 독립체나 구조에 놓였던 강조점이 개별 행위자와 그들의 전략 쪽으로 옮겨 갔다.[36] 이런 분위기에서 친족개념과 정치질서 형식 사이의 관계에 대한 질문은 점점 시대에 뒤떨어지고 고루하며 극복해야 할 주제이거나, 구조적 질서에 편향되어 인간행위자를 보지 못하는 과거의 문제적 유산으로 치부되었다. 그 결과 비교정치학으로서의 친족연구는 갈수록 인기 없는 연구주제가 되었고, 이제 기능을 상실한 과거의 유산을 딛고 더 적절하고 새로운 친족연구의 패러다임이 형성되리라고 보았다. 이런 과정에서 친족은 정치적 현실의 구조가 형성되는 과정에서 유의미한 규범과 관계의 체계라기보다는 실천행위의

유동적인 장(다른 이론 계열에서는 다양한 의미들의 체계)을 의미하게
되었다.

이런 변화는 초기 친족연구에서 견지했던 정치개념이 무국가사회와 국
가사회를 지나치게 엄격하게 개념적으로 구별했다는 비판적 의식에서 나
왔다. 기존의 제국주의 국가 단위가 해체되었을 뿐 아니라 앞에서 지적했
듯이 이전의 '무국가'사회들이 새로이 형성된 민족국가 단위로 빠르게 통
합된 2차대전 이후 탈식민화라는 환경에서는 그러한 대립적 개념이 경험
적으로 더이상 유지될 수 없었다. 이러한 비판적 인식은 이후 더 나아가
탈식민화 과정 이전에도 소위 무국가사회는 이미 유럽 제국주의 국가의
간접통치체제의 영향력 아래 놓여 있었다는 인식으로 이어졌다. 마찬가
지로 1~2차대전 사이 친족연구가 제국주의의 정치적·경제적 힘이 토착
적 정치질서의 구성에 미친 영향력을 충분히 고려하지 않고 전통적 '친족
기반' 사회를 안정되고 정지된 사회로 보았던 경향에 대해서도 반발이 일
어났다. 부르디외는 이런 도전적 경향을 전개하는 데 특히 유리한 위치에
있었다. 알제리가 프랑스 제국주의 세력에 대항한 투쟁의 일환으로 벌어
진 1954~62년 전쟁의 소용돌이에 휩싸여 있는 시기에 북부 알제리 지역
에서 베르베르어(Berber)를 사용하는 인구의 대다수를 이루는 카바일
(Kabyle, 아랍어로 '부족'이라는 뜻) 인구 내에서 벌어진 사회적 변화를 관
찰하면서 1950년대 중반에 연구활동을 시작했던 것이다. 부르디외는 또
한 알제리 위기로 프랑스에 촉발된 사회정치적 위기의 예리한 관찰자이
기도 했다.

이렇게 무척 개략적이나마 현대 친족연구의 역사를 설명하면서 보여주
고 싶었던 점은 첫째, 현재 인류학이라는 학문분야에서 논의되는 친족이
라는 개념이 잘 정리된 일관된 개념이라기보다는 서로 맞서는 여러 흐름

을 지닌 역사적 개념이라는 사실이다.[37] 둘째, 앞서 설명했듯이 인류학 내에서 그 개념이 거쳐 온 파란만장한 역사적 궤적이 20세기 중반의 전지구적 변화와 밀접하게 얽혀 있다는 것이다. 무엇보다도 식민주의 정치의 종식과 이후 탈식민 국가와 민족의 형성 과정이 친족의 개념적 지도에 심대한 영향을 끼쳤다. 친족개념이 애초에 가졌던 정치적 개념으로서의 타당성을 상실하게 된 것도 이러한 과정을 통해서였다. 이 지점에서 전지구적 역사의 관점에서 보면 탈식민화의 역사가 냉전의 역사와 상당 정도 얽혀 있었다는 점을 상기하는 것이 중요하다. 정치질서의 탈식민화와 정치의 양극화라는 이 두 전지구적 과정은 동시적인 현상이었고 서로 다른 역사적 동력과 역사적으로 의미 있는 역학관계를 이루는 동시에 서로 분리될 수 없는 동전의 양면 같은 것이었다. 냉전의 전개로 인해 탈식민 국가와 민족의 건설 과정에서 돌발적인 내전을 비롯하여 심각한 정치적 위기가 분출되었다. 동아시아에서 처음 나타나 이념적으로 양극화된 탈식민 정치세력 사이에서 벌어진 이 내전은 밀접한 인간관계의 환경 내에 직접적 방식으로 극도의 도덕적·존재적 위기를 초래했다. 내전의 발생 자체가 탈식민화 과정과 밀접하게 얽혀 있었지만, 이 내전은 예를 들어 1950년대의 알제리전쟁 같은, 식민지배에서 벗어나려는 독립전쟁과는 성격과 형식이 다르다. 알제리전쟁에서는 한편으로 식민주의 외세와 그 대표자들, 다른 한편으로 토착공동체와 그 공동체에 대한 권한을 주장하는 조직된 정치세력으로 나뉘는, 상대적으로 확실한 구분선을 따라 전선이 형성되었다. 하지만 탈식민 냉전체제의 맥락에서는 구분선이 토착세력과 외세 사이에만 놓여 있는 것이 아니었다. 오히려 토착공동체 자체의 내부에 점점 더 깊이 파고들었다고 봐야 할 것이다.

그런데 아이러니는 친족연구가 포르테스의 표현을 빌리면 친족과 정치질서가 "상호 연결되고 상호 의존하는 제도적 복합체를 대표"[38]한다는 전제에 기초한 과거 전통에서 탈피하려고 애를 쓰는 바로 그 시기에 역설적이게도 바깥세상의 친족환경은 전지구적인 범위에서 권력투쟁이 벌어지는 핵심적인 장으로 변화하고 있었다는 것이다. 이때가 바로 식민지배에서 벗어난 세계의 가족과 친족집단이 탈식민화 과정에서 전지구적 정치체제가 양극화되면서 벌어지는 격동의 상황 속으로 쓸려 들어간 때였던 것이다. 또한 나중에 보게 되겠지만 냉전의 국제정치질서 역시 민족들의 가족에 대한 새로운 사상과 친족에 대한 새로운 이념에 근거했다. 따라서 1~2차대전 사이 친족연구에 대한 비판에 문제점이 있었다면 그것은 친족의 비교연구가 현대 정치 내 친족의 위치라는 문제, 그리고 현대 정치체제의 구성에서 어떻게 새로운 친족개념이 발명되었는지의 문제를 새롭게 대면해야 했을 바로 그 시점에 그러한 비판이 이루어졌다는 데 있다.

　『아프리카의 정치체제』의 저자들이 이러한 전지구적 역사의 한 장에서 발생한 친족과 정치라는 쟁점을 염두에 둔 건 아닐 수도 있다.[39] 포르테스에게 친족관계는 공적 정치의 장을 규정하는 특성이기는 하지만, 그 관계가 어느정도 안정적인 사회질서를 만들어내는 한에서만 그렇다. 여기서 논의할 역사적 과정 속 친족관계는 그와 반대로 요동치는 불안정한 사회정치적 환경에서 국내와 국외의 강력한 국가권력이 주장하는 상충하는 이념적 전망의 격렬한 각축장이 된다. 포르테스는 "친족은 우호의 원리, 관용의 윤리에서 나타나는 규범적 박애주의를 함축"[40]한다고 함으로써 친족의 구성성질을 정의했다. 그가 이해하는 친족은 현대 산업·상업사회를 특징짓는, 사리만 추구하는 사회적 행위자 간의 계약적 관계와 반대로, 인간관계의 두드러진 영역을 이루면서 도덕적인 사회관계를 추구하는 주요한 사례이다.[41] 한 연구자의 말처럼 포르테스에게 "도덕성은 친족 고유의 특성으로 친족관계를 다른 모든 관계와 구별짓는다."[42] 이와 달리 이 책에서 논의할 친족의 정치적 삶은 정치적인 바깥세상의 적대적 힘과 별개로 존재한다기보다 자신의 환경 깊숙이 파고드는 그런 적대적 힘과 싸우는 무엇이다. 마지막으로 정치관계와 친족관계가 그 범위나 시기에서 겹친다고 보았던 초기 친족연구의 견해는 무국가 상태라고 지칭한 특정한 사회체계의 상황을 거론하기 위한 것이었다. 친족관계가 정치질서를 조직하는 힘으로 기능한다고, 즉 국가사회에서의 정부의 역할을 대신한다고 믿었던 것도 그런 사회를 관찰해서 나온 결과였다. 그와 달리 이 책의 친족의 정치적 삶은 탈식민 냉전이라는 특정한 전지구적·지역적 환경이 국가와 민족의 구성 과정 — 종종 국가의 극단적 강제력이 동원되었던 과정 — 에 야기했던 복잡한 문제와 관련된다.

이러한 차이에도 불구하고 친족과 정치가 상호 구성적이라는 기본 전제는 냉전이라는 전지구적 갈등이, 이 갈등의 최전방에서 어떻게 경험되었는지를 탐구하는 이 책의 목적에 부합하고, 여전히 유효하다. 한국전쟁의 유산을 다루는 최근 서사에서 관계망(web of relations)이 핵심 용어로 등장한다는 사실은 앞서 언급한 바 있다. 다른 지역에서 벌어진 내전의 역사적·문학적 기술에서도 비슷한 용어를 찾아볼 수 있다. 넓게 보면 이 용어는 요즘 전쟁경험을 둘러싼 논쟁과는 잘 어울리지 않는다. 요즘 논쟁에서는 전투원이건 민간인이건, 현대 전쟁의 경험을 개인 주체의 관점에서 접근하려는 경향이 강하다. 그것은 불가피하게 개인적 선택이나 신념보다 집단 운명을 우선시하는 수사의 과격한 동원력에 의존할 수밖에 없는 국가의 전쟁수행 기제에 비판적으로 대응하려는 의도에서 나온다.[43] 개인적인 전쟁경험에 대한 강조는 또한 민족적 시각이나 투사된 집단적 목소리가 중심을 차지하는 지배적인 전통적 전쟁서사와 균형을 맞추려는 노력이기도 하다. 하지만 시각을 넓혔을 때 현대 전쟁경험을 이해하려면 그로 인한 파괴를 경험한 것은 현대적 의미의 개인주체이기도 하지만 동시에 '전통적인' 사회적 주체이기도 하다는 사실을 간과해서는 안 된다. 탈식민 과정에서 벌어진 전쟁을 다룰 경우에는 특히 더 그렇다. 그 과정의 궁극적인 목적이 폭력적인 수단을 동원하여 전통적인 사회적 주체를 근대적인 정치적 주체로 바꾸려는 것이기 때문이다. 이 전쟁이 동족살해라는 내전의 형태를 취할 경우 이 환경에서 올바른 정치주체가 되려면 자신의 사회적 자아에 대해 폭력을 행사해야 한다. 이 자아의 전쟁경험은 순전히 개인적 경험으로 그려질 때 전쟁의 현실에 대해 비판적 거리를 유지할 수 없게 된다. 왜냐하면 그런 개인이란 실제로 난폭한 격동의 역사를 겪은 경험적 존재가 아니라, 그 과정을 거쳐 새롭게 태어난 정치사회의 성원으로서의 존재이기 때문이다. 그 거리를 유지하기 위해서는 이 자아의 숨겨진 사회적 자아의 목소리를 회복할 필요가 있다. 왜냐하면 이 관계적 자아야말로 탈식민 국가의 강제력과 그 국가가 벌인 전쟁의 폭력이 주요 타깃으로 삼았던 것이기 때문이다.

이 목소리를 듣기 위해 이 책은 모건의 '소시에타스'와 '시비타스'의 구분을 들여오고, 관련하여 전쟁경험의 주체를 전통적-공동체적 특성과 근대적-시민적 요소를 둘 다 포함하는 복합적, 혼합적 존재로 접근한다. 이를 통해 현대 전쟁의 사회사에서 그 '사회성'의 의미가 더욱 풍부해지고, 독자들이 현대 전쟁경험의 이중성과 복수성이라는 문제에 관심을 갖기를 바란다. 탈식민화와 냉전의 역사와 관련한 좀더 특정한 목표로는, 탈식민화의 정치와 냉전의 정치가 비록 부분적이더라도 모두 핵심적인 면에서 **친족의 정치**였음을 밝히고자 한다. 탈식민 국가건설 과정에서 정치공동체라는 개념은 개인들의 집합체라기보다는 이념화된 가족의 확장체와 가까웠는데, 여기서 특정한 형태의 국가건설에 저항하는 행위는 의미상 가족을 배신하는 행위로 이해되었고 따라서 그렇게 처벌되어 마땅하다고 여겨졌다. 전지구적 냉전질서가 구성되는 과정에서도 역시 새로운 가족주의 이념이 관찰된다. 제국주의시대 이후의 새로운 국가 간 동맹을 만들어내기 위해 국제적 차원에서 전개된 관념이었다. 이러한 추상적인 정치적 가족 관념은 구체적인 사회적 관계의 세계가 그토록 첨예한 존재적·도덕적 위기를 겪어야 했던 환경을 구성했다. 따라서 이 책에서는 탈식민 냉전시기 친족의 정치를 양 갈래로 접근하는데, 하나는 친밀한 사회적 경험으로서, 다른 하나는 비인격적인 정치적 형식의 한 요소로서이다.

이렇게 친족을 정치사와 정치이론의 차원으로 재도입함으로써 인류학의 지적 전통에서 단절되었던 친족연구의 맥을 다시 잇고, 넓은 비교정치학으로서의 친족연구가 시대적 인간의 조건을 이해하는 데 절실히 필요했던 바로 그 시대에 오히려 쇠퇴하게 된 모순을 대면한다. 이 노력에서 우호라는 개념이 중요한데, 여기서는 포르테스의 예를 따라 우호를 친족을 구성하는 성격으로, 즉 아무리 파괴적인 전쟁의 힘으로도 완전히 파괴될 수 없는 인간 사회성의 고유한 특성으로 이해할 것이다. 우호는 또한 평화의 길을 의미한다. 이 말의 옛 어원에 따르면 말이다.

1장

코리아의 학살

1950년 무더운 7월 어느 날, 대구 기차역은 막 화물칸에서 내린, 이불과 먹을 것과 가재도구를 짊어진 사람들로 발 디딜 틈이 없었다. 이들은 북한 인민군이 도착하기 직전 고향을 등진 피난민이었다. 전쟁이 발발한 지 한 달도 안 되었는데 북한군은 전면전을 벌인 지 나흘 만에 서울을 점령한 후 이미 전략상 중요한 남부지역인 대구까지 밀고 내려오고 있었다. 도시 외곽에서는 국군과 미군이 낙동강을 따라 방어선을 강화하고 있었다. 북한 인민군은 기세등등하게 8월 중순 완전 승리를 외치긴 했지만 미군의 화력에 엄청난 손실을 입었고, 특히 낙동강전선 공세에서 손실이 심했다. 1950년 9월초에는 병력의 반 가까이를 잃어 남쪽의 점령지에서 학생과 청년을 급히 동원해 인원을 충당하고 있었다. 그동안 대구 기차역 근방은 거대한 피난민 수용소가 되었다. 기차역 남쪽 광장에서는 젊은이들이 모였다. 때로는 "한반도를 적화하려는 북괴의 야망"[1]을 성토하기 위해 모였고, 또 어떤 때는 근심에 찬 가족들이 둘러싼 가운데 전선으로 급파될 인원이 줄을 지어 서 있었다.

이런 장면은 기존의 한국전쟁 관련 저작이나 서울의 전쟁기념관 상설 전시관에서도 흔히 만나볼 수 있다. 하지만 다음 장면은 그렇지 않다.

10년 후 1960년 7월 28일에 2천명가량의 사람들이 같은 광장에 모였다. 가까운 곳에서 온 사람부터 먼 시골에서 온 사람까지 대구 전역에서 모인 사람들이었다. 오전 10시쯤 역광장에는 사람들이 가득 들어찼는데, 많은 수가 소복을 입은 여성이었다. 집회는 10시 45분에 시작되었다. 한 여학생이 단상에 올라 아버지에게 쓴 편지를 읽자 모인 사람들 사이에서 엄청난 동요가 일었다. 여학생의 부친은 전쟁 초기에 실종되었다. 편지 낭독에 이어 한 여인이 역시 1950년 7월에 실종된 남편을 애타게 불렀다. "산산히 부서진 이름이여! 허공 중에 헤어진 이름이여! 불러도 주인 없는 이름이여! 부르다가 내가 죽을 이름이여! 지금 여기서 이렇게 당신의 이름을 부릅니다."[2] 그사이 군중 속 몇몇 소복 입은 여성들이 오열하기 시작했고, 곧 다른 울음소리가 합쳐지면서 귀가 먹먹할 정도의 집단 곡소리가 되었다. 지역신문의 기사에 따르면 그날 그 곡소리가 시내 중심가를 흔들었고 많은 구경꾼들도 함께 슬퍼했다고 한다.

1960년 7월의 그날 역광장에 모인 사람들은 1950년 7월에 모인 사람들과는 다른 이유로 모였다. 그들은 공산주의 침략을 물리치기 위해 전민족적 투쟁에 동참하라는 부름을 받은 소중한 사람에게 작별인사를 하러 모인 게 아니었다. 하지만 1950년의 그 투쟁뿐 아니라 민간인을 대상으로 무자비한 폭력이 자행되기 시작한 경위와도 관련이 있다. 이 가족들의 슬픔은 당시 그 지역은 물론이고 전국적으로도 널리 보도되었다. 그런데 이후로 그런 공적인 애도행위는 국가의 안보에 대한 위협으로 간주되었다.

예외상태

1960년 7월의 집회는 1950~53년 전쟁에서 발생한 특별한 유형의 사상자와 관련이 있다. 이 사상자들은 남한이건 북한이건 내전 중에 스러진 전투원들이 아니었다. 또한 당시에는 무고한 민간인 희생자로 여겨지지도 않았다. 요즘에도 이들을 보통 '양민'이라고 지칭하는 무고한 민간인 희생자에 포함시키는 것이 사회 일각에서 반발에 부딪힌다. 1949년의 전시 민간인 보호에 대한 제네바협약에서 명시한 바에 따르면, 한국전쟁 당시 민간인 범주는 주로 적대적 국가권력이 장악한 지역에 거주하는 사람들이나 교전국의 포격과 공습에 노출된 사람들, 즉 전쟁상황에서 무장한 적군이 자행하는 행위에 잠재적으로 위협당하는 비무장 주민이다.[3] 대구 집회에 모인 사람들이 애타게 불렀던 희생자는 현대 전쟁 사상자의 주요 범주인 전투원과 무고한 민간인 어디에도 속하지 않는다. 그보다는 1950~53년 전쟁의 발발과 함께 무수하게 자행된 특정한 정치폭력의 희생자들이다. 그리고 그 폭력은 한국전쟁이라는 민족적·국제적 위기의 한 부분으로 발생했지만, 20세기의 이 중요한 분쟁에서 이미 대중적으로 알려진 폭력방식과도 달랐다. 그들에게 자행된 폭력은 뚜렷하게 규정된 두 국가체제와 각각의 국제동맹이 서로에게 가하는 파괴적 힘과는 다르다. 또한 전쟁수행에 국민을 동원할 목적으로 양 국가체제가 거리낌 없이 행사하는 강제력과도 다르다. 이 폭력은 "적의 손으로"[4] 행해진 것이 아니라, 희생자 자신이 그 국민이었던 국가권력에 의해 자행되었다. 폭력의 대상도 적의 무장 전투원이나 적군 지역의 비무장 민간인이 아니라 "그 존재만으로 국가의 안보와 전쟁 노력을 위협한다고 간주된" 사람들이었다.[5]

국가가 자신의 사회를 겨냥해 자행한 폭력이 처음 촉발된 것은 1950년

6월 25일 전쟁이 발발한 후로서, 전쟁이 본격적인 국제분쟁으로 전환되기 이전에 남한 영역 전체에서 시행된 비상사태의 일환으로 시작되었다. 대량체포와 학살은 진격해 오는 공산군에게 점령당할 위협에 처한 지역에서 처음 일어났다. 남한 전투경찰과 헌병대가 외딴 계곡이나 버려진 탄광에서 학살을 자행했다. 희생자는 대부분 전쟁 전부터 공산주의나 사회주의에 동조하는 인물로 여겨진 사람들이었고, 전쟁 전 남한에서 정치적 소요가 벌어졌을 때 체포된 수감자들도 포함되었다. 이들을 전부 몰살시킨다는 결정은 그들이 적에게 원조를 제공하는 일을 막는 일종의 예방적 조치로 이루어졌다고 한다. 또한 전선에서 이루어지는 남한에 대한 전면적 공격과 적의 영역 내부로부터의 혁명봉기를 결합한다는 북한의 혁명전쟁 전략에 대한 반응이기도 한다. 정확한 숫자는 지금까지도 확인되지 않지만 한국전쟁 발발 당시 일어난 이러한 국가폭력의 소용돌이 속에서 희생된 목숨이 20만명에 이른다고 본다. 그렇게 마구잡이로 이루어진 민간인 학살은 이후 전세가 역전되어 북한군이 밀려나면서, (적군에 협조했다고 알려진 자들에 대한) 응징적 폭력으로 그 성격을 바꾸어 전쟁 내내 거듭되었다. 여기에 공산군이 일시적으로 점령했던 지역에서 퇴각하면서 남한체제의 동조자라고 보는 사람들에 대해 저지른 잔학행위가 이어졌다. 한쪽의 공격에 대한 상대편의 보복이 거듭되면서 폭력은 그 정도와 규모가 훨씬 더 심해졌고, 이렇게 민간인에게 자행된 폭력의 악순환으로 수많은 지역공동체가 완전히 초토화되었다.

전세의 변화에 따라 요동치는 폭력의 물결에는 극단적으로 남용된 국가의 강제력뿐만 아니라 공동체의 자기파괴적 행위도 있었다. 전쟁이라는 보다 넓은 무대의 이미지에 비춰 보면 마을은 완전히 뒤집혀 파괴의 용광로가 되었는데, 그것도 수세대를 함께 살아왔던 사람들의 손으로 자행된 일이었다. 소설가 박경리는 주인공 지영의 말을 빌려 1950년 9월 어느 마을의 상황에 대해 이렇게 증언한다.

비 오는 날에는 빗물만 괴고 맑은 날엔 햇빛만 비치고 사람의 그림자 하나 없던 빈 터, 국민학교 교정에 유엔군은 천막을 쳤다. 황폐한 벌판은 별안간 수풀이 되었다. 온갖 것들이 다 돋아나서 모양과 소리는 뚜렷해진 것 같다. 재빨리 벌어진 시장에는 레이션박스의 물건들이 쏟아져나왔다. 아이들은 검둥이 뒤를 쫓아가며

"헬로우"

하고 손을 벌린다. 한편 마을에서는

"빨갱이는 모조리 죽여라! 새끼도 에미도 다 죽여라! 씨를 말려야 한다!"
구십일 동안 두더지처럼 햇빛을 무서워한 사람들은 외치며 몰려나왔다.

"반동은 다 죽여라! 최후 발악하는 인민의 원수, 미제국주의 주구는 한 놈도 남기지 말고 무자비하게 무찔러라!"
──산과 강물까지 말문을 닫게 했던 그 소리는 다시

"빨갱이는 죽여라! 씨를 말려라!"
메아리는 그렇게 돌아오고 피는 피를 부른다.[6]

박완서의 증언에서는 이렇게 나온다. "몇달을 두고 전선이 일진일퇴를 거듭하는 대로 세상도 손바닥 뒤집듯이 바뀌었으니 그때마다 부역했다 고발하고 반동했다 고발해서 생사람 목숨을 빼앗는 일을 마을사람들은 미친 듯이 되풀이했기 때문이다."[7] 남해안 섬마을의 향토사를 연구한 역사학자 박찬승은 섬사람들이 기억하는 한국전쟁에 대해 이렇게 말한다. "전쟁은 끝났지만, 전쟁의 어두운 그림자는 아직도 마을에 짙게 드리워져

있었다. 마을에서 벌어진 좌우익 간의 학살은 불과 두세달 동안 벌어진 일이었다. 하지만 그때 있었던 일은 60년이 다 되도록 마을을 붙잡아두고 있다."[8]

기존 문헌에서는 이와 유사한 상황을 폭력의 민간화(privatization of violence)로 설명하기도 한다.[9] 스태티스 캘리버스(Stathis N. Kalyvas)는 주로 그리스 내전 당시의 사건을 중심으로 "모호함의 구역"을 탐구했다. 그것은 국가나 다른 정치조직의 권력이 자행한 폭력이 지역공동체 내부에서 일어난 폭력과 맞닥뜨리는 혼탁한 구역을 뜻한다. 캘리버스는 국가 위계의 강제력이 행사하는 비인격적 폭력과 구별하기 위해 그것을 내전의 "사적 폭력"(intimate violence)으로 칭한다.[10] 한국전쟁의 전장에서도 비인격적 폭력과 사적 폭력이라는 두 형식의 폭력이 모두 만연했다. 각 지역의 현실 속에서 두 폭력은 너무나 서로 얽혀 있어서 때로 집단기억 내에서 구분이 안 되기도 한다. 최근에 접할 수 있게 된 많은 증언을 보면 공동체 차원의 사적 폭력과 비인격적 정치폭력을 따로 떼어낼 수 없는 경우가 많다. 사적 폭력의 가해자와 피해자가 여전히 같은 공동체 안에서 살아가고 있다면 그 폭력의 세부사항을 알아내기도 힘들다. 그런데 비인격적 폭력과는 좀 다르게 사적 폭력의 세부사항이 공동체에서 특히 고통스러운 기억으로 남아 있는 경우가 많다. 그런 환경일수록 한편으로 이웃들과 먹을 것도 나누고 아이들도 함께 보았던 전쟁 이전의 먼 기억과, 다른 한편으로 도움이 절박하게 필요했을 때 이웃들이 등을 돌렸던 아직도 생생한 기억 사이의 급격한 단절 때문에 주민들이 괴로워한다. 그 이웃이 혹 친척이기도 해서 제삿날에 모이거나 하면 그런 배신의 기억이 되살아난다. 상황이 그렇다면 조상의 묘에 음식을 차리고 술을 따르는 행위 자체는 전통적으로 그래왔듯 함께 모여 친밀함이 주는 위안을 다시 확인하는 시간이 되기보다는 전시에 겪었던 가족의 분열과 겉으로 표현되지는 않지만 여전히 지속되는 불화를 상기시키게 된다.

혼란스럽던 전쟁 초기의 파국적 상황은 대구를 비롯하여 남부지방 여기저기로 피난을 떠났던 사람들에게도 닥쳤다. 스티븐 리는 무장된 세력 간의 교전이라는 관습적인 전쟁사의 시각으로만 바라보면 한국전쟁의 실체를 알 수 없다고 주장한다.[11] 그리고 이 주장을 뒷받침하기 위해 분쟁 양편의 무장세력과 혼란에 빠진 민간인이 관련된 방식을 탐구하면서, 남한정부가 자신의 시민에게 가한 폭력과 북한군이 남한 점령지에서 민족해방의 대의를 걸고 민간 노동력을 동원한 일, 그리고 동맹과 적, 민간인과 적의 전투원을 구별하지 못해 겪었던 미군의 어려움에 주목한다. 마지막 사항과 관련한 최근의 몇몇 연구는 미군 사령부가 한국전쟁에서 비무장 민간인을 보호하는 일에서 참담하게 실패했음을 설득력 있게 보여준다.[12]

이와 관련해 잘 알려진 사례가 서울에서 대구로 가는 길목인 대전 근처의 노근리에서 벌어진 비극이다. 노근리 양민학살 사건은 한국전쟁 초기에 벌어진 민간인 학살 중 하나로 1990년대 중반에 대중적으로 알려지고 이후 국제적으로 널리 관심을 끌었다.[13] 사흘 만에 몇백명의 목숨을 앗아간 그 사건은 미군 전투기가 피난민 행렬에 총격을 가하면서 시작되었다. 근처의 철로 굴다리 아래로 피신해 그 안에 발이 묶인 피난민들은 북한군의 진격을 막기 위해 그 지역에 방어선을 치고 있던 미군 기갑부대의 기관총 사격을 받았다. 사흘 동안의 사격 끝에 400명 정도로 추정되었던 피난민 중에서 단 10명이 살아남았고 피해자는 대부분 아이와 여성과 노인이었다. 사건을 조사하던 연합통신 기자단은 그 사건이 군사작전 중에 민간인으로 위장하여 후방에 침투한 적의 전투원과 진짜 민간인을 분간하기 어려워 일어난 단순한 부수적 피해가 아니라는 사실을 알아냈다.[14] 그보다는 비상사태와 군사작전의 효율성이라는 명목으로 비무장 민간인과 무장 전투원을 구별해야 하는 의무를 완전히 무시했던 군사령부의 조직적 실패의 결과라는 것이 그들의 결론이었다.[15]

노근리 양민학살 사건이 일어났던 1950년 7월 당시 피난민의 대이동은 전국적인 현상이었다. 피난민에 대한 공습이 있었기 때문에 피난민의 이동은 위험했다. 피난민들이 영문도 모른 채 아군 전투기의 공격을 받은 일화가 한국전쟁 관련 증언록에서 흔하게 등장하는 것도 이런 이유에서다. 살아남으려면 미군 전투기의 눈에 띄지 않도록 밤중에, 그것도 험한 산길로 움직여야 한다는 생각이 피난민 사이에 널리 퍼지게 된 것도 바로 이 때문인데, 그런 길은 종종 북한군이 이동하는 길이기도 했다. 서울 유학생 다섯명의 경험이 바로 그러했다. 대구 근방의 같은 시골마을 출신인 두명의 여고생과 세명의 남중생은 1950년 6월 27일 고향으로 가기 위해 남쪽으로 가는 피난민 대열에 합세했다. 피난민의 배를 타고 한강을 건너는데 미군 전투기가 기총소사를 했고 그걸 간신히 피했다. 가다보니 북한군이 어느 순간 이미 그들보다 앞서 움직이고 있었고, 그들은 다른 피난민의 충고를 따라 산맥을 타고 북한군이 지나간 길을 그대로 밟아 밤에만 움직였다고 한다.

고향이 얼마 남지 않은 산길에서 무장한 공산유격대들이 학생들 앞을 막아섰다. 유격대 대장은 이 청소년 피난민들을 교화시켜서 혁명투쟁에 참여하도록 할 의무가 있었지만 그는 이 학생들을 놓아주었다. 나중에 밝혀진 바로는 그중 한명을 알아보았기 때문이었다. 그 여학생은 유격대 대장이 한 말을 아직도 생생하게 기억한다. "너희들을 놓아주겠다. 네 부친은 우익이지만 점잖은 분이라는 걸 내가 안다. 집에 가서 부친께 이렇게 말씀드려라. 내가 지금 네게 해준 것처럼 고향에 있는 내 가족을 잘 보살펴달라고." 다섯명의 학생이 열하루를 걸어 마침내 집에 당도했을 때 마을은 이미 북한군이 점령하고 있었다. 그 여학생의 부모만 아직 남아 딸을 기다리고 있었고, 딸이 돌아오자 그날 밤 바로 마을을 떠나 이미 대구로 피난 간 다른 가족에게로 갔다. 한 남학생이 집에 가보니 다들 떠나고 없었으므로 소식을 물으러 밤늦게 그 여학생의 집으로 왔고, 피난길에 그 남학생도 함께 데려갔다. 또다른 여학생은 집이 비어 있어서 다음 날 아침 이장을 찾아갔더니 마을에서 급조된 여성동맹 단원들이 그녀를 맞았다. 그 여학생은 서울에서 함께 온 나머지 두명의 남학생과 함께 이후 마을의 청년동맹에 참여했다. 대구로 피난 갔다가 몇달 후 돌아온 여학생은 북한군이 마을에서 철수한 직후 두 남학생이 마을을 떠났다는 말을 들었다. 마을사람들도 이후 그들의 소식을 듣지 못했다고 했다. 1년 후 그녀는 서울에서부터 고된 피난길을 함께했던 소중한 친구의 사진이 지역신문 1면에 실린 것을 보고 소스라치게 놀랐다. 세명의 남자 유격대 대원은 사망했고 한명의 유격대 여학생 대원은 생포했다는 기사였다. 사진에 실린 친구는 만삭의 모습이었고 너무나 지쳐 보였다.

이 피난민들이 힘들게 대구나 부산으로 피난길을 떠나는 동안 남한 전역에 비상계엄이 선포되었다. 1950년 6월 28일에 공포된 대통령령에 따라 국가안보와 관련된 범죄에는 사법절차가 유예되었다. 긴급명령은 적에게 물질적 원조를 하거나 적의 군대와 적 당국에 정보를 제공하거나 자발적 협력을 하는 행위라고 그 범죄를 특정했다. 그런데 이 대통령령이 의회의 승인을 받아 1950년 7월 8일에 공식적인 계엄령으로 선언되기도 전에 이미 경찰과 헌병은 잠재적 부역자라는 혐의로 수많은 사람들을 체포하고 합당한 재판절차도 없이 처형했다. 대량처형은 주로 '사상범'으로 분류된 수감자들과 소위 보도연맹 단원들을 표적으로 삼았다. 1949년에 창립된 전국단위 국가조직인 보도연맹의 공식목표는 과거 남로당 당원과 그밖의 공산주의 동조자를 "애국과 반공의 올바른 길"[16]로 인도한다는 것이었다. 이 불운한 수감자와 소위 사상 전향자들 중 많은 사람들이 전쟁이전에 남한의 예외상태 정치에서 생존한 사람들이었다. 특정 지역에 한정된 이 당시 계엄조치는 처음에 남한의 미군정에 의해 시행되었는데, 소요사태와 군정에 대한 빨치산 저항이 있었던 특정 지역을 겨냥한 것이었다. 비상계엄은 남한에 정부가 들어선 1948년 8월 15일 이후에도 지속되었다.

1948년에 남해안의 도시 여수에서 발발한 군사반란의 와중에 선포된 계엄령에는 이렇게 적혀 있다. "반역자를 숨겨주거나 반역자와 내통하는 자는 사형에 처한다." 1950년 6월에 공포된 비상계엄은 형식상으로는 이 계엄령과 예전의 다른 비상조치를 전국적으로 확대하는 것이었다. 하지만 내용상으로는 실제 반역행위라기보다는 부역 추정자("반역이 의심되는 자")를 겨냥함으로써 주로 선제적 폭력을 정당화했다는 점에서 전쟁이전의 다른 계엄령과 뚜렷이 구별된다.[17] 이 조치에는 또한 역사적 아이러니도 담겨 있다. 1948년 대한민국의 헌법에는 계엄령에 대한 조항이 없었기 때문에 1948~50년의 정치적 위기를 맞아 비상사태를 선포할 수 있는 국가의 권리를 정당화하기 위해 입법기관은 어쩔 수 없이 일제강점기의 메이지 헌법을 인용할 수밖에 없었다는 사실이 알려진 것이다.[18] 이 점은 특히 남한의 헌법상 권한에 심각한 모호함이 있었다는 사실을 보여준다. 남한의 헌법은 한편으로 남한에 주둔한 미군정 권한의 연장이었고 다른 한편으로 일본 제국주의 헌법질서의 복구물이었던 것이다.[19] 유엔군 참전과 함께 한국전쟁이 국제분쟁으로 발전하자, 부역을 금지하는 법은 예방적 조치에서 징벌적 조치로 성격을 바꾸어 효력이 지속되었다. 북한군에 일시적으로 점령당했던 지역을 되찾은 후, 남쪽의 경찰과 첩보대원, 반공청년단 등이 점령군을 지원하거나 점령 정치세력에 동조했다고 의심되는 주민들을 대상으로 잔혹한 정화작업을 수행했다. 이러한 행위는 일반적으로 용의자 개인만이 아니라 그의 가족들, 때로는 그가 속한 마을공동체 전체를 대상으로 무차별적으로 이루어졌다.

점령 초기 북한군의 행동은 전반적으로 보아 상대적으로 절제되어 있었다. 그것은 한편으로는 이 전쟁이 그들에게는 명목상 인민의 혁명전쟁이어서 지역 주민들의 지지를 끌어내는 것이 그 성공 여부에 상당히 중요했기 때문이다. 하지만 그런 상대적 차분함은 오래 지속되지 않았다. 1950년 9월 북쪽으로 철수하지 않을 수 없게 되자 북한군은 점령지에서 민간인의 즉결처분을 비롯하여 수많은 잔학행위를 저질렀다.[20] 그러한 폭력행위는 "[남한] 공무원, 우익단체원, 혹은 부농"을 겨냥했고, "유엔군 및 국군의 잠재적인 지원세력"을 제거하라는 북한 정치국의 명령에 따른 것이었다.[21] 그 자체는 앞서 그들의 적인 남한군이 자행했던 폭력과 성격이 같은 선제적 폭력이었다. 이 선제적 폭력의 희생자에는 북한군 점령지에 수감되어 있던 죄수가 포함되었고, 몇몇 지역에서는 지역교회의 신자들도 있었다. 서울에서 150킬로미터 떨어진 대전의 형무소에서 퇴각하는 북한군에 의해 죽임을 당한 수감자들이 방마다 몇겹으로 쌓여 있는 것을 유엔군이 발견한 적이 있었다. 이 잔혹행위는 당시 남한의 언론과 해외 언론에 대대적으로 보도되었다. 한 기자는 이렇게 적었다. "공산당 꼭두각시들에 의해 천명도 넘는 애국자들이 잔인하게 살해되었다." 하지만 이 언론이 언급하지 않은 사실이 있었다. 이보다 두달 전에 같은 형무소에서 "미제국주의 꼭두각시들"에 의해 잔혹행위가 자행되었다고 북한의 언론

과 동유럽권의 언론에서 역시 대대적으로 보도했다는 사실이다.[22]

한반도 남서부에서는 북한군 잔류부대와 지역의용군이 진격해 오는 국군에 맞서 격렬하게 저항했고, 일부는 주변의 산속으로 들어가 무장유격대가 되었다. 1950년 10월초, 구림마을에서 북한군 유격대가 마을의 학교와 사당과 교회에 불을 질렀다. 2006년에 마을사람들이 만든 지역연보 1950년 10월 7일자에는 다음과 같이 적혀 있다.

> 한편 인민군 잔존세력 일부와 인공치하에서 활동했던 이성을 잃은 공산 유격대 일부가 우익 쪽에 가까운 군경 가족이나 인공치하에서 반동으로 모함받았던 사람과 기독교 신자를 잡아들여 10월 7일 지와목에 있는 김기준 소유 주막에 가두고 불을 질러 교인 6명을 포함하여 28명이 사망하는 잔인무도한 참상도 있었다.[23]

연보는 계속해서 "그들이 저지른 죄가 무엇이고 무슨 이유인지 모르"는 사람들을 그렇게 잡아다 누군가의 집에 가두고는 불을 질렀다고 적고 있다.[24] 이 사건이 있고 며칠 지나지도 않은 10월 17일에 이 마을은 다시 한번 곤욕을 치른다. 연보는 이 두번째 학살을 그저 지나가면서 언급할 뿐이다. 따라서 이 부분은 다른 자료인 2000~2002년 그 지역에서 수행된 지역역사 프로젝트의 보고서를 인용하겠다.

> 한편 구림에서는 1950년 10월 17일 경찰에 의한 또다른 양민학살 사건이 발생했다. 당시 경찰이 들어온다는 소식이 전해지자, 인공치하에서 적극적으로 활동했던 사람들은 모두 피신했다. 경찰은 구림을 포위하고 주민들에게 모두 밖으로 나오라고 명령했다. 죄지은 것이 없다고 생각한 사

람들은 경찰의 지시대로 거리에 나왔는데, 갑자기 경찰들이 이들에게 발포하여 78명이 사망했다. 결국 좌익활동가는 별로 죽지 않고 중간적 입장의 사람들이 좌익으로 몰려 죽은 것이다.[25]

　박완서 역시 그의 자전적 소설에서 북한군 퇴각 후 해방된 서울의 위태로웠던 상황을 전한다. 작가의 가족은 북한군이 점령하기 전에 서울을 빠져나가지 못했다. 이는 당시 서울 주민으로서는 전혀 이례적인 일이 아닌데, 앞으로 어떻게 될지 확실히 알 수 없는 데다 혼란스러운 와중에 굳이 집을 떠나야 한다는 생각을 하지 않았던 사람들이 많았기 때문이다.[26] 사실 당시 150만이었던 서울 인구 중에서 남쪽으로의 피난길에 동참한 인구는 3분의 1이 채 되지 않았다. 그리고 이 가운데 80퍼센트 정도는 1945~50년의 분단상황에서 북한의 집을 버리고 내려온 사람들이었다. 말하자면 공산주의 세력으로서는 공산정권에 적대감을 가지고 있다고 여길 만한 사람들이었다. 당시 학교 교사였던 작가의 오빠는 전쟁 전에 진보적인 좌익 지식인 운동에 참여했던 경력이 있었고, 이것이 그 가족에게 무수한 문제를 일으키게 된다. 어머니의 말에 따르면 그가 참여한 운동은 "빨갱이 짓"으로 그와 가족에게 앞으로 재앙을 불러올 확실한 표시였다.[27] 가족이 다 그랬지만 특히 모친이 그의 행동을 강력하게 반대하여, '빨갱이' 무리가 그 집을 모임장소로 삼을 때마다 이사를 했다. 모친의 끈질긴 항의에 영향을 받았는지 오빠는 결국 좌익운동을 단념하고 시골학교에 교사 자리를 얻고 결혼도 한다. 나중에 가족들이 알게 된 바로는 그는 교사직을 얻기 전에 공산주의를 포기했다는 증거로 보도연맹에 가입할 수밖에 없었다. 그런데 북한군이 서울을 점령하자마자 예전 동료들이 찾아와 청년 혁명조직과 인민군을 지원하는 애국자전선에 가입하라고 종용한다. 박완서 자신도 대학동기들이 조직한 유사한 조직에 끌려들어간다. 그사이 숙부가 운영하던 양조장을 북한군 장교들이 회합장소로 쓰면서 숙부와 숙모는 그들의 식사를 맡아 제공하게 되었다. 작가의 모친은 가족이 그렇게 공산주의 세력의 정치와 경제에 끌려들어가는 것을 암담한 미래의 불길한 전조로 여긴다. 갈수록 악화되는 아들의 불안한 정신상태가 특히 걱정이었는데, 그것은 공산주의 이념을 단념했다가 다시 가담한 데 대한 수치도 있지만, 장손으로서의 가족에 대한 의무와 양심 있는 지식인으로서의 정치적 소신 사이에서 갈등하는 정신적 고통 때문이라는 게 박완서의 설명이다.

작가의 가족에게 서울의 해방은 환영할 일만은 아니었고, 이후 삶은 훨씬 더 위태로워진다. 앞서 북한군 점령기에 남한체제의 지지자이자 반혁명세력으로 분류된 사람들을 일제히 잡아들이는 것을 목격했던 작가는 이번에는 '부역자'라는 낙인이 찍힌 이웃사람들과 주민들이 잡혀 들어가 즉결처분되는 장면을 보고 충격에 휩싸인다. 한 이웃이 북한군을 먹이고 도왔다며 숙부와 숙모를 고발하여 두 사람도 잡혀 들어간다. 작가 자신도 부역자로 고발당한 다른 가족들과 더불어 치욕스러운 조사를 받는다. 오빠는 그전에 이미 의용군으로 징집되어 갔기 때문에 이 시련에서 벗어났고, 작가는 오빠가 의용군에 강제로 징집되어 갔다는 사실을 믿게 하려고 호소에 호소를 거듭했다. 이런 경험을 통해 작가는 북한 점령기에 서울에 살았던 주민은 조사관의 눈에 모두 공산주의 부역자거나 "적에게 노동을 제공한 자"로 보인다는 사실을 깨닫는다. 서울 사람들은 북한군 점령 이전에 서울을 빠져나갔는가 아닌가에 따라 피난에서 돌아온 사람과 그렇지 않은 사람으로 양분되었고, 피난을 떠나지 못한 사람들은 대한민국이라는 국가의 정당한 시민으로 여겨지지 않았으므로 인권이고 시민권이고 없이 그냥 처분해버릴 수 있는 존재였다. 작가는 이렇게 말한다. "'빨갱이' 목숨은 벌레목숨이었다. '빨갱이' 가족의 운명은 벌레보다도 못한 운명이었다."[28] 해방된 도시에서 목숨을 부지하려면 반공운동에 가담하는 길밖에 없다는 사실을 깨달은 작가는 반공청년단에 서기로 들어간다. 당시 지배적이었던 폭력의 논리를 이해한 것이다. 누군가가 혁명을 선동한 불순인물이라고 여겨지고 동시에 그의 확장으로서 가족 전체가 불순하게 보이게 되면, 그러한 위협적인 상황에서 벗어나 가족이 생존하기 위해서는 구성원 누군가 반공투쟁의 내부로 들어갈 수밖에 없다는 사실을 말이다.

전시 서울의 위태로운 삶에 대한 박완서의 서술에서 또한 두드러지는 점이 예외상태에 놓인 공동체 내 신뢰의 붕괴이다. 숙부가 즉결처분을 당하게 된 것도 이웃의 고발 때문이었고, 박완서 자신이 조사를 받게 된 것도 오랜 이웃 한 사람이 오빠에 대해 제보했기 때문이었다. 작가의 모친은 땅을 치며 이렇게 탄식한다. "세상에 이럴 수가, 해도 너무하는구나. 서로 고사떡 나누고 비단치마 무명치마 안 가리고 서로 손주새끼 오줌똥 받았거늘, 어찌 이럴 수가."[29] 위기상황이 지속되고 두려움이 커지면서 가까운 친족집단도 영향을 받게 된다. 숙부가 형무소에 있을 때 작가의 모친은 솜옷이라도 차입하고 싶어서 오래 형무관으로 일해온 친척에게 청을 넣었는데, 부역자와 상종하는 일은 하고 싶지 않다고 일언지하에 거절당하자 절망한다.

보복 폭력의 정치에 의해 야기되는 공동체 관계의 왜곡은 종종 농촌공동체에서 더 난폭한 형태로 나타났다. 한국전쟁에서 "적대적인 두 국가권력이 공동체 깊숙이 침투하여 이들 공동체를 해체하는 데 결정적인 역할을 했다"는 주장이 있다.[30] 사실 최근 연구들은 민간인에 대한 국가의 체계적인 폭력이 어떻게 공동체 내부와 공동체 사이에서 걷잡을 수 없는 사적 폭력의 비극적 소용돌이를 일으켰는지를 다루고 있다. "피해자가 가해자가 되고 다시 가해자가 피해자가 되는" 상황이 전선이 이동하면서 반복되었던 것이다.[31] 이 연구에 따르면 많은 농촌공동체에서 한국전쟁은 주로 마을 전쟁으로, 즉 앞에서 잠깐 언급했듯이 공동체 내부나 지역집단 사이에서 벌어진 갈등으로 기억되고 있다. 한국전쟁의 사적 폭력을 조사하다보면 곤란한 문제 두가지를 대면하게 된다. 하나는 내전의 정치가 마을공동체 내에서 내전과 흡사한 위기를 야기한 상황과 관련된 것으로, 지역공동체 내의 폭력이 지역 특유의 역사적 조건과 얼마나 연관되어 있는지의 문제로도 이어진다. 이 문제를 제기한 연구자들은 가까운 곳에 위치한 공동체에서조차 장소에 따라 공동체적 폭력의 경험에 상당한 다양성이 존재한다는 사실을 발견했다.

예를 들어 대전 근처의 지방인 예산을 대상으로 한 연구에서 인류학자 윤택림은 그곳의 두 이웃마을 중에서 왜 한 마을에서만 보복적 폭력이 발생했는지 질문한다.(이후 논의를 참조할 것) 다른 최근 연구들도 한 공동체 내의 여러 사회집단이 전쟁의 폭력을 경험한 방식이 두드러지게 다른 상황에 대해 유사한 의문을 제기한다.[32] '진실·화해를 위한 과거사정리위원회'에서 최근 발표한, 한국전쟁 당시 벌어졌던 수십건의 집단 민간인 학살에 대한 보고서에서도 비슷한 질문이 나온다.(6장 참조) 그 보고서에 담긴 풍부한 자료는 국가와 공동체 내의 폭력유형에 상당한 편차가 있음을 아주 잘 보여준다. 일례로, 공주 근교의 한 마을에서 전쟁 초기에 공산주의 동조자라고 여겨진 마을사람들에 대해 선제적 폭력이 있었지만, 다른 인근 마을과 달리 운 좋게도 이후 폭력이 격화되는 일을 면할 수 있었다. 위원회의 조사단에게 증언했던 한 마을사람의 말에 따르면, 이는 "[우리 마을에서는] 인민공화국 점령 당시에는 우익에 대한 보복이 거의 없었기 때문에 [이곳이] 수복된 이후에도 좌익에 대한 보복이 없었던 것"이라고 한다.[33] 위원회 보고서는 이 지역에 공동체 내 폭력이 상대적으로 적었던 이유를 지정학적 요인에서도 찾는다. 이 지역은 북한군 유격대가 은신할 만한 울창한 산림이 별로 없기 때문에 다른 남한지역과 달리 전시에 퇴각하던 북한군과 지역 동조자들 중에 지역 기반의 유격대로 전환된 인원이 많지 않았다는 것이다.[34]

전쟁경험의 차이는 지역 간에서만이 아니라 한 지역 내에서, 심지어 한 마을공동체 내에서도 나타난다. 이와 관련해 주목할 만한 사례를 앞에서 언급한 윤택림의 연구에서 다뤄진 마을에서 찾아볼 수 있다. 이 마을은 몇몇 지역 유명인사의 출생지로, 그들은 해방 후 몇년간 그 마을을 포함한 넓은 지역에서 급진적인 사회개혁운동과 정치조직의 지도자 역할을 했다. 이런 유산에 힘입어 전쟁기간이나 이후에 지역 내에서 "예산의 모스크바" "또 하나의 모스크바"로 불렸다고 한다.[35](3장 참조) 외부에서는 그렇게 마을 전체를 급진주의의 온상으로 보았지만, 밤골과 감골이라는 두 구역으로 이루어진 마을 내의 관계는 사실 그보다 복잡했다. 윤택림에 따르면 전쟁 발발 이전에도 밤골에서는 갈등이 심했다고 한다. 밤골은 한편에는 태평양전쟁 시기 일제에 의해 군인이나 노무자로 징집되었다가 돌아온 사람들로, 다른 한편에는 마을 유지와 그 지지자들로 양분되어 있었다. 마을 유지와 그 무리가 젊은이들을 일제의 무모한 전쟁에 동원했던 주역이었고, 해방 이후에도 여전히 마을의 일을 좌지우지했으니 징용과 징집에서 돌아온 사람들이 그에 불만을 품은 것은 당연한 일이었다. 1950년 전쟁 발발 당시 두 집단 사이의 적대감은 아주 격화된 상태였고, "이데올로기적 대립의 옷"을 입고 있었다.[36] 이 표현이 의미하는 바는 마을 정치가 냉전의 형식으로 양극화된 것은 얼마간 식민지시대 일제에 협력했던 자와 그로 인한 피해자 사이의 갈등에 뿌리를 두고 있다는 것이다. 그런데 이런 공동체 내의 갈등의 골이 감골에서는 별로 두드러지지 않았는데, 윤택림은 1945~50년 사이 감골의 상대적인 평화를 출중한 독립운동가이자 급진적 지식인이었던 두 인물이 마을 내에서 지녔던 지도력과 연관짓는다.[37] 독립운동 전력도 그렇지만 그들은 명망이 높고 유서 깊은 가문에 속한 사람들이었기 때문에 감골에서 비중 있는 도덕적 권위를 행사할 수 있었다는 것이다.

이 두 마을은 북한군 점령기에 아주 다른 방식으로 대응했다. 감골은 상대적으로 평화로운 방식으로 빠르게 혁명정부에 통합되었고 주민 몇사람은 마을과 지역단위 행정부서의 주요 직책을 맡았다. 이에 반해서 밤골에서는 점령과 함께 엄청난 격변이 찾아왔다. 점령군에 의해 반혁명분자로 분류된 사람들은 목숨을 부지하기 위해 마을에서 도망쳤고 그들의 재산은 몰수되었다. 빠져나가지 못한 사람들은 인민재판이라는 약식재판을 거쳐 그중 다섯명이 맞아 죽었다. 북한군 점령 초반에 벌어진 이러한 폭력적 사건은 이후 북한군이 퇴각하고 도망쳤던 사람들이 기세등등하게 마을로 돌아온 후 인민재판에 가담했던 사람들에게 가한 잔인한 보복성 폭력으로 이어졌다. 이번에는 점령기에 지방행정을 담당했던 사람들이 마을을 떠야 했다. 미처 뜨지 못한 사람들은 처형을 당하고 그들의 재산은 반공주의 애국자라는 사람들이 몰수했다. 이 잔혹행위는 희생자 개인의 가족에게까지 미쳤다. 당시 두 마을 모두에서 보복성 폭력이 벌어졌지만 밤골의 폭력이 감골보다 훨씬 더 파괴적이었다. 감골의 보복행위는 주로 국가에 의해 이루어진 제도적인 것이었다. 반면에 밤골에서는 북한군 점령 시 고생으로 앙심을 품은 마을사람들에 의한 사적 가혹행위 또한 벌어졌다. 윤택림에 따르면 밤골에서는 같은 마을에 살던 사람들의 가혹행위가 가장 고통스러운 전쟁의 기억이고 지금까지도 그 암울한 기운이 마을을 떠나지 않는다고 한다.**38** 감골의 한 어르신은 이렇게 말한다.

> 그때 우리는 무엇이 옳은지 몰랐어. 우익이 옳은지 좌익이 옳은지. 공산주의가 나쁘다는 것을 알게 된 것은 6·25가 나고서야. (…) 그이들은 좌익이건 우익이건 모두 잘못했어. 그이들은 자기들이 옳다고 했지만, 한 짓을 뒤돌아보면 둘 다 똑같아.**39**

해방 후 한반도를 남북으로 가른 삼팔선을 넘어 유엔군이 북한지역까지 밀고 올라갔을 때 곳곳에 대량학살의 흔적이 수없이 많았다고 한다. 퇴각하는 북한 군대와 행정부가 남한세력과 동조할 수 있다는 의심만으로 죄를 물어 폭력을 자행한 것으로, 이번에는 그들의 인민들을 대상으로 한 것이었다. 어떤 곳에서는 특히 지역교회 신자들이 집중적으로 희생되었다.**40** 북진하던 유엔군이 북중 국경에서 중국군과 북한군에 막혀 다시 밀려 내려가 한반도의 중부까지 퇴각했을 때, 다시 한번 폭력의 소용돌이가 휘몰아쳤다.

중국의 한국전쟁 개입은 삼팔선을 넘어 진격하기로 한 미국의 결정으로 촉발되었는데, 그것은 요즘 한국전쟁 연구자들이 열심히 파고드는 주제이다. 국제전의 요소가 있었지만 주로 내전이었던 한국전쟁이 중국의 개입과 함께 내전의 요소가 줄어들며 전면적인 국제전이 되었기 때문이다. 군사적으로는 혼란스러운 기동전이었던 1950년도 후반의 전투 성격이 삼팔선을 사이에 두고 참호와 언덕에 자리를 잡고 싸우는 진지전 형식으로 바뀌어 그렇게 2년간 더 지속되었다. 그런데 1950년말에 벌어진 한국전쟁의 정치적·군사적 상황의 근본적 변화는 사회경험의 측면에서는

1950년 7월의 혼란상태로 되돌아간 것을 의미했다. 1951년초 유엔군 퇴각 당시 남한 중부지역에서는 수많은 민간인이 다시 선제적 폭력의 소용돌이에 휘말렸고, 이번에는 앞선 정치적 폭력에서 살아남은 사람도 예외가 아니었다. 자세한 내용은 아직 드러나지 않았지만 북한지역에서도 역시 비슷한 폭력이 휩쓸고 지나갔다고 알려져 있다.[41] 강화도와 고양을 비롯한 서울 근교의 많은 마을들이 당시 가한 무차별적 폭력으로 완전히 파괴되었다. 고양에서는 지역 무장청년단이 북한 점령군의 부역자로 의심되는 마을사람들을 잡아들여 동네 언덕에서 집단처형한 후 일제강점기 때의 버려진 금광 안에 시체를 던져버렸다. 강화도에서는 이전에 부역자로 점찍어놓았던 섬사람들을 모아놓고 바닷가에서 몇번에 걸쳐 처형을 집행했다.

두 경우 모두 지역 주민들에게 '대살(代殺)'로 기억되는 방책에 따라, 제거 대상인 개인의 가족이 폭력의 희생자가 된 경우가 흔했다.[42] 대살이라는 끔찍한 논리에 따르면, 이미 준비된 혐의자 목록의 인원수와 처형된 인원수가 일치해야 하므로 혐의자 본인이 없을 때는 가족 누군가가 그 벌을 대신 받아야 한다는 것이었다. 예를 들어 1951년에 삼팔선과 가까운 강화도에서는 공산주의 부역 혐의자를 겨냥한 청년단의 폭력이 대부분 북한으로 도망쳤다고 여겨지는 인물들의 가족들에게 가해졌다. 강화도 희생자의 거의 반수가 이러한 '대살'의 피해자이다.[43] 대살은 전쟁기간에 한국의 다른 지역에서도 자행되었고, 특히 이 잔인한 폭력이 생존자들에게 깊은 상처를 남겼다. 1960년 대구 유족집회를 조직하는 데 중추적인 역할을 했던 한의사 이원식이 옥중에서 적은 일기에도 이 점이 잘 나타난다. 그는 "좌익분자[민간인 학살 피해자]를 애국자로 묘사"하고 "반국가단체[유족회]를 세우고 지원하여" 결과적으로 "북한을 이롭게 했다"는 내란선동의 죄목으로 1961년 군사재판에서 사형을 언도받았다.[44] 그는 국가폭력 희생자의 유족으로 유족단체에 참여했다. 1950년 8월 그가 집을 떠나 있는 사이에 부인이 대구 근교에서 대살의 희생자가 되었던 것이다. 이원식의 아들이 보관하고 있는 그의 일기에는 부인에 대한 회한과 자신이 누구보다 잘 알았던 부인의 결백을 밝히지 못한 것에 대한 자책, 그리고 "무덤도 없이 죽은 아내와의 애정 때문에 사형수가 된" 믿을 수 없는 사실에 대한 한탄이 가득하다. 이원식은 사후인 2010년 6월 25일에 서울지방법원에서 무죄가 선고되었다. 검찰의 항소로 대법원까지 간 후 2011년 5월 25일에 무죄가 확정되었다. 아직 이원식의 부인에 대한 무죄판결이 남아 있지만, 자식들은 이 판결이 가족의 오랜 슬픔을 끝내는 데 도움이 되었다고 본다. 2011년 판결 직후에 부모의 기제사가 있었다. 아들이 마지막 절을 올리고 일어나는데 여동생이 다급한 목소리로 제사상을 보라고 했다. 그가 고개를 들어 제사상을 보니 부친과 모친의 밥그릇에 각각 꽂아놓은 숟가락이 천천히 가운데로 기울어지더니 숟가락 끝이 맞닿으며 멈췄다고 한다.

불가능한 시민의 자격

한국전쟁 동안 민간인에 대한 테러행위는 가해자가 누구인가라는 점에서 유동적이었고 그 성격도 예방적 폭력과 징벌적 폭력 사이를 계속 왔다 갔다 했다. 전선이 한반도 남쪽 끝까지 내려갔다가 다시 북쪽의 북중 국경 근처까지 올라가며 오르락내리락할 때마다 조직된 테러행위가 새로이 민간인을 덮쳤다. 양 진영 모두 그것을 해방이라고 불렀다. 하지만 지역공동체의 시각에서 보면 그 해방은 전혀 경사로운 일이 아니었고 오히려 극도로 위태로운 상황을 만들어냈다. '백색테러'로 가까운 사람을 잃은 가족은 이후의 '적색테러'에 어쩔 수 없이 가담하게 되고, 그 반대도 마찬가지였다. '애국자 가족' 대 '빨갱이 가족'(남한체제에 따르면), 또는 '민주 가족' 대 '반혁명분자 가족'(북한체제에 따르면)으로 완전히 양분된 질서에 떠밀려 공동체의 관계는 왜곡되고 긴장은 극도로 격화되어 거의 부서질 지경에 이르렀다. 전세가 역전되고 또 역전되면서 양쪽의 폭력적 권력에 노출된 양민들은 이념적으로는 대립되지만 제로섬 논리를 억지로 강제한다는 점에서는 구조적으로는 동일한 두 세력 사이에서 생존의 공간을 찾을 수 없는 형편에 있었다. 그럼에도 불구하고 그런 공간을 찾아야만 했다. 양쪽이 공히 상대편을 불법적 권력이자 '반민족 세력'으로 규정했기 때문에 그 권력을 받아들이거나 존재를 인정하기만 해도 민족공동체를 배반하는 범법행위가 되었다.

북한 국가권력이 애초에 전쟁을 일으킨 이유가 무엇보다 오직 자신에게 전민족을 대표하는 통치권한이 있다는 믿음에서였다. 이 점에서는 전쟁 이전과 후의 남한 권력도 마찬가지였다. 내전으로서의 한국전쟁은 폭력적 수단을 동원하여 상대방의 주권 주장을 배제하고 단독으로 유일하게 그 이름에 걸맞은 민족국가를 이루려는 두개의 탈식민 국가세력 사이에서 벌어진 전쟁이었다. 내전의 형식으로 벌어진 전지구적 분쟁이라는 측면에서는 대립하는 두 국제세력이 충돌한 것으로, 서로의 존재를 부정하는 이념싸움이 한반도에서 무장투쟁의 형태로 나타난 것이다. 이념적 상호 부정이라는 전지구적 차원과 배타적 주권이라는 민족적 차원이 민간인에 대한 폭력이라는 장에서 치명적으로 결합되어 상상할 수 없을 정도로 야만적인 분쟁으로 격화되어 수많은 공동체들의 도덕질서를 갈기갈기 찢어놓았던 것이다.

전세가 바뀌면서 몰아닥치는 비인격적 폭력과 사적 폭력을 모두 겪고도 생존한 사람들은 삶을 지속하기 위해 흔히 고향을 완전히 등지는 것을 택했다.(2장 참조) 그 결과 전쟁이 끝난 후 한반도를 둘로 가르는 정치적 분단선 양쪽으로 가족이 흩어졌고, 그것은 현재까지 이어지는 가장 오랜 한국전쟁의 유산이 되었다.[45] 공산주의 치하를 벗어나기 위해 대거 남쪽으로 이동하는 무리는 한국전쟁에 대한 해외기사에 흔히 등장했던 이미지이다. 전후 남한의 대중가요에는 북송되는 대열에 섞인 가족이나 연인을 바라만 봐야 했던, 혹은 북한 주민이 남한으로 소개되는 과정에서 가족과 헤어져야 했던 비통함을 노래하는 곡이 많다. 전쟁으로 이산가족이 된 사연은 이후 한국의 문학과 음악, 예술의 주요 주제였다. 공산주의의 점령이나 통치에서 탈출하는 것과 관련된 내용이 대다수다. 반대방향으로의 이동일 때 이산가족의 드라마는 억지로 북한으로 끌려가는 죄수에 대한 노래처럼 전형적으로 강압에 의한 것으로 묘사되었다. 그러나 사실 한국전쟁 동안에 양방향으로 대규모 이동이 있었다. 남으로의 이동이 항상 "자유를 찾아서" 이루어진 것은 아니었다. 남으로 피난 온 많은 북한 주민은 반드시 공산주의에 저항해서가 아니라 많은 경우 원폭의 위협을 포함한 미국의 엄청난 폭격을 피해서 고향을 떠났다.[46] 북으로 대거 올라갔던 사람들의 경우 북한의 강압에 의한 것만은 아니고, 상대편의 보복이 두려워서 합류한 경우도 많았다.

한국전쟁 당시 민중의 이동과 가족의 이산은 분쟁의 양편이 폭력을 수단으로 주민을 적의 영향에서 떼어낼 목적으로 벌인 상호적이고 체계적인 행위의 산물이었다. 이념적으로 치열하게 대립하는 대중동원식 내전에서 주민 통제는 군사작전의 부차적 문제가 아니라 전쟁의 주요 목표이자 도구가 된다. 이런 환경에서 살아남으려면 이념적 순수성을 유지해야 했는데, 전선이 움직이는 총체적 혼란 속에서 그런 결백함을 유지한다는 건 불가능했다.

민간인의 생명과 공동체의 도덕질서를 겨냥한 테러가 만연했던 이러한 역사적 배경에서 전후 각 가족의 가계도에서 가지가 끊기는 일이 비일비재했고, 한국의 가족·친족관계가 정치적으로 동질적이고 뚜렷한 단일체를 이루기는 극도로 어려웠다. 한국에서 출간된 자전적·문학적 서사들이 그 점을 충분히 증명한다. 전쟁의 현실을 가족과 공동체가 마주한 첨예한 위기로 묘사하고 있기 때문이다. 개인이나 집단은 전시에 도덕적·이념적 헌신에 따라 자발적으로 정치적 위치를 택하기도 했지만, 그보다는 자신의 이해관계나 의지를 넘어 가족이나 공동체에 강요된 위치를 따른 경우가 많았다. 내전의 정치가 친족의 도덕공동체와 전통적인 마을공동체에 근본적인 위기를 초래한 것이다. 그러나 다음 장에서 보게 되듯이 혈연이나 지연에 기반한 기존의 연대감은 동시에 전쟁수행 중에 집단적 정치행위를 위해 동원되어 전쟁의 도구가 되기도 했다. 전쟁의 폭력은 그 잔혹성뿐 아니라 형식 자체가 지역사회에 커다란 상처를 남겼다. 적을 이롭게 했다고 간주된 개인의 행위에 대해 공동체 전체가 책임을 져야 했던, 공동의 세계에 가해진 집단적 처벌이라는 조치가 특히 그러했다.

외세의 대규모 개입이 있는 전면적 집단동원 전쟁의 격렬한 전장에서 죽음과 이별은 흔한 일이었고, 개중에는 이웃이나 친척이 직접적인 사인이었기 때문에 가족이나 지역공동체에서 언급이 금기시되는 죽음도 있었다. 따라서 그러한 죽음들을 어떻게 기억하고 그들의 역사를 어떻게 서술할 것인가는 단순한 문제가 아니었고, 이것이 전후 공동체의 도덕적 생존에서 아주 버거운 과제가 되었다. 이산가족과 실종자가 많은 가족은 전쟁이 끝난 후에도 여전히 고난의 시기를 겪었다. 경계의 반대편으로 넘어간

인물과 관련될 가능성(혹은 사실) 때문에 사회 내에서 정치적으로 순수하지 못한 집단으로 간주될 위험을 항상 안고 살았다. 당사자가 자발적으로 경계선을 넘었는가 아니면 강제로 끌려갔는가는 아주 중요했으므로 전후의 가족들은 대개 가족이나 친척이 넘어간 건 순전히 강압에 의해서였다는 입장을 취했다. 다음 장에서 보게 되겠지만, '자발적' 이동도 사실 많은 경우 강요된 것이었는데, 보복적 폭력이 두려워서 그리고 본인이 떠나면 남은 가족이라도 목숨을 보전할 수 있으리라는 희망에서 이루어졌다는 점에서 대개 자신의 의지에 반한 것이었다.

따라서 민중이 경험한 한국전쟁은 주로 친밀한 사회관계 내의 극단적인 존재적 위기였다. 집단책임이라는 짐이나, 가족과 지역공동체가 서로 다른 정치적 지향과 국가체제로 흩어져 뿔뿔이 헤어지는 이산처럼 위기의 구체적 형태는 다양하다. 하지만 이런 다양함에도 불구하고 그 모두는 한국전쟁의 체험된 현실에서 하나의 중요한 쟁점과 연관된다. 1950년 9월 23일, 북한군 점령기 서울에서 한국군과 유엔군에 의해 도시가 수복되기 직전에 역사학자 김성칠이 일기에 적은 바에 따르면 그것은 "이 땅의 백성질하기란 참으로 어려운 일"이라는 사실이다.[47] 이 차원의 한국전쟁은 또한 이 일기의 저자와 같은 보통사람들이 살아남기 위해 어떤 일을 했으며 서로의 존재이유를 철저하게 부정하는 두 국가 사이에서 백성질을 해야 하는 불가능한 임무를 어떻게 떠맡게 되었는지에 대한 것이다. 이들은 물리적·도덕적 생존의 장을 체계적으로 파괴하는 격동의 전쟁 통에서 뒤바뀌는 폭력의 소용돌이와 그에 따라 뒤집히는 충성의 요구에 직면하여 순결함이라는 안전한 구석을 어떻게든 찾아내고 또 찾아내려 기를 썼다.

전선이 바뀌고, 그에 따라 점령(해방)군도 바뀔 때마다 새로운 해방자들은 자신들이 해방한 공동체가 집단으로 적과 공모했을지도 모른다는 극도의 불신을 가지고 그들을 지켜봤기 때문에 도덕적 순결함의 가능성 자체가 늘 위협을 받았다. 적과 공모하지 않고서야 어떻게 점령기간 동안 살아남았느냐는 게 점령자의 질문이었다. 앞선 일기의 김성칠이 봤을 때 그 질문은, 예를 들어 자기 집 대문에 태극기를 인공기로 바꿔 단다든가 반동분자의 낙인을 피하려고 대중집회에 참석하는 식의, 단순히 점령기에 무슨 일을 했는가에 대한 질문이 아니었다. 그 정도가 아니라 그의 실존적 세계 전체, 그리고 가족과 친척, 친구, 동료, 이웃을 망라하는 그의 관계적 세계 전체와 관련된 질문이었다. 인민공화국 치하에서 사는 동안 그는 서울에 사는 가족과 남부지역에 사는 아버지와 다른 친척이 각기 다른 나라 국민이 되었다고 느꼈다. 국군이 서울을 수복한 뒤에는 동네사람 전부가 오염되어 불순해졌음을 깨닫는다.[48] 인민공화국의 공기를 들이마셨으므로 대한민국에서 살 수 없는 부적격자가 된 것이다. 모두가 죄인으로 간주되었고, 고발의 거대한 기계장치에 부속되는 것만이 결백을 주장할 유일한 길인 듯했다. 개인과 공동체의 생존 가능성을 집어삼키는, 이렇게 극도로 위태롭고 극단적인 내전의 제로섬 논리가 지배하는 중에도 주민들은 생존을 위한 기발한 틈새를 찾아내어 놀랍도록 창의적인 방식으로 압도적인 전쟁의 이념과 물리력에 맞섰다. 신체적·도덕적 생존의 길은 종종 기존의 공동체 유대를 토대로 찾을 수 있었다.

관계의 권리

많은 사람들이 생존을 위한 작은 공간을 찾았고, 서로를 도와 그 공간을 넓혀갔다. 그런 운을 얻지 못한 사람들은 20세기 아시아에서 벌어졌던 야만적인 그 전쟁에서 이름도 없이 스러져가 기록도 되지 못한 수많은 희생자 중 하나가 되었다. 생존의 구조와 결은 무척 다양했지만, 많은 전쟁체험 세대에게 한국전쟁의 경험은 하나의 공통된 결과를 가져왔다. 전형적인 생존의 과정은 서로의 도덕적 근거를 철저하게 부정하는 두 정치세력의 주장과 요구에 대처하며 살아나가는 일이었다. 생존에 실패한 경우도 대개 마찬가지로 어려운 존재적 조건에 놓였지만, 주어진 적대적 구조 내의 경직성이 더 높았다던가 구조의 강압으로 주체의 무력화가 더했다는 차이가 있을 뿐이다. 두 흐름의 이야기가 다 서로의 전개과정에 밀접히 얽혀 있고, 가족과 공동체의 삶에 벌어진 고통스러운 이별의 일화를 담고 있다. 가족 전체의 생존에 위협이 될까봐 일부가 집을 떠난 이야기는 생존자의 개인사에서 흔히 찾아볼 수 있다. 생존하지 못한 사람의 개인사는 생존에 성공한 가족 내에서 발설할 수 없는 영역이 된 경우가 많은데, 그의 역사적 존재와 집안에서의 존재가 가족의 집단적 생존을 위협했으므로 전시에나 전후에나 그 개인과의 관계를 떼어버리려고 애를 썼기 때문이다. 또한 1960년 대구역 집회에서도 나타나듯이, 생존의 역사는 친척들을 적군도 아니고 무고한 민간인 희생자도 아닌 채로 사망하게 만든 법 없는 전쟁의 법이라는 암흑지대에서 구출하여, 전쟁과 국가폭력의 무고한 희생자로 지위를 회복시키는 길고 고된 전후 시대의 노력을 포함한다. 따라서 가족·친족 관계는 한국 내전의 극장에서는 중요한 생존 투쟁의 장이었고, 이 투쟁은 총성이 멈춘 한참 뒤에도 오래 지속되었다.

1960년 7월의 대구역 집회 전에 유족대표 몇몇은 위령제 모임의 허가를 받아내기를 희망하면서 지역 군사령부의 사령관이 참석하는 공청회에 나갔다. 공청회에서 사령관은 그 집회가 '양민'을 위한 집회라고 보지 않는다면서, 자신의 주장을 증명하기 위해 집회 조직을 주도하던 사람 중 하나인 신씨의 가족을 특정하여 지목했다. 신씨의 아들은 1950년 7월 사망하기 전에 보도연맹에 가입했고, 그 남동생은 전시에 북으로 도망치지 않았느냐는 것이다. 이런 연유로 신씨의 가족은 무고한 민간인 희생자의 가족이라고 할 수 없고, 따라서 신씨가 참여하는 유족회의 집회도 순수한 의도로 볼 수 없다는 주장이었다.[49] 그에 대해 유족대표들은 그런 식의 무고한 민간인과 무고하지 않은 민간인의 구별은 순전히 사령관의 상상일 뿐이라고 주장했다. 고인을 추모할 수 있는 권리를 얻는 것이 집회의 의도라고 역설하며, 고인을 추모하려면 사망날짜를 알아야 하고 흩어진 유해도 수습해야 하지 않겠냐고 했다.[50] 그들은 또한 "호적에서의 부정적 기록을 없애고" 그 기록에 근거한 "유족의 사찰을 그만둘" 것도 요구했다. 곧 연좌제와 연대책임의 행위를 중단할 것을 요구한 것이다.[51](4장 참조)

1960년 7월 집회에 대해 한 신문의 칼럼은 소복을 입은 여성들의 하늘을 찌를 듯한 곡소리에 그날은 귀청을 찢는 기관차 기적소리도 들리지 않을 정도였다고 적고 있다. 그때 집단적 애도에 함께했던 사람들은 고인을 기억하는 가족의 행위로 인해 고인의 확장체인 가족 전체가 정치적 사회에서 추방될지도 모른다는 두려움에서 벗어나서 해방감을 누렸던 드문 경험으로 그날을 기억한다. 그 메아리는 종전 후 두 세대가 지난 현재까지도 그 의미가 살아 있고, 애도의 윤리와 주권정치 사이의 충돌은 아직 끝나지 않았다. 여전히 끝나지 않은 이 전쟁의 폐허에서 양민이란 무엇인가, 무고한 죽음의 근거는 과연 무엇인가에 대한 논쟁도 아직 끝나지 않았다.

2장

불온한 공동체

제주도 남서부 상모리의 공동묘지는 이름도 특이하고 역사도 그러하다. 이 묘지의 역사는 앞 장에서 다룬 1960년 7월 대구역 집회와 밀접한 관련이 있다. 역광장에서 집회를 마친 후 유족들은 힘을 합쳐 교외의 야산에서 대량학살의 장소들을 찾고 매장지를 발굴하고자 노력했다. 1960년 가을에 대규모 매장지 하나를 발굴하기 시작했지만, 이듬해 5월의 쿠데타로 정권을 잡은 군부의 명령에 따라 그해 여름에 다시 메워졌다. 한국전쟁 당시 가장 대규모로 자행된 민간인 학살 장소 중 하나로 알려진 그 매장지는 대구 남쪽의 계곡에 있었는데, 지금은 저수지 아래에 잠겨 있다. 또다른 매장지는 1980년대 건설경기의 와중에 사라져 현재 고층아파트 아래에 묻혀 있다. 역설적이게도 그 지척에 한국전쟁 전몰용사 추모비가 있다. 현재 그런대로 온전히 남아 있는 매장지는 한군데뿐인데, 그나마 1960년에 손을 대지 않았던 덕이다. 그곳은 대구 동쪽, 일제강점기 시절의 오래된 코발트 광산으로 1950년 7월에 3천명이 넘는 죄수와 좌익혐의자를 처형하여 시신을 버렸다고 알려진 곳이다. 이 광산이 최근 유가족과 부동산 개발업자 그리고 지방정부 사이에서 분쟁의 중심으로 떠올랐다. 제주의 묘지는 대구를 비롯한 수많은 공동묘지와 달리 정치적 억압이 극심했던 격동의 전후 시기에도 살아남았을 뿐 아니라 이후 대중의 망각도 면했다는 점에서 이례적이다. 그런 점에서 한국전쟁 당시 국가폭력의 희생자와 관련된 민중의 전후 정치적 삶을 들여다볼 드문 기회를 제공한다.

상모리의 묘지는 앞으로는 태평양을 굽어보고 뒤로는 이 아름다운 섬에 지천으로 널린 억새풀이 펼쳐져 있다. 돌담을 두른 넓은 구역 안에 잘 관리된 아담하고 낮은 봉분 백여기가 질서 정연하게 놓여 있다. 이곳을 찾는 누구나 이곳이 평범한 묘지가 아니라는 사실을 금세 알 수 있다. 본토에서 쉽게 볼 수 있는, 언덕 경사지의 전통적인 묘지와도 다르고, 제주도민의 전통 매장방식인, 개인이나 가족의 묘에 돌담을 두른 방식도 아니기 때문이다. 한 가족의 묘지라고 보기엔 한군데에 너무 많은 묘가 모여 있다. 게다가 어느 무덤 앞에든 성묘를 와서 제를 지낼 때 음식과 술을 올리는 상석도 없고 묘비조차 없다. 이곳의 무덤엔 이름이 없다. 반듯하게 줄을 맞춰 기이하도록 질서 정연하게 놓여 있을 뿐이다. 국립현충원이나, 각지에 흩어져 있는 순직 군인이나 경찰 묘지 같은 곳에서나 만날 법한 모습이지 동네 묘지의 모습은 아니다.

이곳 사람들은 상모리의 그 묘역을 '백조일손지묘(百祖一孫之墓)'라고 부른다. 경내 한중간에 검은 화강암 비석이 서 있는데, 맨 위쪽에 대한민국 국기가 새겨져 있다. 그 국기 때문에 더욱 국립묘지처럼 보이고 묘지의 이름도 낯설다. 가계가 번성하며 잘 이어져간다는 사실을 강조하는 한국 전통장례와 제사문화의 관습과 맞지 않는 이름이다. 가계 연속성의 미학이 중요한 문화적 의미를 지니는 곳에서는 어디서나 그렇지만, 보통의 경우라면 이 연속성은 반대로 한명의 조상에서 많은 후손으로 이어짐으로써 자손의 번성과 집안의 확장을 나타내야 마땅하다.[1] 이 이름은 인류학 연구에서 흔히 찾아볼 수 있는 가계도 형식에도 맞지 않는다. 가계도는 보통 한 인물이 꼭짓점에 위치하고 후대로 내려갈수록 가족구성원이 점점 늘어나는 피라미드 형식을 띠기 때문이다. 백명의 조상이 있던 공동체에서 어떻게 단 한 사람의 후손만 남아 있게 되었단 말인가? 과거 이 공동체에 무슨 일이 있었기에 현재 후손이 최소의 수로 감소한 예외적인 상황에 놓이게 되었을까?

백명의 조상

자세히 보면 이 묘역에는 그러한 질문에 단서를 줄 만한 물건들이 있다. 화강암 묘비 근처 유리상자 안에는 원래 있었던, 웬만한 크기였을 묘비의 깨진 조각들이 담겨 있다. 1960년에 세웠던 원래 추모비의 조각인데, 지역 학자가 준비한 연보에 따르면 1993년 현재의 묘비를 세우고 몇년 후, 묘역 근처의 잡목림에서 파낸 것이라 한다.[2] 1961년 6월 당시 지역의 경찰 책임자가 원래 묘비를 세웠던 가족들을 호출해 묘비를 없애라는 명령을 내렸다고 연보에는 적혀 있다. 가족들이 항의하며 거부하자 경찰과 일꾼을 보내 묘비를 부숴버렸다고 한다.[3] 경찰은 묘지까지 없애버릴 작정으로 가족들에게 유해를 파내 화장하라고 명했다. 몇몇 가족은 강압에 못 이겨 유해를 이장했지만, 대부분의 주민들은 매장된 사람의 가족이나 친지의 허락 없이(또한 합당한 의례를 통해 망자의 혼령의 동의를 받지 않고) 무덤을 파헤치는 일을 금지하는 관습법을 정면으로 어기는 일은 할 수 없다며 저항했다. 경찰은 묘지를 없애라는 명이 나라의 최상부에서 내려왔고, 묘지를 조성하고 추모비를 세운 것이 공공의 안전을 위협하는 행위로 국법에 저촉된다고 주장했다.[4]

1961년 이 사건이 있은 후 수년 동안 상모리 일대에서 그 지역의 경찰들은 묘를 훼손한 자들이라는 오명을 갖게 되었다. 매장의 문제를 놓고 공권력과 가족이 충돌한 일은 당시 드물지 않았다. 대구뿐 아니라 울산이나 거창처럼 한국전쟁 당시 대규모 민간인 학살이 있었던 다른 지역에서도 유족단체는 군사재판을 통해 "적을 이롭게 하는 용공단체"로 단정되었다.[5] 제주의 사건이 일어난 시기는 전후 남한의 정치질서가 프린스턴대학 출신 이승만 대통령을 수장으로 하는 반공 권위주의 체제에서 이후 군부 엘리트 세력이 이끄는, 행정과 경제정책적 측면에서 보다 효율적인 반공주의 정치질서로 이행하는 중대한 시점이었다. 권위주의 정치형태의 이러한 이행은 애초에 학생들이 주도한 1960년 4월혁명으로 이승만이 권좌에서 물러났기 때문에 가능했다.[6] 4월혁명으로 잠시 민주적 통치의 길이 열리는가 싶었지만, 그 정부는 1961년 5월의 군사 쿠데타로 무너지고 말았다. 제주 남부와 대구 외곽에서 벌어졌던 가족묘역의 파괴는 이렇게 민간통치가 군부통치로 전환되는 이행기에 일어났고, 이러한 가족묘역의 조성은 정부의 반공정치가 전쟁 직후에 비해 상대적으로 완화되었던 이승만 정부 말기나 단명했던 민주적 통치 기간에 지역 차원에서 일어났다. 대구 유족단체의 한 회원이 기억하는 바로는, 그 짧았던 제2공화국 시기가 1953년 종전 이후 처음으로 "고인에 대해 마음껏 슬퍼하고" "내 부모가 용공분자가 아니었다고 내놓고 얘기할 수 있었던" 때였다고 한다.[7]

사실 가족묘역이나 여타 관련된 추모의 장소에 대한 통제는 "국가안보의 정치화"라고 불리기도 하는 정책의 일환으로 군사정변 주도자들이 쿠데타에 성공한 후 가장 먼저 추진했던 주요 행정명령 중 하나였다.[8] 제주 지역의 경찰은 이러한 조치의 긴급함과 중대성을 십분 이해했기에 묘역 철거 지시를 내렸고, 또 이러한 추모장소는 해당 가족의 사적인 문제가 아니라 국가와 민족의 안보와 관련된 문제라고 주장했던 것이다. 군사정변 주도자들은 반공주의 원칙에 기초한 새로운 헌법질서를 공포했고, 이 헌법질서는 우선 추모문화에 대한 통제에서 명백하게 나타났다. 전쟁 당시 전투적 반공주의에서 초래된 비극적 결과에 대한 좌절이 각 지역에서 동일한 문화적 형식을 통해 표현되었던 것과 마찬가지로 말이다.[9]

상모리 추모비는 1950년 6월 25일 한국전쟁 발발 직후 섬에서 벌어진 비극적 사건의 희생자들에게 바쳐졌다. 지방 경찰과 군이 몇백여명의 주민을 잡아들여 몇몇 외딴 산악지대 등에서 집단처형을 한 사건이었다. 앞장에서 보았듯이 밀고 내려오는 북한군을 저지하지 못한 남한 행정부가 수도 서울을 버리고 남쪽으로 내려가는 과정에서 남한 곳곳에서 유사한 상황이 수없이 벌어졌다. 이 잔혹한 만행은 이미 전쟁 전부터 정부에서 공산주의에 동조한다거나 그런 전력이 있는 인물로 점찍어두었던 사람들을 대상으로 이루어졌다. 태평양전쟁이 끝나면서 1945년 8월 한반도가 일제강점에서 해방되고 소련 점령지 북한과 미국 점령지 남한으로 분단되면서 고조된 사회불안과 정치적 분쟁의 시기에 정치범으로 형무소에 구금되어 있던, 이른바 사상범이라는 사람들 역시 대상이 되었다. 상모리 묘역의 연보를 작성한 이도영 박사는 이 사건들의 연관성을 확실히 파악하고 있었다. 제주 출신인 그의 부친은 전쟁이 발발했을 때 대전형무소에 구금되어 있었다. 그리고 1950년 7월 5일, 다른 수감자들과 함께 대전 근교의 언덕에서 살해되었다. 전쟁 이전 남한에서 있었던 정치적 소요의 주요한 사건으로 미군 점령기(1945~48)인 1948년에 제주에서 벌어진 봉기(4·3사건)는 특히 한반도 남쪽에 단독으로 반공주의 국가를 세우려는 미군정의 시도에 항의하는 것이었다. 대만에서 1948년에 국민당이 자행한 폭력과 콜롬비아에서 긴 국가폭력의 시기를 지칭하는 방식과 마찬가지로 제주도

사람들도 그 봉기를 '그 사건'이라고 한다.[10] 봉기가 일어나자 곧 미군정 하의 신생 군대와 경찰 그리고 청년단을 동원한 초토화 작전으로 반란진 압을 시작했다.(6장 참조) 사실 한국전쟁 초기에 본토의 형무소에 구금되어 있던 많은 수감자들이 '그 사건' 때 체포되어 입감된 제주도민이다. 상모리 묘역에 묻힌 사람들 대다수는 앞서 1948~49년에 섬에 불어닥쳤던 이 폭력의 소용돌이를 용케 면했던 사람들이다.

1950년 7월의 학살 이후 학살장소는 접근금지 구역이 되었다. 예외는 있었지만, 전쟁 중에도 그렇고 전쟁이 끝난 이후에도 희생자 가족은 그곳에 접근조차 금지되었기 때문에 집단매장지에서 가족을 확인하여 시신을 수습할 수도 없었다. 전후 남한의 국가권력은 이 집단매장지의 시신을 반역자, 심지어는 비존재(non-being)로 정의하여 시신에 손을 대는 행위, 특히 시신을 매장하려는 행위 역시 반역행위라고 보았다. 이런 가혹한 조치에도 불구하고 많은 가족이 위험을 무릅쓰고 시신을 찾으려 했고, 여러 유족과 친지들이 공동으로 노력할 때가 많았다.[11] 그 가운데 나중에 상모리 묘역을 세운 가족들이 있었다. 종전 후 몇년이 지난 1956년, 이들은 조심스럽게 지역의 군 책임자를 찾아가 유해를 수습할 수 있도록 허락을 구했다. 1945년 이전에 일제의 탄약창고가 있었던 그 계곡에서 마침내 시신 발굴을 할 수 있었지만, 시신은 이미 다 썩어서 신원 확인이 불가능했다. 당시 시신 발굴에 함께했던 마을 어르신의 말에 따르면, "머리 하나, 팔 두 개, 다리 두개만이라도 있는 최소한의 사람 형상을" 만들어보려고 가족들이 힘을 모아 서로 얽히고설킨 유해를 분리해서 다시 맞추었다고 한다.[12] 이 공동작업으로 어느정도 모습을 갖춘 100구 내외의 유골을 확보할 수 있었다. 그다음 공동묘역에 132기의 봉분(집안의 산담으로 모셔 간 경우를 제외하고)을 만들어 이 이름 없는 무덤에 유해를 각각 안치한 뒤, 거기에 '백조일손지묘'라는 이름을 붙였다. 몇년 후 유족들은 다시 힘을 모아 추모비를 세웠고, 지금 유리상자에 담긴 부서진 조각이 바로 그 비석의 일부다.

전쟁과 민주주의

한국 현대사 연구자들은 한국의 정치발전의 중요한 전환점으로 대개 1960년대초와 1980년대를 든다. 전후 권위주의 정치에 맞선 1960년 4월의 학생시위, 군사독재에 맞선 1980년 5·18민주화운동과 1987년 6월항쟁, 이 두 시기에 한국사회는 여러 어려움에도 불구하고 참여민주주의 정치를 향한 중요한 발걸음을 내디뎠다. 이 사건들이 대중 정치의식의 성장과 시민사회의 발전에 역사적으로 중요한 순간이었음은 의심의 여지가 없다. 한국전쟁의 기원에 대한 중요한 저작에서 브루스 커밍스(Bruce Cumings)는 한국 민주주의 정치계보에 또 하나의 시기를 더했다. 해방 직후 전국적으로 민주적 자치와 경제정의를 향한 민중의 열망과 동원력이 엄청난 힘으로 분출되었던 1945~46년의 기간이다.[13] 이 짧은 기간은 1910~45년의 식민통치에서 벗어나는 이행기였는데, 한반도가 소련이 점령한 북한과 미군 통치의 남한으로 양분되어 냉전정치가 점점 견고하게 자리 잡던 시기이기도 했다. 최근 냉전 관련 역사연구에서 활발하게 논의되는 주제인 탈식민화와 냉전이라는 중대한 문제가 점철된 시기이기도 하다. 또한 이 시기의 구조와 환경을 어떻게 이해할 것인가를 두고 역사학계에서 격렬한 논쟁도 벌어져왔다. 한국의 역사학계에서 '해방공간'으로 지칭하는 이 시기는 양극화되는 전지구적 정치가 탈식민화 과정에 초래한 문제들과 관련해 오랫동안 논쟁의 대상이 되었다. 이 논쟁은 일반적으로 냉전 초기 미국 권력의 성격, 특히 반추축국연합의 일원이었던 미국이 어떻게 2차대전의 종전과 함께 반소·반공주의 세력의 맹주가 되었는지, 그리고 이 변화가 한국은 물론, 동북아시아와 동남아시아에서 진행된 탈식민화 과정에 어떤 영향을 주었는지의 문제와 관련된다. 커밍스는 이 문제를 시차(parallax vision)라는 개념으로 살핀다.[14] 시차는 천체물리학에서 중요한 개념으로, 별자리가 계절마다 달라지는 것이 대상의 실제 변화가 아니라 지구에 있는 관찰자의 위치가 바뀌면서 나타나는 현상임을 지칭한다. 커밍스는 이 천문학 개념을 빌려 아시아 정치에 대한 미국의 접근법을 설명하면서, 1945년을 기점으로 아시아 민족주의 세력을 동맹관계로 보던 예전의 입장이 점차 적대적인 입장으로 변한 것은 지정학적인 시차의 결과라고 본다. 말하자면 그것은 해방 후 아시아의 정치에 일어난 실제적인 변화라기보다는 주로 미국의 입장 변화의 결과라는 것이다.

이 시차는 지정학적 지형만이 아니라 사회적 지형에서도 큰 영향을 초래했다. 1945년 해방부터 1948년 두 단독정부의 설립에 이르는 이행기에 미국은 자신이 통치하는 남한에서 생겨난 토착적 사회결집력을 소련에 대항한 견제정치라는 프리즘으로 바라보았다. 즉 갈수록 그것을 미국에 위협이 되고 소련에 유리한 좌편향적 움직임으로 여기게 된 것이다. 1945~46년에 남한의 사회적 동원은 아래로부터의 움직임이라는 특성이 강했다. 지방의 읍·면 단위는 물론 마을 단위에서도 정치적 자치기구가 생겨나고 있었다. 광범위하게 퍼져가는 지역 기반의 토착적 정치활동을 억압하는 정책으로 이 상황에 개입한 미국은 해방을 맞은 사회에 전쟁을 선포한 것이나 다름없었다. 과거의 강압적 기제, 특히 일제의 경찰구조를 되살리는 결정이 당시 미군정의 최악의 정책이었고, 이 일로 남한 전역이 충격에 휩싸였다. 바로 이 조치가 제주의 경우처럼 긴장이 점점 격화되다가 1948년의 위기까지 이르게 한 주된 원인이 되었던 것이다.

1980년대말의 사건은 당시 시민항쟁이 궁극적으로 오늘날 한국에서 누리는 성숙한 정치적 민주주의의 길을 닦았다는 점에서 성공적이었지만, 1960년대초와 1940년대말의 사건은 그렇지 못했다. 1945~46년의 대중결집이 냉전의 시작과 함께 좌절되기 시작했는데, 미군정이 갈수록 대중의 결집을 공산주의 책동에 의한 것으로 여겨, 처음에는 자신들의 힘으로, 나중에는 토착 경찰력과 청년조직까지 동원하여 억압하려 들었기 때문이다. 1960년에는 학생 주도의 시위로 해방 후의 권위주의 체제를 무너뜨렸지만, 곧 더 강력한 군 주도의 반공주의·권위주의 정치가 그 자리를 대신했다.[15]

한국의 정치민주화에 중요한 이 두 시기, 즉 1960년대초와 1980년대말에 모두 한국전쟁의 가려진 역사에 대한 대중의 관심이 분출한 점은 흥미롭다. 1960년대초의 사례는 앞서 설명한 바와 같다. 1990년대에는 한국전쟁에 대한 폭발적인 "기억의 홍수"가 있었다.(6장 참조) 이때 세상 밖으로 나온 이야기는 전형적으로 고향을 등진 가족이나 예외적 상태의 마을이나 도시의 이웃의 시각에서 바라보는, 전쟁의 사회적 현실에 집중한다. 어쩌다가 서로 대립하는 정치적 길을 따라가게 된 형제간의 갈등이라든지 이웃한 마을 사이의 격렬한 다툼, 심지어 가족집단 사이의 갈등이 그런 사례다. 이 전개과정에서 주목할 만한 점은 가족이나 공동체 내의 관계가 전쟁경험의 주요 주체로 드러났다는 사실이다.

이 새로운 관심이 이전 시기에 공동체의 기억과 목소리가 침묵당하고 공적 서사만이 지배적이었던 상황에 대한 비판적 반응의 일환이었음은 의심의 여지가 없다. 왜곡되게 동질화된 집단적 전쟁경험의 승화를 비판하기 위해 조지 모스(George Mosse)가 사용한 "전쟁경험의 신화"라는 개념이 이 상황을 이해하는 데 도움이 될 수 있다.[16] 여기서 신화란 "전쟁을 가리"거나 "전쟁의 현실을 대치"하기 위해 의도적으로 고안된 것을 지칭하므로, 전쟁경험을 국가사회(national society)의 경험으로 전환하는 이러한 경향을 비판하는 과정에 개인의 경험을 회복하려는 노력이 포함되는 건 당연하다.[17] 이런 점에서 크리스틴 실베스터(Christine Sylvester)는 개별 인간과 개인의 신체가 비판적 전쟁연구의 중심에 놓여야 한다고 주장한다.[18] 그밖의 다른 연구자도 전쟁을 개인적 차원에서 사고하는 일은 "국가 간의 일로 여기는 사고방식과 전혀 다른 영역"에 놓여 있다고 주장한다.[19] 전쟁의 개인적 경험과 기억에 대해 이렇게 관심이 점증하는 것은 정치 분석에서 개인기억과 집단기억 각각의 질감과 자리를 명확히 하려는 경향의 일부이다.[20] "전쟁경험의 신화"와 뚜렷이 구별되는, 분석적 범주로서의 개인적 전쟁경험은 특히 1차대전의 사회문화사에서 두드러지는데, 이는 신화생산의 경향이 1~2차대전 사이에 광범위하게, 특히 바이마르공화국 시절 독일에서 아주 강했기 때문이다. 이러한 개념을 적용한 문학작품들도 있었다. 특히 주목할 만한 작품으로 에리히 레마르크(Erich Maria Remarque)의 『서부전선 이상 없다』(All Quiet on the Western Front)를 들 수 있다. 오늘날 프랑스 학계의 "전쟁문화"(culture de guerre) 연구에서 잘 나타나듯이 이 경향은 여전히 중요한 흐름으로, 개인적 고통에 관한 역사적 사례를 꼼꼼한 미시사적 시각으로 분석한다.[21]

이러한 흐름을 두고 크리스토퍼 고샤(Christopher E. Goscha)와 바타나 폴세나(Vatthana Pholsena)는 경험으로서의 전쟁이라는 개념이 유럽 현대전의 사회문화적 연구에서는 점점 두드러지지만 아시아의 전쟁연구에서는 아직 합당한 자리를 잡지 못했다고 지적한다.[22] "전쟁을 겪는 사회와 전투원이 전장에서 경험하는 폭력에 대한 탐구"로서의 전쟁연구가 현대 아시아의 전쟁연구를 발전시키는 데 기여하는 바가 많다는 것이다. 이런 점에서 두 사람은 최근 인도차이나전쟁 연구에서 새롭게 나타난 고무적인 경향에 주목한다. 에드워드 밀러(Edward Miller)와 쭈엉 부(Tuong Vu) 역시 최근 베트남전쟁 연구에서 나타나는 패러다임의 전환을 강조한다.[23] 연구자들은 냉전의 종식과 함께 베트남 내에서 구할 수 있는 자료를 이용하여 베트남의 시각으로 전쟁을 연구할 수 있게 되었다. 이로써 주로 미국에 보관된 자료를 토대로 구성된 기존의 지배적 전쟁서사에서 얼마간 벗어날 수 있었다. 냉전의 종식으로 베트남의 사회역사적 환경에도 경험적 접근이 어느정도 가능해져서 베트남 내 전쟁의 유산과 기억에 대한 연구도 활발해졌다. 새로이 알려진 개인적 차원의 전쟁경험 가운데 특기할 만한 것도 여럿 있다. 주로 픽션의 형식을 빌려 쓰였지만, 예를 들어 바오 닌(Bao Ninh)의 『전쟁의 슬픔』(*The Sorrow of War*)처럼 전쟁의 잔혹함을 고발한 참전용사의 개인적 증언들은 고샤와 폴세나가 전쟁경험이라는 개념으로 의미했던 바에 상당히 근접한다.[24] 최근에는 전쟁에서 패한 쪽(남베트남의 참전용사)의 시각이나 민간인의 시각에서 조명한 전쟁경험도 나오고 있다.[25]

그런데 전쟁경험이라는 개념은 전방과 후방의 구분이 상대적으로 분명했던 1차대전에서 나왔기 때문에 그것을 베트남전쟁이나 한국전쟁처럼 그런 구분이 훨씬 불분명한 총체적 내전이라는 혼란스러운 현실에 적용할 때는 좀 주의할 필요가 있다. 후자의 현실에서도 전쟁경험은 집단적 경험의 '신화적' 수사가 전달하는 것과 상반되는 면모를 지니는 게 사실이다. 하지만 이 현실에는 전쟁경험이라는 개념을 너무 좁게 개별주체에게만 적용하면 제대로 이해할 수 없는 차원 역시 존재한다. 이 맥락에서 경험의 주체는 개인이라는 개념의 통상적 범위를 훨씬 넘어설 수 있고, 그 경험도 깊은 의미에서 사회적인 현상일 수 있기 때문이다. 이 점은 남베트남 군인의 베트남전쟁 경험에 대한 로버트 브리검(Robert K. Brigham)의 연구에서 잘 나타난다.[26] 브리검에 따르면 이들에겐 두겹의 정체성이 있었다. 이들은 가족과 출신 마을에 기초한 전통적 정체성에서 벗어나 당사자들이 동등한 우애의 관계를 이루는 현대 군사조직의 일원이 되었다. 그러나 이 관점만으로는 이들이 체험한 세계를 이해할 수 없다는 것이 브리검의 주장이다. 전투원으로 나선 이들은 가족을 데리고 갔는데, 남베트남의 폭력적 상황이 전면화되고 그 강도가 극에 달해 가족 역시 고향마을을 떠나지 않을 수 없었기 때문이었다. 브리검은 따라서 이 군인들의 주체성은 현대적이면서 동시에 전통적인 면모를 지녔고, 현대 전쟁사의 전개과정에서 전통적 정체성이 지니는 역할을 무시한다면 이해하기 어려운 부분이 있다고 결론짓는다.

브리검은 전통적 특성과 현대적 특성의 만남을 집단동원에 기초한 국민군이라는 강력한 근대적 제도의 맥락에서 논의하는데, 같은 문제를 다른 맥락에서도 접근해볼 수 있다. 예를 들어 베트남 중부도시 다낭의 남쪽에 사는 팜(Pham) 가족에게 베트남전쟁의 경험은 개인과 공동체와 정치의 차원을 동시에 지닌다. 일곱명의 형제자매 중에서 맏이는 훈장을 받은 유격대 지도원으로 지금 지역의 혁명열사 묘지에 묻혀 있다. 동생 세명도 남베트남 민족해방전선에 가담했다. 그 동기는 각자 다르고 또 복잡하기도 하지만 모두 맏이의 영향을 받았다. 둘째는 형과 함께 있으려고 혁명군에 가담했지만, 여동생의 경우 큰오빠의 혁명전사 신분 때문에 가족 전체가 남베트남 경찰에게 끊임없이 위협당하자 그 위협을 피하기 위해 나중에 지역유격대에 들어갔다. 또다른 동생은 마찬가지 이유에서 남베트남

의 정예 공수부대에 입대했고, 그 덕에 나머지 식구들은 지역 경찰의 괴롭
힘에서 얼마간 벗어날 수 있었다. 막내도 사이공의 군대에 들어갔는데, 이
경우엔 맏형에 대한 신의를 지키는 비밀연락책의 역할을 하기 위해서였
다. 팜 가족에게는 손에 땀을 쥐게 하는 그 시절의 이야기들이 많다. 공수
부대원인 형이 목숨을 걸고 막내를 보호하려 몇차례나 애를 썼던 이야기,
그래서 사이공 부대에 있던 막내가 남베트남 정보국에 발각되어 탈출에
실패했던 1970년 건기의 운명의 날을 떠올리는 것을 아직도 힘들어한다
는 이야기 등이 그렇다. 이 평범한 역사 속 인물들이 경험한 전쟁은 각자
어떻게 독특한 방식으로 격동의 시기를 경험했는지, 그리고 베트남 민족
전체가 이해한 그 전쟁의 의미는 무엇이었는지를 보여주는 만큼이나 그
들이 어떻게 관계를 맺고 있었는지, 그리고 그 관계가 각자에게나 가족 전
체에 어떤 의미였는지를 보여준다.

　팜 가족의 일화를 소개한 이유는 집단동원적 현대 내전과 관련한 인간
경험을 이해하려면 이 경험의 전개과정 내에 분석적으로 구별되는 두가
지 형식의 사회성이 공존한다는 사실을 기억하는 게 중요하다는 점을 보
여주기 위해서였다. 앞서 모건의 개념을 따라 이를 '소시에타스'와 '시비
타스'로 구분한 바 있다.[27] 나중에 다루겠지만, 사회학 문헌에서는 사적인
면 대 공적인 면, 또는 공동체와 사회라는 구분을 사용하여 이 문제를 논
의한다. 인류학 전통에서는 도덕적 인격(moral personhood)과 근대적
개인의 차이를 들어 유사한 문제를 다룬다.[28] 개인과 다르게 이해되는 인
격이라는 범주에서는, 클리퍼드 기어츠(Clifford Geertz)의 표현을 빌리
면 사람들이 "서로가 서로의 전기적 삶에 상호 친밀하게 연루되는" 방식
이 중요하다.[29]

　한국전쟁의 경험과 관련된 문헌에서도 경험주체가 관계적 존재나 아예

관계 자체로 등장하는 경우를 종종 찾아볼 수 있다. 작가 현길언은 "폭력의 세상을 인간의 관계망에서 조명하려는 것이" 자신의 평생 작업이었다고 말한다.[30] 박완서의 자전적 소설에서 전쟁의 경험을 서술하는 '나'의 정체성은 자신도 공감한 급진적 정치운동에 적극적으로 몸담았던 오빠의 '여동생'과 위험한 정치에 가담하지 못하게 말리면서 아들의 목숨을 지키려 전력을 다하는 엄마의 '딸' 사이를 오간다. 또한 인민군에 협조했다는 죄를 뒤집어쓴 숙부와 숙모의 '조카'이자 (숙부네가 당한 운명에서 가족을 보호하기 위해 작가 자신이 자발적으로 가입한) 반공청년단의 직원이기도 하다. 글쓰기의 행위를 통해 궁극적으로 그의 자아는 이 각각의 관계적 자아들을 그들이 공유하는 역사적 사건의 장으로 어떤 식으로든 모아들여 만나게 하는, 서술하는 자아로 발전한다.

한국전쟁의 경험을 들려주는 이 저명한 작가들 각각의 문학세계를 형성하는 '관계'는 친밀한 인간관계임과 동시에 (분단된 한반도를 이루는 두 정치체의 관계처럼) 고차원적인 정치적 관계이다. 이 관계적 주체는 아시아의 문화적·종교적 전통에서 나타나기도 하는 '무아적 인격'(selfless person)과는 다르다.[31] 또한 현대 인류학에서 주로 소규모 전통사회와 관련해 종종 논의되는 도덕적 인격(근대적 개인에 대비되는) 개념과도 구별되어야 한다.[32] 여기서 논의되는 관계적 인격은 현대 정치사의 특정한 환경에서 의미를 지니는, 그와 떨어질 수 없는 정치적 개념이다. 이 개념은 주로 질적으로 다른 두 관계의 영역이 어떻게 서로 연결되는지, 그리고 이러한 인격적 관계와 비인격적 관계가 어떻게 긴밀히 얽혀 들어가 현대사의 인간 드라마를 구성하는지와 관련된다. 이런 식의 관계개념은 오히려 미국 사회학자 라이트 밀즈(C. Wright Mills)가 자신의 1959년 저서 『사회학적 상상력』(*The Sociological Imagination*)에서 전개한 주제와 더 어

울린다.**33** 밀즈의 사회학적 상상력은 개인사를 중대한 공적 쟁점과 연결
짓는 힘이다. 상상력의 도약에 대한 그의 요구처럼, 이 개념은 친밀한 인
간관계의 구성과 전개가 특정한 역사적 맥락에서 어떤 식으로 지정학적
관계의 형성 및 발전과 맞물리는지를 전면에 내세우기 위한 것이다.**34** 또
한 사회심리학뿐만 아니라 인류학계의 중요한 사상적 흐름과도 긴밀히
소통하는데, 개인적인 면과 세계사적인 면을 연결짓는 능력에 현대 사회
과학의 장점이 있다는 점을 현재 인류학계에서 누구보다 강조하는 키스
하트(Keith Hart)가 이러한 사상적 흐름을 가장 잘 대변한다.**35**

　전후 한국에서 이러한 재현양식은 문학에 한정되지 않아서, 1990년대
이래로 꾸준히 나오는 방대한 회고록과 증언에서도 찾아볼 수 있다. 전시
서울의 상황을 일기로 기록한 역사학자 김성칠은 북한군 점령기에 요동
치던 동네 상황을 꼼꼼히 기록했는데, 그중에 홍씨네 이야기가 있다.**36** 홍
씨는 점령군이 세운 지역 행정조직인 인민위원회에 적극적으로 가담했기
때문에 미국의 참전으로 북조선의 소위 해방전쟁이 마침내 실패로 돌아
가자 엄청난 좌절을 느낀다. 그보다는 가족의 미래가 걱정되는 그의 부인
은 미군과 국군에 의하여 "세상이 또 뒤엎어"질까 노심초사한다. 친정식
구들도 걱정인데, 혁명군이 반동분자라며 남동생을 잡아가자 동생의 목
숨을 구해달라는 부인의 애절한 호소에 남편은 무반응으로 일관한다.**37**
김성칠 부부는 홍씨네 부인이 겪는 시련에 충분히 공감하지만, "그러문
우리 같은 사람은 어찌될까요"라며 호소하는 그녀를 어떻게 위로해야 할
지 알 수가 없다. 자신들의 목숨도 위험해질 수 있기에 그런 호소를 듣고
도 해줄 수 있는 일이 없는 것이다. 그들은 서로 가장 가깝고 가장 신뢰하
는 이웃이지만, 점령군 기관에서 하급직을 맡고 있는 그 남편의 임무 중
하나가 주변에서 들리는 소리를 상부에 보고하는 것이기 때문이다. 증언

대부분이 보여주는 한국전쟁의 실제 체험은 일상생활 영역에서 정신없이 닥치는 위기의 연속으로, 사람들은 공동체 관계의 기존 규범과 정치질서가 요구하는 새로운 규율 사이에서 분열되고 있었다.

전쟁의 사회적 경험을 담은 이러한 증언은 1990년대초에 시작된 정치적 민주주의 덕에 근래에야 접할 수 있게 되었다. 1980년대말부터 시작된 이 발전과정을 다루는 문헌에서는 재현의 정치학, 즉 공적인 정치무대에서 벌어지는 조직된 시민행동과 국가조직의 강제력 사이의 힘겨루기가 강조된다.**38** 이 문헌들은 다양한 사회분야에서 독재정치체제의 사회적 폐해와 맞선 경험을 노동자나 학생, 지식인의 관점에서 생생하게 전달한다. 정치체제의 변혁에서 시민의 연대와 집단행동이 핵심 역할을 했다는 게 대체적인 입장이지만, 그와 같은 시민운동이 급진적인 반공주의 정치 환경에서, 그에 맞서서 일어났다는 사실에 주목하면서 이러한 환경에서 형성된 공적 영역은 서구 맥락에서 익숙한 시민사회라는 개념과 다르지 않은지 묻는 시각도 있다.**39** 일례로 커밍스는 현대 정치논쟁과 정치운동의 한 부분인 좌우의 이념적 스펙트럼을 고찰하면서 그런 분류가 한국과 미국에서 서로 다른 도덕적 함의를 지니고 있지 않은지 묻는다.**40**

베를린장벽이 무너지고 서구 공산주의가 몰락한 후 미국 학계에서는 어디서나 이 중대한 사건의 의미를 나타내는 비유로 등장하는 용어가 있는데, 바로 시민사회이다. 이전에 정치사회학의 핵심 용어였다가 한동안 쓰이지 않던 이 용어가 다시 등장한 데는 두가지 맥락이 있다. 첫째는 구 공산국가에서 가장 필요한 것이 바로 공산주의가 지금까지 무시했던 시민사회라는 것이고, 둘째는 미국의 경우 미국 자신의 시민사회를 고쳐서 회복할 필요가 있다는 것이었다.**41**

이런 논의가 보다 넓은 지형에서 이루어질 때 시민사회라는 개념은 냉전 후의 사회질서와 세계질서에 대한 희망적 전망과 밀접한 연관이 있다. 사회학자 앤서니 기든스(Anthony Giddens)는 시민사회의 활력을 더욱 강화할 절대적 필요성을 냉전 이후 정치발전의 특징으로 보았다.[42] 즉 오랫동안 양극화된 세계에서 상대편 정치세력과 국가와 대결하며 거기서 정당성을 찾았던 국가들이 철의 장막이 걷힌 후에는 더이상 그렇게 할 수가 없게 되었다는 것이다. 따라서 정치적 정당성의 새로운 근거가 필요해졌는데, 시민사회의 강화에 적극적인 역할을 하는 데서 그 정당성을 찾아야 한다는 것이 그의 주장이다. 메리 캘도어(Mary Kaldor) 역시 냉전 이후 세계라는 넓은 맥락에서 유사한 견해를 개진한다.[43] 그녀의 논지는 전지구적 시민사회라는 개념을 중심으로 한다. 시민사회를 다시 활성화하는 일은 냉전시대 동서 양진영에서 함께 진행되어야 하고, 이 과정에서 개별 국가 기반의 여러 시민사회들이 초국가적 네트워크를 더욱 많이 창출해야 한다는 주장이다.[44] 캘도어에게 전지구적 시민사회는 냉전 이후 세계에서 국제평화를 일구어낼 주된 장이자 주요 수단이다. 냉전시기 서유럽의 비판적 지식인과 동유럽의 반체제적 작가와 활동가 사이에 상호 교류 네트워크를 조성했던 활동가로서의 경험을 토대로 이러한 긍정적 전망을 내세웠다는 점도 주목할 만하다. 캘도어는 "국가가 아닌 사람들 간의 데탕트(détente)"라는 에드워드 톰슨(Edward P. Thompson)의 주장을 빌려 이러한 비공식적 초국가 네트워크의 중요성을 내세운다.[45] 냉전 후에도 여전히 세계가 직면하는 새로운 전쟁의 위협에 맞서기 위해서는 국경을 넘어서는 시민활동가 네트워크가 광범위한 초국가적 지평으로 확장되어야 한다는 것이다.

"초국가적 시민의 역할"에 대한 캘도어의 전망은 1980년대 본인이 경험한 "아래로부터의 데탕트"와 관련이 있지만, 또한 냉전을 상상의 전쟁으로 보는 전반적인 정세 인식에서 나온 것이기도 하다.[46] "나는 냉전을 묘사하기 위해 '상상의 전쟁'이라는 용어를 써왔다. 냉전은 점점 더 무시무시한 군사적 대결의 재생산을 통해서, 첩보작전과 적대적 수사의 동원을 통해서 우리의 상상속에서 지속된 전쟁이었기 때문이다."[47] 상상의 전쟁이라는 이 개념은 냉전을 예외적 전쟁으로 보는, 널리 통용되는 이미지와도 맞물려 있다. 거기엔 전쟁과 평화의 뚜렷한 구분이 없고, 전쟁선포도 공식적인 휴전도 없었기 때문이다. 실제 전쟁도 아니고 진정한 평화도 아닌 상태로 주로 경제와 이념과 수사적 수단을 통해 치러진 전쟁이었다. 당사자인 강대국들은 실제 사용하는 일이 없기를 바라면서도 계속해서 대량살상무기를 생산해냈다. 상호확증파괴의 위험이 오히려 실제 물리적 충돌의 위험을 피할 수 있게 했고, 그래서 결과적으로 역사상 가장 오래 지속된 국제평화가 가능했다는 것이다.

냉전에 대한 이런 견해는 현대 유럽사에 대한 문헌에서 흔히 찾아볼 수 있는데, 더 넓은 역사적 지평에서 바라보면 상당한 개념적 장애를 피할 수 없다. 유럽대륙이나 대서양 양안 지역에만 초점을 맞추는 대신 탈식민의 아시아와 여타 지역의 경험까지 포괄하는 냉전의 역사는 상상의 전쟁이라는 용어로는 제대로 이해할 수가 없다. 근대 유럽사를 연구한 토니 주트(Tony Judt)가 냉전의 역사 인식에 존재하는 지역편협성의 문제를 제기한 것도 그 때문이다. 그는 냉전시기가 이례적으로 오래 지속된 평화의 시기였다는 존 개디스(John L. Gaddis)의 주장을 반박하며 "냉전에 대한 이런 식의 역사서술에도 마찬가지의 지역편협성이 반영되어 있다. 존 루이스 개디스는 미국의 냉전사를 쓴 것이다. 그 결과 그 책에서는 그가 침묵

하는 부분에 특히 많은 암시가 담겨 있다 하겠다. 구체적으로 말하자면 '제3세계' 부분은 모자라도 한참 모자란다"라고 말한다.**48** 캘도어는 냉전사에서 지금까지 경시되었던 부분에 집중하여 다음 저서인 『새로운 전쟁과 낡은 전쟁』(*New and Old Wars*)을 썼다.**49** 이 책에서 말하길 냉전은 "전쟁의 현실을 피하면서도 전쟁이라는 개념은 계속 유지했다. 유럽 땅에서는 [관습적 의미에서의 전쟁은] 대규모로 벌어지지 않았다. 하지만 동시에 유럽을 포함한 세계 각지에서 전쟁이 일어나 2차대전 때보다 더 많은 사상자가 생겼다. 그런데도 우리가 관습적으로 생각하는 전쟁개념에 맞지 않는다는 이유로 이 전쟁은 무시되었다."**50** 캘도어는 냉전에 대한 지배적 관념과 맞지 않는, 대규모 사상자를 낸 이 사건들을 "핵심 갈등의 주변부"에서 벌어진 "20세기 후반의 비공식적인 비정규전"이라고 부른다.**51** 이에 따르면 냉전사는 중심의 상대적 평화라는 공식 역사와 주변부의 비공식적 폭력이 동심원을 이루는 것으로 보인다. 냉전은 대표적인 중심부에서는 전쟁의 **관념**이었지만 동시에 주변지역에서는 일반화된 폭력과 총력전이라는 **현실**이었다. 냉전과 이후에 전개된 상황을 이렇게 보게 되면 양극화된 갈등은 전쟁도 평화도 아닌 불분명한 현상일 뿐 아니라, 누군가에게는 전쟁의 관념으로, 다른 누군가에게는 만연한 조직적 폭력이라는 현실로 경험된 모순적 현상이기도 했다. 냉전의 종식은 대체로 평화적인 과정이었고, 갈등의 중심무대였던 유럽에서는 초국가적 통합의 건설적인 발전의 길을 열었다. 세계 다른 지역으로까지 확대되어 종국에는 전지구적 현상으로 전화되리라고 캘도어가 상상했던 긍정적 발전이었다. 그렇게 그녀는 1989년 이전에 동구와 서구를 가로질러 비국가 주체 간에 이루어졌던 대화에 기초한 "아래로부터의 데탕트"를 냉전 이후 세계의 전지구적 시민사회라는 전망으로 확장하는 것이다.

탈냉전 세계의 사회발전에 대한 이러한 전망은 훌륭하지만 역시 유의할 점이 있다. 캘도어가 지적하듯이 냉전의 세계가 전반적으로 유럽의 '상상의 전쟁'과 상반되었다면, 1989년 이후 세계의 현재와 미래를 사고할 때도 이러한 모순적인 역사의 궤적을 고려할 필요가 있다. 냉전이 상상의 전쟁이 아니었던 지역에서 그 시기는 오랜 평화가 아니라 파괴적인 내전과 다른 예외적 형태의 정치폭력과 강압이 만연했던 기나긴 격동의 현실이었기 때문이다.[52] 그렇게 본다면 내전의 유산을 감안하지 않은 채 시민사회의 미래를 상상하기란 불가능하다. 상반되는 정치적 전망을 억지로 강요함으로써 공동체를 갈가리 찢어버리는 것이 현대 내전의 성격이므로, 어떤 새로운 시민사회의 전망도 그 존재의 일부가 된 내전의 역사를 대면하려는 지역공동체의 노력과 분리될 수 없다. 더구나 이 노력 자체가 전지구적 시민사회라는 개념과도 관련이 있다. 오랜 평화라는 개디스의 의견과 대척점에 있는 저명한 현대사 학자들 가운데 냉전을 전지구적 내전으로 개념화하는 사람들이 있다. 특히 주목할 만한 것이 라인하르트 코젤렉(Reinhart Koselleck)이 주장한, "자유주의와 공산주의의 역사철학이 정당화의 핵심적 무기를 제공했던" '세계내전'(Weltbürgerkrieg) 개념이다.[53] 주트가 지적했다시피 종래 냉전의 역사서술에서 목소리를 내지 못했던 제3세계의 위치와, 전지구적 양극화의 출현이 탈식민의 정치와 만나는 역사적 지평을 강조하는 최근의 경향도 이런 점에서 의의가 있다.[54]

20세기 후반의 양극화된 갈등이 특히 폭력적으로 분출한 것도 바로 이 지평이다. 코젤렉의 전지구적 내전을 전지구적 냉전에 적용하면 캘도어의 상상의 전쟁도 새로운 맥락에 놓을 수 있다. 한 민족 내부에서 벌어지건 국제적으로 벌어지건, 내전은 해당 사회에 존재적 위기를 초래한다. 하지만 같은 사회라도 내전의 폭력은 지역에 따라 다르게 경험될 수 있다.

미국의 남북전쟁과 한국전쟁 역시 그러해서, 앞서 설명했듯이 심지어 이웃한 마을도 각자 경험한 폭력의 강도가 상당히 달랐다.(1장 참조) 이렇게 본다면 냉전은 정말이지 전지구적 내전이었고, 단지 지역과 영역에 따라 그 내전의 폭력이 다르게 구현되었다고 결론 내릴 수 있다.

　냉전 이후의 전지구적 시민사회를 상상할 때 '세계내전'으로서의 냉전의 유산을 간과하지 말아야 할 필요가 거기에 있다. '세계내전'을 특정 지역의 내전의 위기로 경험한 사회의 미래를 전망할 때는 특히 더 그렇다. 내전이 사회의 차원에서만이 아니라 공동체 차원에서도 인간의 삶을 파괴했기 때문에 그 파괴를 딛고 이루어야 할 발전은 시민사회적 사회만이 아니라 공동체적 사회의 회복도 포괄해야 한다. 시민사회에 대한 오늘날의 관심은 위에서 강제하는 국가의 힘과 그에 맞서 아래로부터 저항하는 사회적 동원과 연대 사이의 힘싸움에 초점을 둔다. 그리고 사회적 연대의 주요 주체는 시민이라고 정의한다. 이러한 담론에서는 한 사회의 민주주의의 수준이 자신의 권리를 주장하는 시민으로 구성되는 공적 세계의 활력에 따라 결정된다고 본다. 이런 기준에서라면 1990년대초 냉전이라는 지정학적 질서가 종결된 후 한국의 정치사에서 시민사회의 성장이 무엇보다 두드러진 현상이라고 볼 수 있다. 이 현상에 주목하는 연구는 주로 전국적인 범위로 벌어진 공적 사건과 그 중요성을 강조하고, 소위 이익사회(Gesellschaft)의 관점이라 할 시각에서 한국의 사회와 정치를 바라본다. 따라서 여기서 거론되는 정치적으로 적극적인 시민활동은 주로 도시화·산업화된 현대사회에 익숙한 다양한 사회집단, 즉 계급이나 성, 세대, 직업적 이해관계에 근거한 집단을 주체로 한다. 앞서 인용한 커밍스를 비롯한 몇몇 연구를 제외하면 한국의 민주주의 이행을 다룬 많은 기존 연구는 한국 현대사에 시민의 자격과 관련한 독특하고 첨예한 문제가 존재한다는 사실을 간과하는 경향이 있다.

내부의 적

전쟁이 끝난 후 백조일손지묘에 연루된 가족들에게는 자신들이 국민이면서 동시에 '비국민'이라는 인식이 지배적이었다. 정치사회의 내부자이자 동시에 외부자라는 이 역설적 상황은 개인의 삶과 대인관계에서 여러 모습으로 나타났다. 세금을 내고 선거에 참여하고 군복무를 하고 동사무소에 개인과 가족의 기록이 존재한다는 점에서 이들은 국민이다. 그럼에도 정치공동체의 정당한 구성원으로는 여겨지지 않아서, 수년 동안 그들은 공직생활을 할 권리가 없었고, 외국에 나가는 일을 포함하여 이동의 자유가 전반적으로 제한되었으며 법과 관계없이 자의적인 정치적 탄압과 차별을 겪어야 했다.(4장 참조) 상시적으로 경찰의 감시를 받거나, 영장이나 재판절차도 없는 체포나 구금을 비롯한 국가 정보기관의 위협에 시달린 경우도 있다. 이런 경험을 통해 그들은 자신들이 시민권을 제대로 누릴 수 없는 달갑지 않은 사회구성원으로, 국가가 공공의 안전과 국가안보와 관련된다고 판단하면 자신들의 기본 시민권과 인권을 박탈할 수 있음을 깨달았다. 시민권의 제한은 헌법에 위배되지만, 그들이 경험하는 법질서는 그와 달랐다.

비슷한 상황은 다른 곳에서도 찾아볼 수 있다. 네니 파누르기아(Neni Panourgiá)는 그리스 내전(1946~49) 당시와 그 이후의 수용소를 연구하며 '초법성'(hyper-legality)의 역사를 설명한다. "산적무리를 숨겨주었다고 의심되는 사람은 누구나" 기소할 수 있다는 1871년의 법조항을 중심으로 20세기 중반 내전 상황에서 권위주의 국가가 공산주의 봉기를 진압하려는 목적으로 이 조항을 어떻게 재발명했는지를 보여준다.[55] 그리스 내전은 냉전 세계사에서 한국전쟁과 밀접한 관련이 있다. 두 전쟁 모두 일부분 1947년의 트루먼독트린에 의해 촉발된 "국제적인 내전"으로 사회가 급진적 민족주의 세력과 반공 민족주의 세력으로 양분되면서 초래되었다.[56] 트루먼독트린은 미국이 적극적으로 전지구적 주도권을 쥐고 국제 공산주의에 대항하여 싸울 것을 천명했고, 두 내전은 그 싸움이 군사화·전지구화되는 기점이 되었다.[57] 사실 한국전쟁이 발발했을 때 해리 트루먼(Harry Truman) 자신이 한국을 "극동의 그리스"로 지칭하며 이렇게 말하기도 했다. "지금 아주 강하게 밀어붙이면, 그러니까 3년 전 그리스에서 그랬듯이 [공산주의자]에게 맞서면, 그들이 중동 전체를 차지하는 일은 없을 것이다."[58] 파누르기아는 어떻게 그리스 내전으로 그 존재 자체가 정치공동체에 위협적 요소라고 여겨지는 시민계층이 생성되었는지, 그리고 그러한 상황이 어떻게 "과거까지 이어지는 친족계보와 미래 세대의 삶까지 조직하는 일종의 정치적 DNA가 되었는지"를 보여준다.[59]

한국의 반공주의 정치도 "행위가 아니라 사상과 신념을 처벌하는" 유사한 사회통제 기술을 발명하고, 개인이 속한 집단 전체를 범죄화하면서 그 개인을 응징하는 조치를 개발했다.[60] 한국의 전쟁세대라면 "빨갱이 집안"이라는 말이 아주 익숙할 것이다.[61] 집안의 가까운 사람 중에 한때 체제 전복적 공산주의자였거나 공산주의 동조자였던 사람, 북한으로의 망명자가 있는 사람에게 "빨갱이 집안"은 즉결처분이나 대량학살의 기억, 남은 가족들에게 들씌워진 사회적 오명과 시민권의 제약 등을 환기시키는 무서운 표현이다. 이렇게 정치적으로 비규범적인 지위가 그들에게 강요되는 이유는 그들이 규정된 정치질서와 법질서에 반하는 어떤 일을 해서가 아니라, 주어진 가족관계의 차원에서 어떤 특정한 존재이기 때문이다. 제주 상모리 묘역을 만든 가족들이 비국민이 되는 것은 거기 묻힌 고인들과의 친족관계 때문이었다. 그들에게 친족관계란 단지 도덕적·물질적 차원에서 의지할 수 있는 우호와 상호부조의 영역이 아니다. 그렇다고 주류 사회학 이론에서 주장하듯 현대화·도시화가 진행됨에 따라 중요성이 쇠퇴해가는 인간관계의 특정한 영역도 아니었다. 그들에게 친족의 영역은 오히려 현대사의 진행과 함께 그 중요성이 더해져서, 바깥세상에 만연한 정치적 적대관계가 미시적 형태로 현실화되는 장이면서 또한 사회적 낙인과 존재적 짐의 근원이 되었다.

개별 가족은 자신들에게 강요된 이러한 위태로운 삶의 조건을 여러 임기응변으로 대처했고, 때로는 혈연과 지연을 동원하기도 했다. 정치적 차별과 억압을 피하기 위해 공공부문에 있는 연줄을 동원하려 했다는 사실은 많은 증언에서도 잘 나타난다.(3장 참조) 하지만 동시에 많은 가족이 가까운 친족집단 내에서도 차별과 고립이라는 쓰라린 경험을 해야 했다. 설사 가까운 친척이라도 잠재적으로 위험한 정치적 요소와 연루되는 걸 피하려 했기 때문이다. 차별은 때로 친밀한 가족집단 내에서도 존재했고, 한 세대의 곤경이 다음 세대의 삶과 전망에 영향을 미치면서 그들의 비규범적 정치지위는 가계 내의 심각한 문젯거리가 되었다. 따라서 전후 한국의 비국민 가족에게 친족이라는 전통적 세계와 현대 시민적 삶의 세계는 너무 얽혀 있어서 그들이 아무리 애를 써도 분리할 수가 없었다. 자신의 정치적 행위가 가족의 생존에 어떤 영향을 끼칠 수 있다면 공적 영역에서 정치적 행위를 하기 이전에 우선 집단책임이라는 논리에서 벗어날 방법을 찾아야 한다. 전통적 '공동체'와 현대적 '사회'는 어디에나 공존하고, 인간관계의 한 형태가 다른 형태를 완전히 대체할 수 있다는 믿음은 환상이다.[62] 이는 전후 한국에서 특히 그러했는데 이런 특정한 조건에서는 민주주의에 대한 열망이 정치적 시민사회의 영역에서만이 아니라 전통적인 공동체 관계로부터 생겨날 수도 있다는 사실을 기억해야 한다.

'불온한 공동체'라는 개념

19세기 말의 사회학 저서인 『공동사회와 이익사회』(*Community and Society*)에서 독일 사회철학자 페르디난트 퇴니스(Ferdinand Tönnies)는 도덕적 판단이라는 견지에서 공동체와 이익사회의 개념적 차이에 대해 흥미로운 이론을 개진한다. 공동체의 이상적 유형으로 정의한 가족과 친족관계에 대해 퇴니스는 '불온한 공동체'라는 건 상상할 수가 없다고 한다. 공정한/불공정한 사회나 민주적/비민주적 사회처럼 이익사회에 대해서는 좋고 나쁘다는 이야기를 할 수 있지만 공동체에는 이러한 도덕적 판단이 적용되지 않는다는 것이다.

> 우리가 발견한 바로는, 함께 생활하는 친밀하고 사적이고 배타적인 모든 삶이 공동사회(공동체) 내의 삶으로 이해된다. 이익사회(사회)는 공적 삶으로 세계 자체이다. 가족과 함께하는 공동체에서는 태어난 이래로 사는 내내 기쁠 때나 슬플 때나 늘 거기 매여 있다. 이익사회로 들어가면 여긴 완전 딴 세상이다. 젊은이에게 나쁜 사회에 대해 경고를 할 수는 있지만 불온한 공동체라는 표현은 단어의 뜻 자체와 어긋난다.[63]

공동체에 대해 도덕적 판단을 할 수 없다는 퇴니스의 지적은 그가 "완전 딴 세상"이라고 부르는 현대사회의 특정한 성격에 대해서 말해주는 바가 있는데, 그곳에서는 각 구성원이 가족이나 태생적인 배경 내의 정체성의 영향에서 벗어나 서로 자유롭게 관계를 맺는다고 본다. 서로 전혀 모르는, '완전 딴 세상'에 처음 나온 이들, 개인이라고 불리는 이들이 상호 유대와 계약의 새로운 규칙을 만들어낸다. 이 새로운 '딴 세상'이 좋은 사회인지 나쁜 사회인지는, 그들이 어떻게 이러한 규칙에 합의하는지, 그리고 이 규칙은 어떤 내용인지에 따라 상당히 좌우된다. 하지만 일단 이 사회를 건설하는 데 참여하면, 모든 구성원은 출신과 상관없이 서로 동등하다.

퇴니스의 낙관에도 불구하고, 현대 정치사의 전개과정에서 '불온한 공동체'가 존재하지 않는다는 이상은 실현되지 못했다. 인종이나 종족, 성의 문제에서만이 아니라 정치적 토대 위에서도 그랬다. 내전 중에나 그 이후에나, 한국은 반공을 구성원리로 삼는 전지구적 냉전의 전방에 놓인 정치적 사회였다. 여기서 정체성 만들기는 순수한 이념적 자아의 창출만이 아니라 정치권력이 불순하다고 규정한 전통적 공동체 관계의 차단도 수반했다. 이념적으로 단일한 결집된 사회를 건설하는 과정에서 국가가 불온하고 불순하다고 간주한 공동체 유대에 대한 처벌을 비롯한 전통적 관계에 대한 통제가 핵심적 역할을 했다. 이런 환경에서 친족의 세계는 친구 아니면 적이라는 이원적 구도와 대비되었고, 공동체 내의 유대관계는 그것이 정치적 내면성과 이념적 순수성이라는 상상의 공간 내에 가둬질 수 있는가 없는가에 따라 좋고 나쁜 관계로 판단되었다. 따라서 한국전쟁과 그 격렬한 내전을 초래한 냉전이라는 광범위한 전지구적 내전의 인간적 차원을 다루기 위해서는 현대 정치적 사회의 구성이 전통적 공동체와 그 관계에 대한 도덕적 분류 및 판단과 더불어 진행되었다는 사실을 고려할 필요가 있다.

불온한 공동체라는 개념이 현대의 삶에 합당한 자리가 없으면서도 현대 정치질서의 구조를 형성하는 한 요소로 존재한다면, 이 질서에서 벗어나기 위해서는 그 개념이 현대사회에 없어야 한다는 당위와 반대로 실제로는 현대 정치공간에 만연하다는 현실 사이의 괴리를 직면해야 한다. 그러할 때 정치적 민주화는 단지 대표성이나 책임 있는 통치, 개인의 자유와 보호라는 문제일 수만은 없다. 도덕적 판단과 그로 인한 파괴적 결과로부터 자유로울 수 있는 공동체의 권리를 되찾는 일이기도 한 것이다.

　한국전쟁의 인간적 경험은 깊숙이 공동체적인 것이고 공동체의 삶과 관련된 함의도 촘촘하므로 이런 시각에서 조심스럽게 풀어내야 한다. 이 역사에서 국가와 사회의 관계를 사고하려면 우선 두 형태의 공동체를 구분해야 한다. 하나는 가까운 대인관계의 환경으로, 예를 들어 가족과 친족의 유대처럼 규범적 성격과 실천적 의미를 지닌다. 이러한 공동체의 현실은 내전의 사회역사적 서사나 전기적 서사에 아주 가득하다. 이와 마찬가지로 전쟁의 현실 속에 실재하는 또다른 공동체는 국민국가의 정치공동체로, 모스에 의하면 이는 전쟁경험의 신화를 토대로 번성한다. 이 상상된 공동체를 실현하려는 희망으로 수많은 사람들이 희생되었다. 탈식민의 한반도에서 이 공동체를 실현하는 일에 서로 다른 두개의 국가조직과 국가권력이 가담하여, 단 하나의 민족공동체를 세우고 거기에 모든 기존하는 공동체를 통합하는 일에 각자 몰두했다. 또한 서로를 불법적 정치체로 간주하고 상대를 섬멸하는 일이 곧 민족공동체를 이루는 일이라고 보았다. 각자 상상한 민족공동체는 단일하고 배타적이었다. 그에 반해서 그 정치적 공동체의 건설에 동원하고자 했던 일상적 공동체들은 국가권력이 강제하는 절대적인 정치적 결합력과 동질성이라는 바로 그 기준에 비추어 봤을 때 다원적이고 포괄적이었다. 두 형제가 서로 다른 이념적 길을 택하는 이야기는 공동체의 정치적 다원성을 보여주는 생생한 사례이다. 일상적 공동체의 다원적 구성은 원래부터 주어진 특성이라기보다는, 정치적 양극화 및 그와 관련된 이념적 통합이라는 폭력적 정치에서 비롯된 것이다. 배타적 주권의 정치는 역사적으로 구성되고 정치적으로 다원적인 이러한 일상적 공동체 관계의 주체성을 강압적이고 폭력적인 방식으로 통제하고 해체하는 것을 그 목적으로 삼았다.(3장 참조) 이런 시각에서 보면 사회를 대상으로 벌인 전쟁인 한국전쟁은 기본적으로 다원성의 현실에 대해 벌인 전쟁이라고 할 수 있다.

한 개인이 정치권력에 의해 국가의 적으로 규정된 사람과의 친족관계로 인해 공적 세계에서 정당한 구성원으로 인정되지 못할 때, 그 개인에게 민주적 삶이 가능하려면 그 친족관계의 규범성이 회복되어야 한다. 나아가 이러한 맥락에서 불온한 공동체라는 개념이 사회에 미치는 장악력이 사라지려면 그 개념이 현대 정치적 삶에 설 자리가 없음을 사회가 인정하는 것만으로는 충분치 않고, 정치적 사회를 구성하는 서로 다른 공동체들이 과거에는 모두 정치적으로 혼재된 관계망을 공유했다는 인식에 이르러야 한다. 다시 말해 총체적 내전이라는 역사적 배경에서는 어떤 공동체도 순수한 정치적·이념적 계보를 주장할 수 없다는 인식 말이다. 극단적인 냉전의 이념에서 벗어나 진정한 민주사회로 나아가려면 공동체마다 근대 개인주의 사회의 이상을 추구하는 식으로 그 편협한 영역에서 벗어나려고 애쓰는 것을 넘어서 각자의 역사적 계보를 보다 진실하게 사고하는 일이 긴요하다. 내전의 폐허 위에서 이루어지는 공동체의 도덕적·정치적 행위가 시민사회의 활동만큼 민주주의의 발전에 중요한 것은 바로 이 때문이다.

이렇게 봤을 때 백조일손지묘는 비단 친족과 가계의 언어만이 아니라,

공동체에는 생사가 걸린 중요성을 가지지만 현대 정치사회이론은 보지도 못하고 그에 대한 명칭도 부여하지 못하는 정치적 삶의 영역을 호명한다. 그 점을 이해하면 추모비에 새겨 넣은 태극기의 이미지가 처음 봤을 때보다 덜 생경하게 다가온다. 공동묘지에 있는 것치고 뜬금없다는 느낌보다는 그 이미지가 일종의 부적 같은 역할을 한다는 생각이 드는 것이다. 말하자면 국가의 신성한 이미지가 자리를 잡아 그 묘역과 그곳에 묻힌 고인을 국가의 폭력으로부터 보호하는 셈이다. 묘역의 이름도 좀 이해가 되어서, '백조일손'은 가계가 거꾸로 선 이례적인 이름이라기보다는 고인을 애도하는 친족의 규범이 대량학살이라는 현실을 맞아 한 집안의 계보라는 협소한 단위를 넘어서 유대를 확장하고자 하는 가족들의 절박한 요구로 읽힌다.[64] 그곳에 묻힌 100여구의 유해는 각기 따로 묻혀 있긴 하지만, 실제로는 다들 서로 얽혀 동일한 운명과 비극적인 죽음을 공유한다. 마찬가지로 유족들도 그렇게 서로 얽혀서, 가계도 다르고 같은 혈족도 아니지만 하나의 애도 공동체를 이루었다. 그래서 오늘날도 가족들은 매년 칠월칠석(1950년 그날에 희생자들이 끌려갔다)에 묘역에 모여 합동제사를 지낸다. 상모리 묘역에서 또 하나 주목할 만한 점은 추모비가 홀로 서 있지 않다는 사실이다. 그 옆에 있는 첫번째 묘비의 잔해는 비극적으로 세상을 떠난 가족과 친족을 향한 유족들의 슬픔을 표현할 뿐 아니라 엄청난 장애물이 그들의 애도의 노력을 가로막았다는 사실을 증언한다. 그렇게 비석은 그 자체로 죽음과 새로운 삶의 역사를 의미한다. 망자를 기리는 친족의 권리가 정치권력에 의해 부정되었고, 그 권리의 주장은 곧 민주적 정치질서의 진전과 불가분의 관계임을 역설한다. 이 묘지에서 과거를 돌이켜보면 한국 정치민주화의 역사는 보복을 두려워하지 않고 전쟁의 희생자를 기억하고 애도할 수 있는 권리를 둘러싼 투쟁이기도 하다. 고인을 대신하여 발언하고 행동함으로써, 개인적이지만 동시에 극히 정치적인 삶의 조건을 당당히 드러낼 수 있는 새로운 공적 세계를 창출하는 일인 것이다. 또한 '일손'이라는 표현이 예증하듯이 서로 다른 유형의 행위자들이 각각의 친족관계를 넘어 애도의 연대를 만들어가는 일이기도 하다.[65]

3장

분쟁 중의 평화

모스크바는 국제사회주의 역사에서 상당한 권위를 지닌 곳으로 이 권위는 식민지배에 저항한 지적·정치적 운동에서도 두드러진다. 20세기 후반 냉전기간 내내 모스크바는 양분된 세계의 한편에서 엄청난 지정학적 힘을 독점했다. 그런데 이 도시가 대표하는 힘과 권위는 국제정치의 영역만이 아니라 지역세계에까지 미쳤다. 냉전 초기, 격변의 탈식민기간에 지역세계는 전지구적 정치질서의 축소판이 되었다.

한국의 지방에는 한때 '모스크바'로 알려진 마을들이 있다. 이 이름은 종종 지역 내에서 사회주의 운동의 근거지로 여겨졌던 마을을 가리킨다고 이해되지만, 그 이름으로 알려진 마을 안에서는 또다른 역사적 기억을 간직하고 있다. 그 기억에서 모스크바 마을은 일제강점기에 공산주의나 사회주의 경향의 탁월한 민족주의 인사들이 태어나고 자란 곳일 수도 있다.[1] 한반도 남동지역의 한 마을이 모스크바와 연관되는 역사적 배경에는 1930년대 소련의 국제주의 혁명자 교육기관으로 유명한 동방노력자공산대학에 대표단으로 참가했던 한 사람이 있다. 일상적인 대화에서 모스크바 마을은 '빨갱이 마을'로 여겨질 수도 있고, 지역 사람들 역시 한국전쟁의 경험을 이야기할 때는 두 명칭을 혼용하기도 한다. 하지만 소위 '빨갱이 마을'의 주민에게 그 둘은 전혀 같은 것이 아니다. 주민들이 모스크바를 떠올릴 때는 뛰어났지만 불운했던 조상에 대한 자부심을 불러일으킨다. 겉으로 내세우지 못하는 상처 입은 자부심일지라도 말이다. 그 조상이 식민지배에 항거하고 사회정의에 헌신했던 훌륭한 저항운동의 계보를 대표하기 때문이다. 그에 반해 "빨갱이 마을"이라는 말을 들으면 사람들은 대부분 무척 분개한다. 이 명칭은 그 마을의 자긍심의 대상에 오명을 씌우는 것이고, 그 조상과의 연계 탓에 과거에 겪어야 했던 고난의 상처를 열어 헤집는 일이기 때문이다.

과거 모스크바로 알려졌던 안동지방의 한 마을에서 최근 한 조상의 묘를 두고 분란이 일어났다. 이 마을의 사람들은 대부분 같은 성씨의 유서 깊은 집안의 사람들로, 16세기부터 여러 저명한 유학자들을 배출해온 가계에 대단한 자부심을 가지고 있다. 제사는 매년 이 마을에서 열리는 중요한 행사로, 전국 각지에 나가 사는 친척들이 이 행사를 위해 고향을 찾는다. 멀리서 고향을 찾은 친지들이 오랜만에 만나는 기회라 다들 즐거운 시간을 보내며 소식을 주고받는데, 항상 그렇진 않다.

방치된 조상의 묘를 손봐야 하지 않겠냐고 한 사람이 집안 어른들에게 조심스럽게 말을 꺼내는 바람에 제사를 지내고 함께 식사를 하던 친지들 사이에 분란이 일어났다. 어르신 한분은 자리를 박차고 나가버리고 나머지도 묵묵히 숟가락질만 했다. 방치된 묘에 묻힌 조상은 일제강점기에 유명했던 공산주의 활동가로 젊은 나이에 옥사했고, 자리를 뜬 어르신의 형제들은 수십명의 마을 젊은이들과 함께 1950년 10월에 퇴각하는 북한군을 따라 마을을 떠났다. 이분의 생각으로는 지금 그 무덤에 묻혀 있는 집안 어른이 애초부터 마을에 '벌건 사상'의 씨앗을 들이지 않았다면 이 마을과 집안에 그런 참사가 생기지 않았을 거라는 것이었다. 그 어른 탓에 이분의 가까운 분들이 평생 이산의 고통을 겪었기 때문에 그 묘지에 비석을 새로 세운다는 것을 그로서는 받아들이기 어려웠다.

가족의 이산과 집안가계의 단절에 관한 이러한 사연은 전후 한국사회에서는 흔한 이야기이다. 종전 후 남한과 북한의 요동치는 관계 속에서 남북으로 갈라진 이산가족은 늘 핵심 쟁점 중 하나였다. 이산가족의 입지는 한국전쟁이 낳은 비극적이고 끈질기게 지속되는 유산이지만, 이들이 겪었던 어려움은 앞 장에서 퇴니스의 '불온한 공동체' 개념을 들어 논의했던 냉전의 정치적 근대성의 첨예한 문제와도 밀접히 연관된다. 이 장에서는 이 개념이 전후 한국사회에서 어떻게 구체적으로 구현되었는지 살펴본다. 다음 장에서는 보다 범위를 좁혀서 가족사의 영역에서 이 개념을 조명해보겠다.

이별

20세기 중반 전쟁으로 강제 이주한 인구의 규모와 이동 강도는 전례가 없을 정도였는데,[2] 이는 피터 개트럴(Peter Gatrell)에 따르면 "다국적 제국의 붕괴와 제한적 시민권을 지닌 근대국가의 출현, 내부의 적을 사냥하는 극단적 이념의 확산, 피난민 위기에 대한 반응의 국제화"에 의해 초래되었다.[3] 한반도의 이산가족 문제는 그 당시 보편적으로 벌어진 이산의 결과가 여전히 지속되고 있는 것이다. 이산가족 상봉은 이들의 고통을 여실히 보여준다. 근래에는 비무장지대 내 금강산 특별지구에 있는 이산가족 면회소에서 열렸다. 이때만은 양 국가에서 온 수십명의 가족이 다른 때는 건널 수 없는 경계를 넘어, 전쟁 이후로 때로는 심지어 그 이전부터 만나보지 못했던 부모자식, 형제, 부부를 잠깐 만나볼 수 있다.[4] 행사 자체는 사흘간 지속되지만 가족들이 함께 보낼 수 있는 시간은 고작 반나절 정도이다. 상봉의 순간은 격한 감정이 폭발하고 고통스러울 정도로 극적인 장면이고, 한국의 언론은 그 특별한 순간을 포착하여 전달하려 여념이 없다. 하지만 진정 고통스러운 순간은 가족들이 작별하는 때이다. 짧은 만남의 시간이 끝나고 각각 반대쪽으로 떠날 준비를 할 때가 되면 이별의 고통은 견디기 힘들다. 고령의 어르신들은 한평생 헤어져 있다가 잠깐 만나본 이 순간이 사실 마지막이 될 거라고 본다. 살아생전에 다시 상봉의 기회를 얻을 수 있을 것 같지 않기 때문이다. 그래서 이별을 하며 많이들 나누는 인사는 이러하다. "잘 가게. 다음엔 저승에서 보세."[5]

이산가족 상봉은 한반도에서 험난한 여정을 거치며 이어져온 화해의 과정에서 핵심적 요소였다. 첫 시도는 1970년대초에 일어난 전지구적 권력구조의 지각변동과 더불어 있었다. 이 과정에서 중요한 사건이 리처드 닉슨(Richard Nixon) 미대통령이 1972년 중국을 방문한 "세계를 바꿔놓은 일주일"과 그뒤를 잇는 "장기 1970년대"로, 이로부터 1970년대 후반 중국의 경제개혁과 1979년 중국과 미국의 국교정상화가 이루어졌다.[6] 이 일련의 사건은 동아시아와 글로벌 역사에 대한 최근의 연구에서 새로이 주목하는 부분이기도 하다. 중국이 경제대국으로 부상하고 아시아 강대국으로 재기하면서 냉전 이후 글로벌 권력관계에서 지각변동이 일어났는데, 이 연구들은 전형적으로 그 시작을 1970~72년 미국과 중국의 데탕트라는 중요한 역사적 사건에서 찾는다. 하지만 이 사건은 아시아 지역의 다른 사회주의 국가에는 상당히 다른 의미가 있었다. 가령 북베트남의 관점에서 보면 거의 배신행위에 가까운 치명적인 사건이었다. 당시 베트남전쟁은 절정에 이르러, 북베트남은 미국과 남베트남을 상대로 20세기 가장 오랜 전쟁의 마지막 싸움을 하고 있었다. 이 중차대한 시점에 중국이 미국과 손을 잡자 북베트남 지도부의 실망은 컸다. 북한도 마찬가지여서, 중국이 북한에 자국과 미국의 관계 변화를 받아들이도록 종용하고 이를 위해 북한에 상당한 원조를 해주기도 했지만, 그것은 "평양에도 심각한 우려를 자아냈다."[7] 북한은 베트남전쟁을 우려 섞인 태도로 지켜보며 한반도 무력통일에 대해 새로운 야망을 품게 되었기 때문에 전개양상에 큰 관심을 갖고 있었다. 1967~73년 기간에 한국이 미국과 남베트남의 핵심 군사동맹국으로 전쟁에 적극적으로 참여한 것도 영향을 주었다. 이런 배경에서 1968년 1월 21일에 북한 특공대가 비무장지대를 넘어와 청와대를 습격하려다 실패한 사건이 일어났다. 동시에 1968년 1월 23일에는 동해안 연안에 있던 미해군 정보수집함인 푸에블로호가 나포되었다. 대한민국으로서는 베트남전쟁의 참전이 1970년대 급속한 경제발전의 중요한 발판이 되었다. 그럼에도 한국은 닉슨 행정부의 정책경향, 특히 우방을 위해 베트남 사지로 수많은 한국군을 파병했음에도 한국의 안보에 대해 갈수록 무관심하고 냉담한 태도를 보이자 불안해하고 있었다.

따라서 중국과 미국의 긴장완화는 남한과 북한 모두에 엄중한 경고로 다가왔다. 남북 지도자 모두 한국전쟁 당시 그들의 주요 동맹들이 각각 혁명적 국제연대나 반공주의 국제연대에 토대를 둔 신뢰관계에 등을 돌리고 자기 이익만 추구하는 믿을 수 없는 존재가 되었다고 느꼈다. 남한과 북한 내부에서도 그렇고 둘 사이에서도 "세계를 바꿔놓은 일주일"에 이어 일련의 주목할 만한 사건들이 뒤따라 일어났다. 미중동맹에 대한 불신으로 인해 1945년 분단 이후 처음으로 남북 간에 역사적인 관계회복의 시도가 짧게나마 이루어졌던 것이 가장 중요한 사건이다. 1970년 8월 15일, 광복절 기념연설에서 박정희 대통령은 남북한의 평화로운 공존의 시대를 열겠다고 선언했다. 1년 후 남과 북의 적십자 대표들이 만나 회담을 했고, 무엇보다 이산가족의 상봉을 돕는다는 인도주의적 문제를 논의했다. 이어서 남쪽의 특사가 비밀리에 평양을 방문하고, 마침내 1972년 7월 4일 두 정부가 화해와 통일의 전망에 관해 역사적인 공동성명을 채택하기에 이른다.

이렇게 휴전선을 사이에 두고 대화가 이루어지고 한반도의 두 국가가 자체적으로 민족적 문제를 해결하자는 시대적 요구에 합의하는 동안 각 국가의 국내 정치질서에서도 중요한 변화가 일어났다. 남에서는 박정희가 1972년 10월에 대통령 직선제를 폐지하고 자신의 종신집권을 위한 개헌을 단행하여 공식적으로 독재체제를 확립했다. 두 달 후 북에서도 헌법 개정을 통해 절대주의 정치체제인 주석체제를 확립함으로써 김일성에게 당의 권력을 초월하는 지위를 부여했다. 따라서 중국과 미국의 데탕트에 대한 대응으로 분단 후 처음으로 남북이 대화를 주도하는 환경에서 남북에 각각 독재권력이 확립되었던 것이다.[8]

이 시기 안팎의 정치적 환경을 언급하는 이유는 냉전기 한반도에서 인간관계의 가장 친밀한 영역에서의 문제가 지정학적 관계의 변동과 어떻게 맞물려 있는지를 예시하기 위해서이다. 1970년대에 시작된 두 국민국가의 데탕트가 실패하면서 가족의 재결합에 대한 이산가족의 희망은 내내 좌절되어왔다. 이산가족의 고통스러운 삶은 국제적 데탕트 정치와 얽혀 있으면서, 동시에 한반도의 두 국민국가가 화해를 이루어야 한다는 시대적 요구의 주요한 표상이었다. 한국 언론은 이산가족의 운명을 "민족분단의 비애"라고 부르며 이산가족 상봉에 대해 논평을 했는데, "천만 이산가족"이라는 말을 덧붙였다. 작가 황석영은 1990년 평양 방문 당시 동일한 언급을 하면서 "남북한 7천만이 모두 이산의 희생자"라고 주장했다.[9]

천만이라면 전쟁 당시 인구의 거의 3분의 1에 이르는 숫자이므로 과장되었을 가능성이 많고 따라서 이후 그에 대한 반박도 있었다.[10] 이산가족의 정확한 수는 지금까지도 알 수가 없는데, 이는 그들이 극도로 혼란스러운 상태에서 헤어졌기 때문이다. 하지만 이 문제는 또한 오늘날 한국인이 가족의 경계를 정의하고 이해하는 방식과도 관련된다. 남한에서 1970년대 이후로 급속한 도시화와 산업화가 이루어지고, 북한에서도 전후 산업화와 함께 가족의 개념에 큰 변화가 일어났다. 그 변화가 양쪽에서 동일하지는 않았지만 그럼에도 불구하고 가족개념이 예전의 가계를 기반으로 한 광의의 가족·친족 개념과 부분적으로 분리되는 결과를 가져왔다.

남한에서는 산업화 과정에서 많은 인구가 고향인 농촌을 떠났고 이로 인해 현재 서로 다른 두개의 가족개념이 공존한다. 하나는 주로 핵가족이나 3세대가 모여 사는 확대가족을 뜻하는 현대적 '가족'이고, 다른 하나는 친족, 일가, 문중 등의 여러 함의를 지니는 '가족'으로 '한 집안에 속하는 사람들'이라는 '일가'처럼 보통 특정한 지역에서 나고 자란 부계혈통의 구성원을 뜻한다. 북한의 초기 혁명정치는 부계질서의 전통적 가족체계와 가족의 본적이라는 개념을 혁명적 사회개혁의 대상으로 삼았다. 주요 목표는 친족의 개념적·실제적 토대를 봉건적 농업사회와 부계혈통 이념에서 분리해내는 것이었다. 이 개혁으로 가족과 친족관계에 심대한 변화가 일어났다. 물론 이것이 가부장적 이념에도 동일한 강도의 변화가 있었다는 것을 의미하지는 않는다. 국가 주도로 이렇게 현대적 가족이 형성되면서 가족과 일가의 범위가 유연하고 때로 겹치기도 했던 전쟁세대의 가족개념과 전후세대들의 개념 사이에 큰 거리가 생겼다.[11] 가까운 관계의 경계설정 방식이 변화함으로써 결과적으로 한 세대에서 이해하는 이산가족의 범주가 이후 세대에게는 같게 여겨지지 않을 수도 있게 되었다.[12]

내가 전쟁을 체험한 가족들의 이야기를 듣는 중에 이 점은 아주 분명히 드러났는데, 예를 들어 대화가 어느정도 진행되기까지는 전쟁에서 실종되었다는 사람과의 관계를 오해하는 일도 있었다. 일례로, 진주가 고향인 강씨 가족이 겪은 전쟁경험에는 일제강점기에 사회주의 청년운동의 주요 일원이었던 '큰형'이 중심에 놓여 있다. 한국전쟁 발발 당시 강씨의 큰형은 북에 있었고, 전쟁 중에 한번 인민군 장교로 고향에 다녀간 적이 있었다. 고향마을이 수복된 후 경찰이 그가 방문했던 사실을 알게 되었고, 그로 인해 수많은 마을사람들이 엄청난 고초를 겪었다. 강씨의 누나도 피해자였다. 반공단체 사람들이 끔찍한 성폭력을 자행했던 것이다. 가해자 중에는 같은 마을 청년도 있었다. 이후 1972년에 '큰형'이 다시 고향마을을 찾아왔다. 공작 임무를 띠고 평양에서 남파된 그는 야밤에 강씨의 부친과 한시간을 함께 보냈다. 그가 이렇게 비밀리에 잠깐 다녀간 일을 나중에 지역 대공요원들이 어떻게 알게 되었는지 모르지만, 여하튼 강씨는 그 사건으로 인해 가족 전체에 어떤 대참사가 벌어졌는지를 생생히 기억한다. 국가의 감시망은 '큰형'의 예전 학교 급우들에게까지 뻗쳤다. 강씨는 수많은 이름들을 언급했는데 이들은 원로 인류학자인 김광억이 전통 한국의 주요한 세 관계망으로 지칭했던, '혈연' '지연' '학연'을 아우르는 것이었다.13 그런데 강씨가 아직도 고통스럽게 기억하는 '큰형'이 그의 부친의 사촌의 장남이었다는 사실을 알게 된 것은 그와 대화를 여러번이나 나눈 다음이었다.

이산가족이 처한 곤경은 전쟁 중에, 특히 유엔과 중국-북한 사이에서 휴전을 위한 긴 협상이 진행되는 동안 중요한 쟁점이었고, 남북의 상호관계에서도 마찬가지였다. 또한 국제적십자와 남북 적십자 단체들이 관련한 인도주의 문제이기도 했다. 냉전의 경계를 사이에 두고 헤어진 가족의 문제는 한반도의 영역을 넘어선다.[14] 재일교포 중에는 북한에 가족을 둔 경우가 아주 많다. 이들은 주로 1960~70년대에 인종차별과 사회적 불이익을 피할 목적으로 북한으로 건너간 사람들이다. 과거 식민지 주민을 자신의 영토에서 쫓아버리는 데 특별한 관심이 있었던 당시 일본정부와 국제적십자의 인도주의적 관심이 맺었던 교묘한 공모관계를 고발했던 테사 모리스스즈키(Tessa Morris-Suzuki)의 보고서에 따르면, 이들의 이주는 일본적십자와 일본정부, 그리고 북한정부의 합작으로 이루어졌다.[15] 이 "귀국자"들의 대부분이 한반도 남부, 특히 경상남북도 출신이었고, 한국전쟁 이전 반란진압작전의 폭력을 피해 섬을 떠났다가 고향으로 돌아가지 못한 제주도 주민들도 많았다. 북한과 일본의 관계가 악화될 때마다, 이 9만여명에 달하는 귀국자들과 일본에 남은 그들의 가족은 연락두절의 고통을 겪었고, 최근까지 수십년간 남한의 친지들과도 연락을 주고받을 수 없었다. 전후 한국사회에서 북한에 사는 가족이나 친척을 둔 이들과 연루되는 일은 정치적으로 위험했기 때문이다. 이러한 배경에서 2000년대 초반 남북의 이산가족 상봉이 순조롭게 진행될 때 제주도의 여러 가족이 일본이 아니라 육지로 날아가 비무장지대에 마련된 이산가족면회소에서 오랫동안 만나지 못했던 가족을 만나는 특이한 경험을 했다. 북으로 송환된 사람 가운데는 1960년대와 1970년대에 소련, 특히 1945년 전에 일본 식민지였던 남사할린에서 온 사람들도 있었는데, 이들 대부분은 본래 한반도 남부가 고향인 사람들이었다. 과거 또는 현재의 양분된 여러 정치경계선을 사이에 두고 가족들이 초국가적 범위로 이산된 것이다. 1990년대 초 소련이 붕괴되면서 사할린에 남은 가족들도 서서히 남한의 가족들과 다시 연락을 취하기 시작했다.

냉전시기에 다른 곳에서도 유사한 이산의 위기가 있었다. 1970년대 동서독이 화해 협상을 할 때나 1990년대 중화인민공화국과 중화민국(대만) 사이에 비슷한 협상이 있을 때도 이산가족은 중요한 의제였다. 존 본먼 (John Borneman)은 도시를 관통하는 베를린장벽만이 아니라 그로 인해 가족들에게 생긴 복잡한 문제를 중심으로 1989년 이전의 분할된 베를린을 연구했다.[16] 그는 가족관계가 냉전시기 독일의 두 정치체제 간 갈등의 주요 지점이었다고 지적하고 동서독이 서로 다른 사회발전을 경쟁적으로 이어가는 사이 현대적 가족개념도 더불어 분기된 과정을 강조한다. 찰스 스태퍼드(Charles Stafford)는 많은 중국인이 중국 본토와 대만의 분리를 헤어지고 재결합하는 가족의 드라마로 이해하고, 이는 중국의 문학과 구술문화에 오래 지속된 전통이라고 언급한다.[17] 한국의 경우에도 유사한 현상이 지적되어왔다. 전후 남한에서 이루어져온 한국전쟁의 재현은 전쟁경험을 주로 "화해의 의식으로 귀결되는 가족의 비극"으로 그려낸다는 주장이 그러하다.[18] 하지만 이산가족 문제를 둘러싼 남북의 협상은 독일이나 중국의 경우에 비해 훨씬 더 복잡했고, 경계를 넘어 교류할 수 있는 가족의 권리에 대한 논의도 훨씬 더디게 진행되었다. 동서독 협상의 주요 의제였던, 가족이 경계를 넘어 자유롭게 왕래해야 한다는 생각은 한국의 이산가족에게는 여전히 요원한 희망일 뿐이다.

첫번째 역사적 만남은 1985년 9월 서울과 평양에서 있었고, 각각 서른여 가족이 만남을 가졌다. 두번째 만남은 2000년에나 이루어졌는데, 그 이후로 백여명이 참가한 몇번의 만남이 더 이루어지다가 2007년에 남북한의 관계악화로 중단되었다.[19] 2018년 4월 27일 남북 정상회담이 이루어지고 이어 6월 12일에 도널드 트럼프(Donald Trump) 미대통령과 북한 최고지도자 김정은의 역사적인 회담이 싱가포르에서 열리면서 이 책을 쓰는 현재 이산가족이라는 인도주의적 주제와 관련해 새로운 희망이 솟아나고 있다. 정부 차원의 공식 협상이 지지부진하자 1990년대에는 중국 북동부와 다른 해외경로를 통한 비공식적 연락이 다양하게 이루어져서 이 비공식 경로로 상당히 많은 가족이 서로 연락을 하게 되었다. 최근 남북 정부는 이산가족 상봉에 디지털기술을 도입했다. 만날 수 있는 가족의 수가 제한되고 정치적·외교적 논란의 소지가 많은 직접 만남의 대안으로 제안된 것이다. 가상공간이 이러한 역사적 환경에서 인간 교류의 적절한 장이 될지 불확실하고, 이 방법만으로 이산가족의 고통을 덜어주거나 그들의 권리를 되찾는 일에 실질적인 영향을 줄 수 있을지는 의심스럽다. 한국의 이산가족은 사랑하는 가족이나 가까운 친지를 죽기 전에 한번이라도 실제 볼 수 있는 기회를 갖기를 무엇보다 바라기 때문이다. 이런 기회를 가지려면 남북 정부와 남북 적십자 대표가 이따금 조직하는 상봉행사에 뽑히는 행운이 주어져야 한다. 또한 남북관계(그리고 남북과 미국이나 일본과의 관계)가 앞으로 악화되지도 말아야 하는데, 그 전망은 여전히 무척 불확실하다. 재일조선인의 경우와 마찬가지로 여기서도 국가 간 관계와 지정학적 관계가 가족관계에 직접적 영향을 끼치고, 외교 차원의 작은 변화도 당사자에게는 새로운 희망 혹은 절망으로 경험되면서 세상이 뒤바뀌는 사건이 될 수 있다.

재미학자 김충순은 본인이 직접 경험하기도 했던 이러한 상태를 "믿음을 가지고 견디기"라고 부른다.[20] '견디기'는 수많은 형식으로 이루어질 수 있다. 일례로 고씨 할아버지는 서울의 구시가지, 번잡한 상업지구와 관광지역에서 얼마 떨어지지 않은 언덕에 산다. 그 동네는 1980년대 건설경기가 호황일 때 다들 재건축을 했기 때문에 방 세칸짜리 소박한 그 집은 동네에서 유일하게 예전 모습대로 남아 있다. 동사무소 직원들은 전통가옥을 좋아해서 그렇다며 할아버지를 추켜세우지만 이웃들은 그가 집을 고치지 않는 다른 이유를 안다. 할아버지의 부모는 전쟁 중에 막내인 그만 조부모에게 맡기고 세명의 형제를 데리고 월북했다. 그는 집이 1950년대 의 모습 그대로 있어야 가족 중의 누구라도, 심지어 간첩으로라도 내려왔 을 때 집을 찾을 수 있을 거라고 믿었던 조부모의 뜻을 아직 이어받고 있 는 것이다. 또다른 예로 양씨 할머니는 오사카의 집 거실에 북한 최고지도 자들의 사진을 눈에 잘 띄는 곳에 걸어둔다. 그 아래에는 평생에 걸쳐 일 본의 조총련 단체에 헌신했던, 사별한 남편의 사진이 걸려 있다. 2층에는 일본 다른 지역에 거주하는 두 자식과 북한에 있는 다른 두 자식에게 보 낼 소포가 마련되어 있다. 북한에 있는 자식들에게 보낼 돈을 모으고 있 고, 최근 연락이 다시 닿은 제주의 친지들이 지내는 연례 제사에 약간이나 마 보탤 돈 역시 마련하려 한다. 부엌 한구석에 마련된 조왕신의 자리에 예를 올리는 일은 그의 하루 일과에서 중요하다. 자신이 태어난 제주의 관 습대로 조왕신에게 세계 곳곳에 흩어진 초국적 가족의 보호를 의탁하고 기원하는 것이다.[21]

   최근 한국의 유명인사가 2000년대 초반에 남북 이산가족 상봉 협상에 참여했던 경험을 돌아보며 말하길, 이 협상의 주요 장애물은 남북 정부가 문제의 본질에 대해 보이는 의견차라고 했다. 남한은 이산가족 문제가 원 칙적으로 남북관계 정치와 무관한 인도주의적 문제라고 정의하는 반면, 북한은 외교정책과 분리할 수 없는 철저히 정치적인 문제로 본다는 것이 다. 사실 최근 이산가족 문제에서 이렇다 할 진전이 없는 책임은 분명 해 당 현안을 독립적인 인도주의 의제가 아니라 정치적 문제로 접근하면서 남한과 미국에서 안전보장과 경제원조를 받아내기 위한 협상카드로 사용 하려는 북한정부의 소극적 태도에 있다고 할 수 있다. 하지만 역사적으로 볼 때 문제는 그렇게 간단하지 않다. 한반도의 두 국가는 전후에도 계속

준전시상태를 유지했기 때문에 국내정치에서 예외상태가 지속되었다. 이로 인해 전후의 양쪽 사회에는 동지 아니면 적이라는 사고가 자리 잡았고, 가족이나 친척이라 할지라도 허가를 받지 않은 적과의 접촉은, 실제로 만났든 가정된 것이든 모두 범죄화되었다. 더구나 극단적인 동지 대 적의 구도는 적국에 사는 누군가와 피를 나눈 사이라는 사실만으로 남북으로 갈라진 가족을 체제의 잠재적 적이라는 아주 위태로운 지위에 몰아넣었다. 전후 한국에서 친족의 영역은 국가가 봉쇄와 억제 정책을 행사하는 주된 장소이자 대상이 되었고, 그 결과 이산가족은 친족관계 탓에 이념적으로 불순하고, 정치적으로 바람직하지 못하며, 도덕적으로 비규범적인 시민의 지위로 강등되었다.

한국전쟁으로 인한 인구의 이동과 분산에서 눈에 띄는 점은 그 이동의 방향이다. 1950년의 전선은 7~9월에 승승장구하는 북한군에 의해 남쪽으로 밀려 내려갔다가, 잠시 다시 위로 올라갔고, 패퇴하는 북한을 돕기 위해 중국군이 개입하면서 다시 남쪽으로 움직였다. 그렇게 전선이 오르락내리락할 때마다 피난민의 대이동이 벌어졌다. 다들 고향을 등졌고 살기 위해서 그래야 했기 때문에 당시 가족들에게는 공통된 그 사실이 중요하지 그 방향이 북쪽인지 남쪽인지는 사소한 문제였다. 그렇지만 공적 담론에서는 남으로의 피난과 북으로의 피난은 천양지차였고, 한 개인이 어느 방향을 택했는지가 무엇보다 중요했다.

최근 한국정부의 공식적인 이산가족찾기 신청 사이트에 이런 글이 올라왔다.

아버님께서는 6·25 당시 화성군 반월면 인민위원회 위원장으로 계시다가 인민군이 후퇴하자 가족 중 어머니(李姓求)와 세 아들(天興, 天植, 天

晧)을 경기도 광주 돌마면에 있는 외갓집에 피신시켰다가 9·28 수복 직전에 당신께서 직접 외갓집에 오셔서 하룻밤 묵으시고 가족들과 작별후, 셋째 외삼촌과 함께 월북하였슴.[22]

신청자는 부친과 외삼촌이 '월북'했다고 표현했다. 예전이라면 공공매체에서 이렇게 민감한 가족사를 공개하는 일은 상상하기도 힘들었다. 전후 한국사회는 전쟁 통에 고향을 떠난 사람들에 대한 복잡한 분류법을 마련했다. 이 가운데 '월북가족'은 가장 심각한 낙인이었다. 단어 자체의 뜻은 '북한으로 넘어간 가족'이지만 사실상 전쟁 중에 북쪽으로 갔다고 보는 개인과 가족관계에 있는 사람들을 가리킨다. 이 단어의 의미는 '월남가족'이나 '납북자 가족' 등의 범주와는 완전히 다르다. 그 범주들 모두 '이산가족'이라는 넓은 범주에 들어 있지만, 각 범주는 물리적 방향만이 아니라 특정한 정치적 지향도 나타낸다. '월북'이란 거의 '북한 동조자'와 같은 의미이다. 순전히 강압에 의해 북으로 넘어갔고, 따라서 의식적인 충성심은 남한에 있다는 사실을 보여주는 '납북자'라는 범주와 비교하면 더욱 그렇다. '납북'과 비교했을 때 '월북'은 본인의 의지로 기꺼이 북으로 넘어간 것이므로 당사자의 정치적 정체성을 보여주는 범주이다.

한국전쟁으로 인한 이주와 가족 이별의 역사는 이와 같은 분류 용어 및 자의적인 범주로 인해 생사를 가르는 일이 다반사로 일어났던 중대한 결과로 점철되어 있다. 일각에서는 이 분류가 '빨갱이' 가족(전시에 북으로 넘어간 구성원이 있는 가족)과 애국적 '반공' 가족(전시에 북에서 내려온 가족)을 대립시키는 이분법적 논리의 반영이라고 본다.[23] 결과적으로 전시에 고향을 떠난 가족의 삶이 '육친애'와 '정치적 이념'이 각축하는 싸움터가 되었고, 이 가족의 처지가 "전후 한국사회의 근본적인 모순"을 압

축적으로 보여준다는 논평도 있다.[24] 이에 따르면 이 가족들이 공히 사랑하는 사람과의 이별이라는 아픔을 겪었지만 모두가 같은 공적 정체성을 지니지는 않는다. 1960년대와 1970년대에 남한에서 발행한, 간첩침투에 대비해 일상적인 시민감시의 필요성을 알리는 많은 반공지침서에서 분명히 알 수 있듯이 육친애 중에도 공공의 적인 육친애가 있다. 예를 들어 1967년에 발행된 대중 반공교육 자료집인 『반공계몽독본』에는 대한민국 시민이 북한의 친척과 접촉하다가 공산주의 북한을 이롭게 하는 불온한 연락망에 포섭될 수 있다고 경고한다.[25] 적이 가족애("순수한 육친애"로 지칭되는)를 이용하려고 들 때 거기에 굴복하게 되는 위험을 무엇보다 강조한다.[26] 자료집은 또한 남으로 넘어온 사람이 있는 가족과 북으로 넘어간 가족 모두 간첩이 접촉해 올 수 있지만 후자의 경우 가족들이 소위 반공주의 정신이 투철하지 못하기 때문에 그 위험에 더 취약하다고 가정한다.

하지만 사람들이 고향을 등지게 된 실제 상황은 남으로 이동한 반공주의자 대 북으로 넘어간 친공산세력이라는 이분법적 틀로 설명될 수 없을 만큼 복잡하다.[27] 각 개인은 특정한 이념적 성향이나 믿음 때문에 고향을 떠나겠다고 결정했다는 가정도 정확하지 않다. 이 장 앞부분에서 방치된 조상의 묘를 둘러싼 논란을 소개한 바 있는데, 거기서 문제는 그 무덤에 묻힌 조상이 일제강점기에 저명한 공산주의 활동가였고 전쟁 이후엔 마을사람들이 그 독립운동가의 유산을 지켜나가기가 힘들어졌다는 것이다. 하지만 무덤을 둘러싼 논란에는 또다른 숨겨진 이야기가 있다. 그것은 마을사람들이 지금까지 있었던 가장 참담한 사건 중 하나로 기억하는 일이다. 이 사건으로 북한군이 퇴각하고 국군이 입성하기까지의 며칠 사이에 마을의 많은 젊은이들이 북으로 떠났다. 일제강점기에 그 마을에는 공산주의와 사회주의 운동에 헌신했던 인물들이 많았기 때문에 젊은이들이 그런 결정을 내렸다고 보는 마을 어르신들이 많다. 전시에 북한 점령군은 마을사람들, 특히 젊은이들에게 공산당의 점령정책에 적극적으로 참여할 것을 독려했는데, 다른 마을에 비해 그 요구가 더 강했던 이유도 바로 그 조상과 관련한 유산 때문이었다고 믿는다.

엑소더스

이 마을에 닥친 운명은 주변지역에서도 널리 찾아볼 수 있다.(인근 산의 이름을 따서 이 지역을 '학산'이라고 부르겠다.) 아직 국군과 미군이 사수하는 다른 지역으로 떠난 사람들을 제외한 나머지 주민들은 1950년 7월에서 9월 기간에 그곳에서 '인민공화국' 시절이라고 부르는 예외적인 정치경험을 하게 된다. 어디나 그렇지만 이곳에도 새로운 국가권력이 들어섰을 뿐 아니라 마을사람들 사이, 그리고 마을공동체 사이의 관계에도 변화가 일어났다. 어떤 마을의 경우, 특히 전쟁 이전 남한 권력의 반란진압작전으로 주민들이 고통을 받은 마을에서는 인민공화국 군대가 들어오자 해방감을 맛보기도 했다. 같은 사건이 다른 마을 사람들에게는 혼란스럽기만 해서 미래에 어떤 일이 벌어질지, 새로운 세상에서는 사는 게 어떨지 다들 걱정이 많았다. 여러면에서 이렇게 다르긴 했지만 공산권력의 점령 초기와 말미에 사람들이 대거 이동하고 그에 따라 가족들이 갈라지는 일은 어느 마을에서나 벌어졌다. 하지만 어떤 곳에서는 인민공화국의 등장으로 헤어졌던 가족들이 만나는 일도 있었다.

학산 서쪽에 자리한 한 마을에서 그런 일이 있었다. 이곳의 점령정책은 지역 주민을 전쟁 지원 활동에 동원하는 데 집중되어, 마을 주요 인사와 청년들을 지역 차원의 인민위원회와 청년조직에 가입하도록 독려했다. 주요 인사 중에는 일제강점기에 유명했던 공산주의 활동가의 가까운 친척도 있었는데, 특히 그 가족과 집안이 점령군의 주목을 받았다. 점령군과 더 가까운 관계에 있었던 어른도 있었다. 1948년에 마을을 떠났던 그의 막내아들이 북한 인민군의 장교가 되어 소대를 거느리고 마을로 돌아왔던 것이다. 그 부친은 혁명동원에 개인적으로 나서는 일은 거부했지만(마을사람들 말에 따르면 아들을 아예 집에 들이지도 않았다고 한다), 그 가족은 어쨌든 북한군 점령기 동안 정치적으로 대단한 인지도를 지니게 되었다. 그 집 막내처럼 고장 출신 귀향자들은 자신들의 혈연관계와 학연을 이용해서 전쟁을 위한 노력동원에 공헌하리라는 기대가 있었다. 또한 그 중에는 고향을 뜨기 전에 그 고장에서 대중운동에 헌신했던 이들도 있었다. 이들은 혈연·지연·학연 등의 기존하는 대인관계에 크게 의존해서 조직동원을 했다. 많은 경우 일제강점기부터 이어진, 그보다 더 심층적인 역사적 배경 역시 있었는데, 진보적 지식인이 고향에서의 농업개혁, 특히 지주와 소작농 관계의 개혁을 추진하거나 야학을 세워 청년과 여성에게 근대 지식을 전파했던 것이다. 흥미롭게도 이 운동가들은 가족제도의 개혁에도 적극적으로 관여하여, 주요하게는 여성의 권리, 또한 제사를 비롯한 집안 대소사에 참여하기 어려웠던 소위 서자혈통의 동등한 권리를 주장했다. 이런 여러 역사적 배경이 있다보니, 인민공화국 시절 이 마을의 상황에 밝은 한 역사학자는 그 상황을 이렇게 묘사했다. "어느 한 인물을 끄집어내면 모든 문중이 그물처럼 함께 딸려 올라오는 현상을 발견하게 된다. 그 응집력이 전체 사회의 움직임을 규정하는 규범이요 질서였다."[28] 점령군은 역사적으로 구성된 이러한 기존의 지역 네트워크를 동원했고,

바로 이것이 전세가 역전된 뒤 새롭게 조성된 환경에서는 지역 주민들에게 심각한 불안을 초래하는 근원이 되었던 것이다.

북한의 점령정책은 현지의 인적·물적 자원을 전쟁에 동원하는 데 주력했다. 현지 노력동원의 의무는 처음에는 점령군이 특히 공을 들여 조작했던 청년과 여성에게 주로 부과되었다. 그들의 초기 정책은 다양한 학습과 문화활동 모임(예를 들어 북한 혁명가를 어린이들에게 가르치는 등의 활동)을 통해 주민들의 동조를 이끌어내는 데 집중되었다. 하지만 전투가 격렬해지면서 북한군에게는 점령지에서 물자와 노동을 동원하는 일이 더욱더 시급해졌다. 마을사람들은 농업생산물의 상당부분을 인민군에 공납해야 했다. 또한 확보한 식량과 물품을 전선으로 옮겨야 했으므로 갈수록 더 많은 노력동원이 필요했고, 궁극에는 전장으로의 동원이 있었다. 징집은 처음에는 자원의 형식이었지만 곧 강제징집이 되었다.[29]

북한군이 철수 준비를 서두르고 국군의 진입이 임박한 1950년 9월, 학산 지역에서는 불확실한 미래에 대한 불안으로 마을의 삶 자체가 와해되기 직전이었다. 어느 한 주민은 당시 마을 전체가 기이하도록 고요했던 것을 떠올렸다. 이웃을 방문하거나 말을 섞는 일이 없었다. 그의 조부가 어째서 그렇게 경거망동하고 다녔냐며 숙부들과 숙모들을 꾸짖었던 일도 기억한다. 나중에 알게 된 바로는 조부는 당신 자손들을 비롯한 마을 청년들이 청년동맹과 여성동맹에 참여한 일 때문에 무슨 사태라도 날까 걱정한 것이었다. 전쟁상황에서는 어떤 식으로든 정치에 연루되면 가족의 앞날을 위태롭게 할 위험이 있고, 그렇게 되면 가족 전체의 안전을 위협한다는 것이 북한군 점령기 내내 조부가 한결같이 주장했던 바였다. 비단 그의 조부만 그랬던 게 아니다. 앞서 언급했던, 북한군 장교로 돌아온 귀향자를 위해 집안 청년들이 마련한 귀환축하 모임에서, 바깥세상이 어떤지, 북한에서의 생활은 어떠했는지 묻는 한 젊은이의 질문에 귀향자 장교는 대답 대신 요즘 같은 때는 세상사에 너무 깊이 연루되어서는 안 되고 마을 바깥의 세상에서 너무 눈에 띄지도 말아야 한다고 말했다. 그 자리에 있었던 어느 소년이 지역 인민위원회가 조직하는 소년극단에 참가하고 싶다는 마음을 내비쳤을 때도 그렇게 반기는 기색이 아니었고, 모임 내내 증언자의 열성적인 태도에 그다지 반응을 보이지 않았던 걸로 기억한다. 그러다가 자리를 뜨려고 신발을 신으면서 자신에게 조용히 이렇게 말했는데, 거기서 아주 깊은 인상을 받았다고 한다. "넌 마을에 남아 있는 게 좋겠다. 네 일은 이 마을을 안전하게 지키는 거다. 이건 네 형으로서 하는 얘기다."

이후 국군과 유엔군이 진격해 온다는 소식을 들었을 때 마을 청년들과 가족들은 걱정이 태산이었다. 듣기로 다른 마을에서는 고향을 떠나 북으로 간다고 나선 청년들이 있다고 하는데 자신들도 그래야 할지 알 수가 없었다. 당장 닥칠 불확실한 미래가 두려웠고, 진격해 오는 군대가 자신들처럼 인민공화국의 청년활동에 참여한 사람들에게 어떤 처벌을 내릴지도 알 수 없었다. 고향에 남아 보복을 감내하느냐, 아니면 인민군을 따라 떠나서 불확실한 미래와 다시는 고향을 찾지 못할 수도 있는 가능성을 받아들이느냐, 똑같이 달갑지 않은 두 선택지 사이에서 누구도 결정을 내릴 수가 없었다. 청년들은 마을 어른들에게 조언을 구하기로 했다. 두 팀으로 나눠, 한 팀은 귀향자 인민군 장교를 찾아가고 다른 한 팀은 마을의 원로이자 유학자인 어른을 찾아갔다. 어느 고요한 밤, 결과를 논의하기 위해 변두리 외딴 빈집에 모였을 때 더없이 실망스러운 일이 벌어졌다. 결국 마을 원로인 유학자 어른도 공산군 장교인 그들의 형도 구체적인 조언을 해주지 못했던 것이다. 현지조사 때 기록한 일지를 옮겨보겠다.

3장 분쟁 중의 평화 **123**

서릉 아재[유학자 어른]는 한참 말이 없었제. 그래서 우리도 가만히 기다렸고. 드디어 어르신이 담뱃대를 내려놓고는 길게 한숨을 내쉬셨제. 그러곤 이 문제에 대해서는 해줄 말이 없다고 하셨어. "이번엔 자네들이 알아서 길을 찾아야겠네." 그러셨제. 그분은 무슨 문제에 대해서건 늘 답을 주셨던 분인데, 그렇게 말하시니 말도 못하게 놀랐제. 범골 아재[북한군 장교]도 별로 다르지 않았어. 우리가 아재를 따라가야 하느냐 고향에 남아야 하느냐고 물었제. 그랬더니 그 문제에선 도움을 못 주겠다는 거라. "자네들이 어떻게 살지는 자네들만이 결정할 수 있다"고 그러더라고. 세상사를 다 아는 줄 알았는데 그렇게 얘기하니 역시 너무 놀랐제.

이 사건은 그에게 충격이었다. 연장자의 권위가 다 무너진 것처럼 느껴졌던 것이다. 도저히 파악할 수 없는 혼돈의 상황이라 어떤 전통적인 직관도, 현 세상사에 대한 지식도 도움을 줄 수 없었다는 것이다. 다른 지역의 마을사람 하나는 이 혼란스러운 시기를 증언하며 이렇게 말했다. "철수하는 인민군들을 따라 올라가버린 사람도 있었지만 대부분은 그냥 남아 있었어. 어디까지를 빨갱이 편이라고 헐라는지 알 수가 있어야지?" 이 증언을 한 생존자는 인민군 퇴각 당시 부상당한 군인들을 이웃마을로 옮기는 일을 도왔다가 이후 공포에 떨어야 했다.[30]

결정하는 일이 어렵고 혼란스럽긴 했지만 어쨌든 결정은 내려야 했고, 그것도 빨리 내려야 했다. 지역 인민위원회 일을 마을 자원자 몇명에게 맡겨놓고 귀향자 장교가 부대를 이끌고 떠난 후 일주일간의 정치적 공백기에 앞의 여덟명의 청년들은 결정을 내렸다. 다섯명이 고향을 떠나 북으로 갔고 나머지는 남았는데, 그중 두명은 근처 다른 마을의 외가에 몸을 숨겼다. 마을을 떠났던 다섯명 중 두명은 북으로 가는 도중 국군과 마주쳤고

갈 길이 없다고 판단하여 결국 다시 마을로 돌아왔다. 다른 한명은 식량이 떨어져 돌아왔다. 서로 배경이 다르긴 하지만 다들 다시 돌아오겠다고 마음먹은 데는 한편으로는 북한군 점령기에 자신들이 했던 역할에 대한 판단과 다른 한편으로 가족 내 자신의 위치에서 받은 영향 때문이었다. 아무래도 점령기에 눈에 띄게 활동했던 사람들이 고향을 뜨는 일이 많았다. 가령 청년동맹과 여성동맹에서 주도적 역할을 했던 사람들이 그러한데, 이들은 마을을 뜨면서 형제자매나 사촌, 다른 가까운 친척을 데려가기도 했다. 주변적인 역할만 했거나 아예 한 일이 없는 사람들 중에 자신들이 믿고 따랐던 형제나 사촌들과 운명을 함께하겠다고 떠난 경우도 있었다.

이 마을 청년들 사이에 맺어진 강한 유대는 정치적 언어로 설명될 수 없다. 앞에서 증언했던 마을 주민도 자신의 이복형, 사촌형과 함께 마을을 떠났다. 그들에 대한 애정이 깊었고, 형들도 늘 자신을 보살펴주었기 때문에 그들만 보낼 수가 없었다고 했다. 전쟁 전에 그가 '우익 마을'이라고 부르는 이웃마을의 청년들과 자기 마을 청년들 사이에서 분쟁이 일어났을 때 두 형들이 자신을 가까이 두면서 항상 보호해주었던 것을 아직도 기억한다. 이렇게 친족 간 유대와 대인관계의 친연성(親緣性)이 집단적 행동과 결정의 근원이 되었지만 그 반대의 경우도 있어서, 친족 내 지위와 가족관계로 인해 결정이 어려울 때도 있었다. 점령기에 눈에 띄게 활동을 해서 정권이 바뀐 후 남아 있다가 어떤 봉변을 당할지 두려운데도 가족 전체가 조상 대대로 살아온 땅을 버리고 떠난다는 걸 상상하기 힘들었다. 보살펴야 할 연로한 어른이 있을 수도 있고, 아이들이 딸린 여성은 안갯속 같은 전쟁 통에 집을 떠나 불확실하고 위험한 길에 나서는 걸 꺼렸다. 보복에 대한 두려움이 컸지만, 가족 중 누군가는 남아서 집을 지키고 선산도 돌봐야 한다는 정서도 마찬가지로 강했던 것이다. 심지어 앞서 소개한 귀향자 장교 집안도 마찬가지였다. 그 집안을 잘 아는 마을사람의 말을 빌리면 "면사무소 국기가 이쪽에서 다른 쪽으로 바뀌게 되면" 그의 형제자매나 가까운 친척들이 모두 목숨을 부지하기 어려울 것이므로 다 데리고 떠나라고 친척 몇이 장교에게 말했다. 장교는 그 의견에 반대하며 적어도 가장 어린 사촌이라도 남아 조상 대대로 내려오는 집을 지켜야 한다고 주장했다고 한다. 다른 가족들 역시 다들 떠나더라도 적어도 자식이든 손자든 한 명은 남겨두려 했다.

이 가족들에게 '월북자 가족'이란 전후 대부분의 기간 동안 위험한 낙인이었다. 그 범주는 휴전선을 사이에 두고 갈라진 가족 사이에 모종의 연결이 있고, 그것이 친족관계에 본질적으로 내포되어 있다고 가정한다. 친족 간 우호라는 순수한 개념에서 나온 것처럼 보이지만 사실 아주 정치적인 개념이고 또한 극도로 정치화된 것이다. 육친애에는 어떤 진정성이 있고 이 진정성은 정치적 현실에서 상대적으로 자유롭다고 가정되지만, 동시에 그 의미가 왜곡되어 이념적으로 순수하고 일률적으로 통제되는 사회를 위한 정치적 도구로 전유된다.(4장 참조) 이런 맥락에서 친족 간 우호는 서로 관련이 있으면서도 완전히 다른 두가지 의미를 지닌다. 한편으로는 현대 정치권력이 아무리 집요하더라도 그 지배에 완전히 종속되지 않는 어떤 인간관계의 영역이 존재한다는 점을 나타낸다. 그러나 다른 한편 이 공동체적 영역이 현대 정치에서 상대적 자율성을 누린다고 여겨지기 때문에 정치적 개입과 통제의 중요한 표적이 되는 것이다. 반공주의 정치체제의 이상적 시민은 국가와 마찬가지로 공산주의에 물들지 않는다는 원칙을 정치적 존재의 우선적인 원칙으로 삼는 개인이다. 이 이상적 개인에게는 정치적 원칙이 친족의 우애보다 중요하고 필요할 때는 그 우애를 버려야 할 수도 있다. 하지만 역설적이게도 이 원칙이 유효성이 있으려면

126

훈육해야 할 대상이 계속 존재한다는 것을 가정해야 하고, 따라서 이 정치체의 시민이 정치적으로 물든 친족영역과의 유대관계를 완전히 끊어내는 일은 일어날 수가 없다는 의미가 된다. 한마디로 이 정치체의 이상적 시민은 공동체적 유대에서 자유롭다고 가정되는 근대적인 의미의 개별주체가 아니다. 그보다는 이중적 의미의 공동체적 존재로서, 전통적 친족공동체와 국민국가사회라는 근대 공동체 양쪽과 관련되며 전자를 후자의 이미지로 만들고 유지하는 일에 전념해야 하는 존재인 것이다.

가로지르는 관계

글럭먼이 1955년 BBC 강연에서 주로 다루었던 주제도 바로 친족 기반 사회질서가 친선관계로 엮여 있으면서도 또한 적대감과 갈등이 벌어질 수 있는 구조적 조건이 만연하다는 이론이었다.[31] 이 강연에서 글럭먼은 남수단 누에르인 정치체제의 역동적 성격을 예로 든다. 누에르인은 물이 귀한 건기에는 물웅덩이 주변에서 집단을 이루어 지내고, 우기에는 넓은 지역으로 흩어져 대체로 자율적인 소집단으로 생활한다. 누에르인의 사회조직을 연구했던 에번스프리처드의 민족지를 인용하면서 글럭먼은 거주방식과 무리짓기의 생태학적·사회적 유형이 이렇게 계절별로 다르기 때문에 누에르인은 혈통에 기초한 영역집단의 자율성과 내적 유대만이 아니라 서로 다른 영역집단 사이에 복합적으로 얽힌 관계를 발전시켰다고 본다. 따라서 일부 집단에서 충돌의 위험이 있을 정도의 분쟁이 벌어졌을 때 누에르족은 각각의 집단 내 연대의식으로 단결할 뿐 아니라 여러 집단 사이에 종횡으로 존재하는 다른 관계망들을 동원한다. 따라서 다른 부족민들, 특히 분쟁 중인 집단과 혼인관계가 존재하는 집단의 부족민들은 격화되는 적대관계를 중재하려 애쓰게 된다. 글럭먼은 이 상태를 "분쟁 중의 평화"라고 지칭하면서 혈통 기반의 영역집단 사이에 종횡으로 존재하는 이차적인 유대관계가 누에르족 내에 만연한 갈등과 전쟁 위험의 완충역할을 한다고 설명한다. 그가 이 강연을 한 것이 1955년이고, 당시 격렬하게 양극화되는 세계정치 상황을 의식하고 진행하였다. 비록 부족정치에 대한 기존의 민족지적 내용을 전지구적 정치에 대한 새로운 시각으로까지 끌어올리진 못했지만, 종횡으로 존재하는 유대관계를 통해 그가 하고자 했던 주장은 폭력적인 탈식민 냉전의 경험을 이해하는 데 시사하는 바가 있다.

한국의 다른 많은 곳에서 그랬듯이 학산에서도 인민군 점령기에 지역 공동체는 점령세력의 전쟁동원에 빠른 속도로 수용되었다. 따라서 전세가 역전되어 상대편 국가권력이 지역을 장악했을 때 이 공동체들은 위태로운 상황에 처했다. 점령군의 인민위원회였다가 해방군의 헌병사령부가 된 면사무소에 수많은 주민이 잡혀 들어가고 고초를 당했다. 귀향자 인민군 장교 가족 중에서 성인은 모두 이런 고초를 겪었다. 그의 부친은 지역 인민위원회 원로라는 자격으로 적에 동조했다는 죄명을 쓰고 일주일간 고초를 겪었고 그 후유증으로 세상을 떴다. 전부는 아니었지만 그나마 여러 가족구성원이 목숨을 부지했던 것은 지역에서 존경받는 한학자였던 그의 부친과 중등학교 교장이었던 어느 친척 간의 돈독한 우정 덕이었다. 두 사람은 어린 시절 같은 서당에서 공부했다. 부친의 친구는 그 지역 반공청년단 수석고문이었고, 그의 남동생은 전시 남한정부의 공무원으로 꽤 높은 자리에 있었다. 한학자의 가족이 당시 보복적 폭력을 면할 수 있었던 것에는 그 교장의 역할이 컸다. 그리고 그가 나서서 친구 가족을 구했던 것은 일전에 그의 가족이 진 신세 때문이기도 했다. 인민군 점령 초기에 그가 집을 떠나 피신해 있는 사이 그 가족들이 위협을 받은 일이 있었다. 당시 한학자가 자기 아들의 연줄을 이용하여 그 위협을 막아줬다는 것은 동네가 다 아는 사실이었다. 비록 이 상호적 행위가 양쪽 집안의 물리적·인적 손실이나 고난을 다 막아주지는 못했지만, 어쨌든 두 집안의 생존에 핵심적 역할을 한 것은 분명하다. 게다가 서로의 생존에 도움을 준 이 이야기는 학산의 전쟁세대 마을 어른들이 수시로 되새겨 전후세대에게도 전해진 중요한 전쟁일화이다.

근처 다른 마을에서는 통혼관계가 생존을 돕기도 했다. 학산의 남쪽, 앞서 모스크바 마을로 언급했던 곳에서는 점령과 해방의 혼란이 심각한 결과를 초래하였다. 대개가 한 집안에 속하는 이 동성마을에는 일제강점기에 공산주의 지식인으로 민족해방 운동에서 두각을 나타냈던 인물들이 몇 있다. 당시 고향을 기반으로 교육개혁과 사회개혁 운동을 조직했던 이력을 지닌 인물들도 있다. 지역 기반의 반식민주의 운동에는 청년교육과 농민조합 운동 등이 있었고, 이러한 유산은 전쟁 중에 마을의 운명에 심대한 영향을 주게 된다. 지역 청년교육 운동은 혈연과 지연에 기초한 기존의 친분에 학연이라는 새로운 유대관계를 더함으로써 청년들 사이에 강한 연대감을 심어놓았다. 이렇게 결합된 그들의 힘은 한국전쟁의 정치적 현실에 대한 마을의 대응에서 확실히 나타났다. 급진적 민족주의 운동가들의 고향이라는 그 마을의 명성은 북한 점령군의 관심을 끌기에 충분했고, 이후 점령군은 이 '애국 마을'의 주민들이 혁명전쟁을 위한 사회적 동원에 모범을 보여야 한다고 압박을 가했다. 항일운동의 주역이었던 집안에 특히 이들의 압력이 강했다. 인민군이 퇴각하자 마을 어른들은 역전된 상황에서 마을 전체가 통째로 적의 동조자로 여겨질까 근심했고, 이는 기우가 아니었다.

1950년 혼란의 9월에 많은 청년들이 마을을 떠났다. 그리고 어느 날 몽둥이를 든 한떼의 청년들이 마을에 들이닥쳤다. 이웃마을에서 온 이들은 집집마다 뒤지면서 인민공화국 시절 자기 마을이 겪은 고통의 원인 제공자라고 생각한 인물들을 찾아다녔다. 모스크바 마을이 생사의 갈림길에 있던 그 순간이 마을의 역사를 잘 아는 어느 분의 기록에 나와 있다. 한곳에 마을사람들을 몰아놓고 청년들이 그 주위를 둘러싸고 서 있을 때 그 이웃마을의 어른 한분이 헐레벌떡 달려왔다. 청년들의 먼 집안 어른인 그분은 전쟁 전에 반공청년단의 원로 자리도 맡은 적이 있었다. 이 기록에 따르면 그 어른이 청년들에게 이렇게 말했다고 한다.

이 마을과 너네 마을은 오랫동안 우애를 쌓은 관계 아니가. 느그 할매들이 이 마을 분들이고 느그 고모들이 이 마을로 시집을 왔다 아이가. 그러니 느그들에게 다 그 피가 섞여 있고, 여기 이분들도 똑같다. 느그가 지금 느그 할애비 누이의 집에 와서 그 집 항아리를 때려 부수고 이제는 그 몽둥이로 느그 증조모의 자손들을 뭘 어쩌려는 셈이냐. 어떻게 감히! 느그는 도대체 얼마나 무지한 놈들이어서 이렇게 무식한 짓거리들을 한단 말이냐![32]

사실상 거의 모든 집 청년들이 고향을 떠난 이후로 소식도 듣지 못했던 1950년대말의 고통스럽고 혼란스럽던 기억 중에서 "피가 섞여 있다"는 이 말은 모스크바 마을에서 지금까지도 소중하게 간직하는 일화이다.[33] 대거 북으로 간 청년들로 인해 남은 가족들은 전쟁이 끝난 후 오랫동안 그 결과를 감당해야 했다. 그리운 가족을 볼 수 없는 고통에 빨갱이 마을,

빨갱이 집안이라는 낙인으로 인한 괴로움까지. 그 시기는 마을역사에서 여전히 블랙홀과도 같아서 주민들은 지금도 그 시기를 떠올리기가 힘들다. 그런데 그런 깊은 침묵 가운데에 "피가 섞여 있다"는 말로 개입한 이웃의 이야기는 기적 같은 일화로 여전히 회자되고 있다.

　기존 역사서술에서 찾아보기 힘들긴 하지만 서로가 서로의 생존을 도왔던 이런 일화는 한국전쟁의 실제 체험에서 많이 접할 수 있다. 학산에서는 그런 일이 전후에도 계속되어 여러 사람에게 생존에 필수적인 틈새를 제공해주었다. 학산의 북쪽 한 마을에는 인민공화국 시절에 꽤 중요한 직책을 맡았는데도 불구하고 나중에 부역자에 대한 보복을 피할 수 있었던 사람이 있는데, 이것은 그의 집안사람이 그를 위해 여러 인맥을 동원했기 때문으로 그중에는 당시 지방정부에서 요직을 맡고 있던 사람도 있었다. 전후에도 이런 인연들이 또 동원되어야 하는 경우가 있었다. 방금 거론한 인물은 1960년대초 급우들의 도움으로 한 중학교에서 수학교사 자리를 잡을 수 있었다. 친구들이 그가 이념적으로 문제가 없다는 보증을 해준 덕이었다. 이후 승진 길이 막혀서(동료교사 하나가 시샘을 해서 그의 과거 전적을 지역 교육위원회에 제보했기 때문으로 알려져 있다) 일찍 퇴직을 해야 했을 때 그는 상심했다. 이 일 이후에 그의 친지들에게는 가슴이 내려앉는 순간이 이따금 찾아왔다. 한번은 그 교사가 저녁에 친구들과 술을 마시고는 취해서, 북한군 점령기 때 인민위원회 사무실이었던 면사무소 앞에서 "인민공화국 만세!"라고 소리친 적이 있었다. 그러자 고향마을의 집안 어른들이 긴급히 모여 이 새로운 위기에 어떻게 대응할지 논의했다. 다행히도 그때쯤에는 지역 행정부와 지역 경제에서 상당히 영향력 있는 지위에 있는 사람이 집안 내에 몇 있었다.

천륜

학산의 주민들에게 이러한 일화는 그들의 자긍심과 연관되는 중요한 기억이다. 전쟁과 관련되어 가장 아픈 기억은 단지 폭력과 상실의 경험만이 아니라 서로가 돕는 데 실패한 사건들이다. 생사의 갈림길에 있던 이들에게 냉담했던 기억이 그렇다. 이런 사례들이 친족의 도덕적 측면에서 실패의 역사라고 볼 수도 있겠지만, 학산 사람들은 자신들의 과거 경험을 그런 방식으로 이해하지 않는다. 그들이 이 역사를 입에 올릴 수 없는 이유는 인간관계를 구성하는 가장 기초적인 윤리적 법이자 그 관계가 인간적일 수 있는 이유인 '천륜'을 저버렸기 때문이다.

이 장을 마무리하면서 처음 소개했던 조상묘를 둘러싼 논란과 관련해 몇마디 덧붙이고자 한다. 묘를 손볼 것을 제안한 사람은 바로 그 묘에 묻힌 사람의 유일한 후손으로, 후손이 없는 망자의 양자였다. 입양 당시 그의 나이 아홉살이었고, 망자는 그의 친부의 형이었다. 양부는 1939년에 세상을 떴고 친부는 한국전쟁 당시 북으로 올라가 이후 소식을 모른다. 그 자신도 친부모와 남동생과 함께 북한에서 짧은 어린 시절을 보낸 적이 있다. 북에서 몇달 지냈을 때 부친이 그를 고향으로 돌려보냈다. 전쟁의 와중에 안전하게 피신할 곳을 찾아서 부친이 가족을 데리고 북으로 올라갔는데, 고향 땅에서 자신을 대신해서 집안의 의무를 이어나갈 사람이 있어야 하므로 큰아들을 보냈으리라는 것이 그의 생각이다. 이 의무란 고향에 남아 있던 조부를 돌보는 일이고, 이후에는 기일에 제사를 모시는 일이었다. 지난 60년 동안, 처음에는 할아버지와 함께, 나중에는 홀로 그 의무를 다했다. 1960년대초 조부가 돌아가신 이래로 지금까지, 대구로 이사 온

1969년 이후에는 그곳에서 양부모와 조부모 그리고 증조부모의 제사를 모시고 있다.

이 제사를 다 모시려면 얼마 안 되는 수입에 부담이 되기도 했지만, 비용만 부담이 되는 것은 아니다. 제사의 의무는 자신이 원하지 않았고 책임도 없는 주홍글씨 같은 짐이 되었고, 그로서는 그것을 떨쳐낼 수가 없었다. 오랫동안 그는 자신의 양부가 어떤 사람이었는지 아이들에게 말하지 못했다. 고향에서 "빨갱이 집안"이라는 이유로 그가 감내해야 했던 차별과 무서움의 기억이 제사를 지낼 때마다 밀려오곤 했다. 자신의 집 때문에 마을 전체가 불온한 곳으로 비쳐졌던 것에 대해 마을사람들이 불만을 품고 있다는 것을 그는 안다. 그런 감정이 이해가 안 되는 바는 아니지만 일부 마을사람들이 그의 가족에게 던지는 비난은 감당하기가 어려웠다. 자신과는 아무런 상관도 없는 과거가 자신의 삶과 아이들의 삶까지 짓누른다는 사실에 그는 분노가 치민다. 가계의 역사가 갖는 그 무게에서 자유로울 수 없기 때문에 좌절감은 더하다. 근래에 그는 용기를 내서 아이들에게 할아버지 이야기를 꺼냈다. 그리고 오래 지녀왔던 바람인, 양부모의 산소를 새롭게 단장하는 일에 대해 고향의 어른들에게 말씀드렸다. 그런데 최근엔 새로운 걱정거리가 생겼다. 양부모의 기제사를 준비할 때마다 북에서 헤어진 후 60년 넘게 소식도 모르는 친부모님 생각이 자꾸 나는 것이다. 부모님들이야 당연히 돌아가셨겠지만, 전쟁 통에 목숨을 부지했는지 알 수 없는 남동생이 줄곧 신경이 쓰인다. 그 남동생이, 아니면 그 누구라도 친부모님 제사를 올리고 있는지 걱정이다. 요즘엔 역사의 아이러니를 목격하는 중이다. 한국정부가 일제강점기 당시 사회주의 계보의 독립운동을 의미 있는 민족유산으로 인정하기로 하면서 그의 양부도 독립운동에 공헌한 공로가 인정되어 지위가 회복되었다. 이러한 움직임을 학산 주민들은 환영했고, 그가 고향 어른들에게 묘 이야기를 꺼낼 수 있었던 것도 이런 배경이 있었기 때문이다. 하지만 정부정책의 혜택은 일제강점기에 한정된 역사 속의 인물에게만, 그러니까 한국전쟁과는 관련이 없는 경우에만 적용된다. 그의 친부모처럼 전쟁 통에 북으로 건너간 경우는 제외되는 것이다. 그래서 그는 결국 자신이 친부모와 헤어져서 입양된 것이 참다행이었다는 생각이 가끔 들기도 한다. 왜냐하면 양부와 달리 그의 생부의 가족은 역사의 철창에서, 불명예의 주홍글씨에서 벗어날 가망이 없기 때문이다.

4장

연좌제

국가가 적으로 규정한 개인과의 가족관계로 인해 사회에서 이방인이 될 때 그 사회 안에서 살아갈 만한 생존의 공간을 어떻게 찾을 수 있을까? 그 치명적인 태생적 끈을 잘라버릴 수 있을까? 아니면 세상 어딘가에 가계의 짐에서 자유로운 곳이 있을까? 그리고 이렇게 불안정한 삶은 무엇의 책임인가? 친족관계의 무게인가, 아니면 정치적 현실인가? 종전 이후 긴 냉전기간 내내 작동했던 사회통제의 수단인 연좌제와 관련된 증언에서 이러한 질문들이 도드라진다. 연좌제라는 유사법제도에서 특히 놀라운 점은 이 정치관행의 규율권력이 친족조직 자체에 맞서 작동하면서도 그 내부에서 작동할 것을 목표로 삼는다는 사실이다. 국가가 사회를 통제하는 데 효과적인 훈육기술인 것이다. 하지만 이 현대 규율기제가 효과적으로 작동하려면 개체화되고 자율적인 주체보다는 관계적이고 상호구성적인 인격체가 필요조건이 된다. 곧 기존의 사회학과 인류학 문헌에서 일컫는 근대적 개인이라는 철학적 개념과 구별하여, '도덕적 인격'(moral person)으로 일컫는 존재가 필요한 것이다.

현대 사회문화인류학에서 '자연적 인격'(natural person, 철학 문헌에서 근대 개인을 종종 이렇게 지칭한다)과 도덕적 인격을 구별하는 하나의 방법은 사람들 사이에서 교환되는 두가지 사물의 범주인 선물과 상품을 통해서이다. 서로 선물을 주고받는 것은 도덕적 존재의 행위라고 가정한다. 선물로 주는 물건에는 증여자의 도덕적 자아 일부가 담겨 있고, 따라서 그 물건이 물리적으로는 증여자가 몸담은 환경에서 벗어난다 해도 증여자와 분리되는 것이 아니다. 도덕적 자아가 다른 사람에게 뭔가를 선물로 줄 때마다 주어지는 대상은 단순한 사물이 아니라 자아의 일부이기도 하다. 선물교환은 이런 교환관계를 재생산하고 그렇게 증여자와 수혜자 사이에 맺어지는 도덕적 관계의 역사를 이룬다. 이에 반해 상품은 생산하고 교환하는 주체에게서 분리될 수 있고, 정량화할 수 없는 사회적 규범이나 문화적 가치가 아닌 정량화된 교환가치 영역에 존재한다. 상품은 도덕적 자아의 속성을 지니지 못하고 바로 그 속성의 부재를 통해 정의된다.

따라서 정치제도이자 형벌제도인 연좌제의 저변에 깔린 사고방식은 근대 사회사상의 전통에서 생소하지 않다. 제도가 규율의 대상으로 삼는 존재가 개별화되지 않고, 주변의 친밀한 도덕적 관계망에서 개념적으로 분리되지 않은, '선물 같은' 사회적 존재이기 때문이다. 그래서 국가를 마주하는 자아는 철학적 의미에서 주권적인 단독자가 아니라 사회관계에 근거한 관계적 주체가 된다. 하지만 사회학에서 많이 언급되는 도덕적 인격이라는 개념과 연좌제 체제에 포위된 도덕적 주체 사이에는 중요한 차이들이 있다. 원래 근대 입헌주의는 집단책임제와 같은 관행을 형법의 영역에서 추방하는 데 그 토대를 두고 있는데, 냉전시대의 한국의 연좌제는 근대 법치주의 사회에서 그리고 근대법의 환경에서 국가의 권력이 도덕적이고 관계적인 인격을 전용하는 일이다. 그러므로 연좌책임의 정치는 개인의 책임 원칙을 시금석으로 하는 근대법의 환경에서 그것을 무시한 채 만개했다. 국가가 훈육하는 대상이 (형식면에서) 개인이고 (실제로는) 도덕적 인격이라면, 이 질서에 도전하는 행위 역시 시비타스의 정치적 영역이나 소시에타스의 인간관계적 영역 중 어느 하나로 환원되지 않는 이중적 성격을 지닐 것으로 추측해볼 수 있다. 이런 맥락에서는 관계적 주체가 그 존재 그대로 자율적으로 존재하기 위한 투쟁은 그 자체가 개인의 자유와 이에 근거한 법질서를 회복하기 위한 투쟁과 동일한 것일 수 있다.

공산주의의 뿌리

전지구적 냉전시기에 가족과 공동체 관계가 정치적 통제와 처벌의 대상이 된 것은 한국만의 독특한 상황이 아니었다. 1965~66년 자바와 발리에서 벌어졌던 반공테러의 영향을 논의하며 역사학자 제프리 로빈슨(Geoffrey Robinson)은 어떻게 일반화된 정치테러가 발리 공동체의 도덕적 근간을 뒤흔들어놓았는지 설명한다.[1] 당시 희생자들을 가족이나 가까운 친지들과 함께 처벌하는 행위가 광범위하게 자행되었고 그것이 해당 공동체에 깊은 상처를 남겼다. 비극의 발단은 인도네시아 공산당과 가까운 일단의 군 장교들이 시도한 쿠데타였는데, 이를 빌미로 수하르토를 수장으로 하는 군 수뇌부가 나서서 쿠데타를 진압한 후 이어 좌익에 대한 공격을 감행했다. 처음 표적은 공산당이었지만, 외래의 이념이나 믿음 같은 오염물질을 씻어내서 인도네시아 민족을 깨끗이 정화해야 한다는 명목 아래 곧 공산주의 동조자를 은닉한다고 의심되는 이웃과 마을 전체를 초토화하는 작전으로 확장되었다. 사회에 대한 국가의 폭력은 또한 "연좌제(associative guilt)의 논리와 집단징벌의 필요"에 기초해서 사회 내의 이념적 적을 "뿌리까지 완전히" 뽑아버릴 목적으로 수행되었다.[2] 이런 역사적 상황에서 개인들은 그저 특별한 사회집단에 속해 있다는 이유로 공산주의자라는 낙인이 찍히고, 똑같은 피부색을 지녔음에도 마치 인종차별에 버금가는 극도의 차별을 당하게 되었다.

인류학자 로버트 레멜슨(Robert Lemelson)은 「40년의 침묵: 인도네시아의 비극」(40 Years of Silence: An Indonesian Tragedy)이라는 2009년 다큐멘터리에서 여전히 해소되지 않은 1965년의 기억에 젖어 있는 발리의 상황을 다룬다. 이 영화는 몇명의 발리와 자바 사람을 따라가며 1965년 이후 그들의 삶을 비춘다. 한 사람은 화교인데 그녀의 부친은 수카르노 치하에서 정치운동에 가담했다. 1965년에 부친이 참혹한 죽음을 맞은 후 가족들은 사회적인 낙인과 경제적 어려움에 시달렸다. 딸은 1998년 수하르토 정권의 붕괴를 가져온 민주화운동에서 그 지역의 인권운동가로 두각을 나타냈다. 자신의 가족이 겪었던 고통스러운 과거의 기억을 묻고 이를 딛고 나아가려고 애썼고, 최근 고향마을을 덮친 자연재해의 피해자들을 위해 구호물자를 동원하고 기금을 걷는 감동적인 모습도 그 노력의 일환이다. 자연재해의 피해자 중에는 1965년에 부친의 죽음에 가담했던 가해자도 있었다. 또다른 인물은 어려서 고향을 떠났다가 최근에야 돌아온 사람이다. 1965년에 있었던 혼란의 결과 마을은 겉으로 드러나지는 않지만 여전히 서로 원한을 품은 채 분열되어 있었고, 그는 부친의 죽음에 직접적인 책임이 있는 장본인들을 대면해야 했다. 그는 가해자 한명과 화해를 시도했지만 성과는 없었고, 대신 생존한 친인척들의 반감을 불러일으켰다. 자신을 버렸다고 지금까지 믿어왔던 어머니에 대한 기억과도 화해를 하려 애썼다. 그런 과정에서 어머니가 아버지를 죽게 만든 사람과 혼인한 이유는 그것만이 자식의 목숨을 구할 수 있는 길이기 때문이었고, 그래서 아이를 등지고 떠났던 것임을 조금씩 고통스럽게 깨닫는다.

베트남전쟁 당시 베트남 중남부 지역의 주민들은 '핫 지엉 도'(hạt giống đỏ)라는 표현이 익숙했다. 말 그대로는 "붉은 씨앗"을 의미하는 이 단어는 "태생적 공산주의자"의 은유적 표현이기도 하다. 공산주의를 근절하려는 정치운동이 격렬하게 벌어졌던 시절에 남베트남에서 널리 쓰였던 이 표현은 의심스러운 개별 혐의자('자라난 풀')만이 아니라 그 사람의 가계적 근원인 '씨앗'까지 다 말려버려야 한다는 함의를 담고 있다.[3] 슈테판 포이히트방(Stephan Feuchtwang)은 국가폭력의 경험이 어떻게 가족 내에서 세대를 넘어 이어지는지에 초점을 두고 1950년대초 대만에서 있었던 반공주의 국가테러를 연구했다.(이 국가테러는 같은 시기 중국 본토에서 있었던, 정치적으로는 반대였지만 구조적으로는 동일한 국가테러와 함께 한국전쟁의 발발과 밀접한 연관이 있다.)[4] "마야인이 공산주의 사상에 취약하다"라는 명분으로 원주민 지역공동체를 표적으로 대대적 테러 행위가 벌어졌던 1981~83년 과테말라의 사례를 조사한 그렉 그랜딘(Greg Grandin)의 연구도 넓게 보아 비슷한 맥락이다.[5]

폴리메리스 보글리스(Polymeris Voglis)는 그리스 내전에 대해 이렇게 말한다. 당시 "합법성과 불법성을 가르는 경계는 민족주의 대 공산주의라는 선을 따라 그어졌다. 내전 중에는 생각과 의도, 심지어 가족관계에까지 '반민족적'이라는 딱지가 붙었고, 그러면 곧바로 새로운 형식의 불법성이 되었다."[6] 보글리스는 가족관계가 어떻게 "새로운 처벌의 대상"이 되었는지, 그리고 '반민족적'이라는 낙인이 어떻게 정치범 수감자들과 그 가족들에게 엄청난 압력을 행사했는지를 보여준다. 그는 일기나 회고록 등에 나타난 이들의 경험을 2차대전 이후 유럽이라는 넓은 역사적 맥락에 놓고 재구성하면서 근대 감옥의 탄생에 대한 미셸 푸코(Michel Foucault)의 주장에 문제를 제기한다.[7]

그의 문제제기는 크게 보아 두가지이다. 하나는 푸코가 유럽사의 맥락에서 근대와 전근대의 형벌행위를 극명하게 구분한다는 것이다. 그의 구분에 따르면 전근대 형벌행위는 죄수의 신체에 물리적 고통을 가하는데 그것을 일반대중이 볼 수 있도록 공개적인 스펙터클로 보여주는 반면, 근대의 형벌기술은 제러미 벤담(Jeremy Bentham)의 파놉티콘 구조가 예시하듯이 신체를 치밀한 감시체제 내에서 규율하고 길들이는 데 중점을 둔다.[8] "공동체나 공공의 생활이 더는 주요하지 않은 사회, 한편으로는 사적인 개인, 다른 한편으로는 국가가 이들의 자리를 차지하는 [근대]사회에서는 스펙터클과 정반대의 방식으로 관계가 규제된다. (…) 우리 사회는 스펙터클의 사회가 아니라 감시의 사회"라는 것이다.[9] 이렇게 전근대적인 스펙터클한 신체적 형벌과 근대의 감시체제의 뚜렷한 대비는 근대 유럽의 실제 형벌의 역사, 특히 고문과 감시 모두 자유로이 활용되었던 정치적 범죄에 대한 형벌의 경우에는 들어맞지 않는다고 보글리스는 주장한다. 그러면서 그 하나의 예로 그리스 내전의 와중에 정치범인 여성 수감자가 자백을 거부할 경우 그녀에게서 아이를 강제로 떼어놓는 행위가 널리 행해졌던 사실을 든다. 이 끔찍한 일을 당했던 당사자들은 아이를 잃는 상황을 일종의 고문으로 경험했는데, 과연 이런 조치가 신체적인 처벌인지, 아니면 비신체적 처벌인지 묻는다. 보글리스는 근본적으로 사회적이면서 정치적이라 할 그리스 정치범의 주체성과 상황에 과연 근대 개별적 인간주체라는 개념에 근거한 푸코의 형벌제도 이론이 적용될 수 있는지 의문을 제기하는 것이다.

처벌하고 훈육하는 그리스 형벌시설은 재소자들이 품고 있다고 보았던 반민족적 사상과 이상을 처벌하는 데 집중했고, 구체적으로는 자신의 이념을 포기하겠다는 선언과 그 이념이 그릇되다는 고백을 끌어내고자 했다. 전후 한국에서도 정치사상범들에게 자백이 강요되었다. 최근 한국의 한 역사학자가 이 역사를 거론하며 "인간의 생각과 마음은 법적 규제의 대상이 될 수 없다. 양심의 자유는 절대적인 [인간의] 권리"라고 주장했다.[10] 최근의 조사와 증언에서 나타나듯이 정치사상범들은 신체적 학대와 고문으로부터 자유롭지 못했다.[11] 그들이 자백이라는 기제 내에서 경험했던 고통은 비단 신체적인 것(자백의 거부로 신체에 가해지는 고통)만이 아니었다. 그리스 정치범의 경우에 그들이 겪었던 처벌은 감옥 밖에 있는 가족에 대한 의무와 감옥 안의 다른 재소자와 동지들에 대한 신의 사이에 존재하는 대립관계와 연관되어 있었다. 전향과 자백의 정치는 바로 이 대립을 체계적으로 악용하는 것이었다. 앞서 언급한 역사학자는 한국의 상황과 관련해 재소자가 전향을 거부할 때 직접적인 신체적 처벌은 물론 그의 부모형제에게도 체벌을 가하거나 그들을 위협했던 야만적 행위를 예로 든다.[12]

이 장의 논의는 처벌행위의 대상이 되는 신체는 푸코가 주장하듯 "파놉티콘 기술의 조밀한 망" 내에 놓인 고립된 개인의 신체[13]라기보다는 사회적·도덕적 관계망에 자리한 사회적 몸일 수 있다는 보글리스의 견해를 출발점으로 한다. 그리스 내전이나 한국전쟁처럼 첨예한 이념갈등의 장에서는 실제 죄를 저지른 사람보다는 불온한 사상을 품고 있다고 의심되는 사람에게 정치적 처벌이 가해졌던 경우가 많다. 국가가 그 통치공간에서 근절하고자 하는 일단의 사상과 이상이 훈육과 처벌의 대상이 된다면, 애초에 훈육하고 처벌할 표적은 어디서 찾을 수 있을까? 조지 오웰(George Orwell)이 소설 『1984년』(*Nineteen Eighty-Four*)에서 '생각의 범죄'(thoughtcrimes)라고 명한 이러한 생각과 신념의 죄를 어떻게 실체화해서 그에 대한 벌을 가늠할 수 있을까? 권력의 기술이 죄가 있는 인간의 신체를 처벌하고 훈육하기에 앞서 우선 그 죄의 실체를 만들어내야 했던 곳에서 형벌의 역사는 푸코가 기술한 것과는 전혀 다른 길을 취할 수도 있었다.

집단책임

전후 한국사회에서 주목되는 처벌체계로 연좌제라는 규칙과 관행이 있었다. 1980년 연좌제 금지조항을 신설한 대한민국 헌법에 따르면, 연좌제의 개괄적인 목적은 자기 자신이 저지른 행위가 아니라 그와 관계있는 다른 누군가가 저지른 행위의 책임을 물어 한 개인에게 불이익을 주는 것이다. 전후 한국에서 통용되었던 그보다 좁은 의미의 정의는 한 개인의 범죄행위가 국가안보에 위협이 된다고 판단되었을 때 그에 대한 책임이 행위 당사자의 가까운 자들에게 확장될 수 있다는 것으로, 시민생활의 특정한 영역에 해당된다. 구체적으로 실행된 방식은 달랐지만 연좌제는 한국전쟁 기간과 전후에 남북한에서 두루 시행되었다. 북한의 경우 소련 점령기에 도입한 제도인 강제노동수용소를 주로 이용해 정치적 저항세력과 그 가족들을 통제했다는 것이 두 사회의 주요 차이점이다. 이와 달리 남한의 통제방식은 상대적으로 사회 전체에 분산되는 기술적 형식을 취했다.[14] 전후 남에서는 연좌제를 주로 "가족의 한 구성원이 좌익이면 가족이 모두 감시대상이 되는 일종의 유대관계로 인한 죄"로 이해했다.[15] 북에서는 사회적 성분이 불순하여 국가안보 사찰의 대상인 14세 이상 인물을 '요시인(要視人)'이라고 따로 분류하여 체계적으로 정보를 수집했고, 이는 전후 더욱 강화되었다. 연좌제의 통제 범위는 넓어서 때로는 인척이나 외가를

포함하기도 했다.[16]

　법과 윤리 분야의 문헌에서는 근대사회와 근대법이 신성시하는 개인의 권리와 책임이라는 원칙과 대비되는 집단책임과 집단처벌이라는 범주 아래 유사한 제도적·관행적 집행을 다룬다.[17] 일례로 중세 초기 영국에서 널리 시행되었던 연대책임제(frankpledge)가 있는데, 이는 법적인 문제에서 한 집단의 성원들이 서로를 보증하고 의무적으로 그에 대한 책임을 나누는 제도였다.[18] 그보다 최근의, 더 적절한 예로는 1차대전(독일 치하의 벨기에나 프랑스의 일부 지역에서)과 2차대전(독일과 일본 점령지에서) 중에 저항운동에 대한 보복으로 대량학살과 폭력을 자행한 경우이다. 이런 배경에서 1949년 제네바협약은 33조에서 "누구도 자신이 직접 저지르지 않은 범죄행위에 대해 처벌받지 않는다"라고 명시하게 되었다. 이 관행은 법의 역사를 다루는 문헌에서는 '유대관계로 인한 죄'(guilt by association)라는 일반적 항목에서 다루어지는데, 법이론가인 래리 메이(Larry May)는 "야만적인 부족사회의 과거에서 전해 내려온 개탄할 윤리적 개념"이라고 본다.[19] 그런 행위는 "자신이 가담하고 직접 행한 만큼만 책임을 진다"는 근대세계의 "신성한 윤리원칙"의 침해라는 것이다.[20] 근대 사회이론의 흐름에도 어긋나서, 예를 들어 형벌의 진화를 다루는 에밀 뒤르켐(Emile Durkheim)의 이론은 근대 법과 사회에서 개인화가 핵심적이라고 본다. 전근대사회에서는 개인이 저지른 범법행위에 대해 친족들도 책임이 있다고 보아 집단적으로 부담을 나눠 가졌을 수 있다. 하지만 근대사회에서 "이러한 기본 집단이 자율성을 잃고 대중 전체와 합쳐지면서 책임은 개인적인 것이 되었다"라는 것이 뒤르켐의 주장이다.[21]

　연좌제는 한국에서는 익숙한 용어이고, 전쟁세대에게는 특히 그렇다. 이는 국가가 정치공동체의 적으로 규정한 개인에 대한 처벌이 그 가족이나 친족에게도 미칠 수 있었던 전시와 전후의 상황과 밀접한 관련이 있다. 이 개인은 죽은 다음에도, 혹은 전쟁 중 실종되었거나 적국으로 넘어갔다고 간주되는 사람처럼 몸이 이곳에 없어도 여전히 가족 안에 존재한다. 가족을 범죄자 취급하는 것은 원칙적으로는 법에 어긋난다. 집단책임의 관행은 1894년 한반도에 처음으로 근대적 헌법체계가 확립되었을 때부터 위헌행위로 금지되었다. 그럼에도 불구하고 20세기 전반에 걸쳐 국가 형벌행위의 주요 요소를 이루었다. 앞서 언급한 1980년 헌법 개정을 비롯하여 그 관행을 근절하려는 시도가 여러번 있었지만 이 관행은 최근까지도 이어져왔다.[22]

연좌제는 한국사에서 오랜 과거로부터 존재해왔다. 집단책임이 봉건왕조의 형법제도에서는 적법한 요소였기 때문에, 군주의 권위에 도전했다고 판단된 자는 당사자만이 아니라 가족의 죽음(또는 귀양이나 노비화)으로 다스려졌다. "함께 앉은 친족"이라는 뜻의 '연좌'는 사실 죄인에게 형이 선고될 때 그 식솔이나 후손들이 모두 죄인의 뒤에 엎드려서 함께 선고를 받는 봉건시대 법정의 구조에서 나온 것이다. 연좌제가 한국에서 오랜 역사를 지니긴 하지만 앞서 언급한 법이론가처럼 그저 역사의 연장이나 개탄할 문화적 잔재로 보아서는 안 된다. 집단책임이라는 '야만적인' 제도가 20세기 한국에 존재했던 것은 단지 후진적인 과거의 잔재로서만이 아니다. 곧 자세히 논의하겠지만 그것은 그 제도가 근대 정치와 그 위기라는 특정한 조건에서 아주 효과적인 사회통제 도구였기 때문에 현대사회에서는 부적절하고 부당한 관행이라는 사실을 대중이 분명히 인식하고 있었음에도 불구하고 한국의 정치와 사회에서 그 제도적 관행이 지속되었던 것이다.

이 관행이 지속되었다는 사실은 한국의 입법기관이 연좌제를 폐지하려고 여러번 시도한 것에서도 역으로 증명된다. 1961년 군사정변 후 박정희는 1963년 대통령 선거유세에서 연좌제 폐지를 공약으로 내걸었고, 1966년 제3공화국 내무장관이 연좌제는 더이상 존재하지 않는다고 천명했다. 하지만 신군부가 뒤를 이어 들어선 뒤에도 연좌제를 폐지하겠다고 재차 약속했다. 그 약속은 1980년과 1987년에도 반복되었는데, 매번 이번엔 진정한, 완전한 폐지라고 강조했다. 냉전기의 한국 근대에서 연좌제는 근대사회에 어울리지 않는 개념적으로 사문화된 형벌제도였지만 실제로는 근대 정치에서 없어서는 안 될 유용한 도구였던 것이다. 따라서 연좌제가 법 바깥에 있으면서 동시에 법질서 내에(실행의 측면에서) 존재했다는 사실이 중요하다. 한국의 근대 헌법 역사에서 불법으로 금하는 봉건시대의 잔재이면서도 근대 정치와 법의 역사에서 그림자처럼 존재해온 것이다. 수많은 개인들과 가족들을 말 못하는 고통에 시달리게 만든 이 제도는 냉전의 지정학적 구조가 무너지기 시작한 1980년대말까지도 건재했다. 그렇다면 집단책임 체계는 전근대와 근대에 동시적으로 기원을 둔다고 할 수 있다. 현대 정치에서 그 자리가 없다는 것을 일반대중이 알고 있음에도 계속 자행되었다는 사실이 전지구적 냉전의 전초기지에서 이루어지는 정치적 근대의 한계와 왜곡을 나타낸다고 할 수 있다.

그렇다면 근대 정치에서 살아남은 봉건적 형벌체계의 '잔재'란 사실 20세기 후반에 많은 사회가 직면했던 냉전의 불안정한 조건에서 발생했던 주권과 시민권이라는 중요한 문제와 관련해서 새로 발명된 전통일 수도 있다. 다른 식으로 표현하자면, 특정한 사회질서와 역사전통의 표현이라기보다는 당시 전지구적 정치질서의 필수불가결한 요소로 보는 게 더 정확하다. 20세기 중반에 집단책임의 정치가 얼마나 광범위하게, 얼마나 보편적으로 행해졌는지에 주목하면 그 타당성을 증명할 수 있다. 여기서는 탈식민 국가들에서 냉전기간 동안 연좌제식 체계가 나타난 방식에 주목하려 한다. 하지만 집단처벌이 사회주의 혁명기 국가건설 과정에서도 대규모로 이루어졌다는 사실은 잘 알려져 있다. 또한 미국에서도 소위 비(非)미국적 활동을 소탕하겠다는 광풍이 몰아치던 때에는 "죄의 유무는 의심이 가는 다른 사람이나 조직과 관련이 있는지에 따라 결정"되었다.[23] 따라서 집단형벌 제도는 탈식민 지역의 주권과 시민권의 난국만이 아니라 더 광범위하게 전지구적 냉전의 정치적 근대성의 한계를 증언한다고 하겠다. 근대법 외부에서 근대 정치를 규정한 이 제도는 무엇이었는가? 친족은 왜 한국의 냉전에서 법과 정치 간 모순의 주요 지점이 되었는가?

두 색깔의 가계도

경상북도 예천군의 어느 마을, 그 마을의 안씨 집안의 장손은 1978년 11월에 집안 역사와 대면했던 일을 평생 잊을 수 없다. 한밤중에 체포되어 지하실의 조사실로 끌려왔는데, 나중에 알게 된 바로는 그 지역 대공분실 건물이었다. 당시 마흔다섯의 농부였던 그는 지하실 벽에 붙여놓은 커다란 도표를 마주했다. 공포로 떨면서도 그는 그것이 일종의 가계도라는 걸 금방 알아차렸다. 수직으로, 수평으로 수없이 가지가 뻗어 있고 수많은 이름이 적혀 있었다. 집안의 장손이라 안씨 역시 집에 이와 비슷한 가계도를 소장하고 있었다. 하지만 벽에 붙어 있는 도표에 자기 집안사람 몇십명의 이름이 적혀 있다는 걸 알기까지는 시간이 좀 걸렸다. 그리고 이 이름들이 두가지의 색으로 적혀 있다는 사실을 깨달은 건 그보다 더 시간이 지나서였다. 대부분은 검은색이었지만 선명한 빨간색 이름이 몇 있었다.

마침내 안씨는 가계도 중앙에 빨간색으로 표시된 이름이 일제강점기 공산주의 운동의 주요 활동가였던 두 숙부의 이름임을 깨달았다. 이후 닷새 동안 그는 조사관들이 자기 집안 역사를 정리하는 일을 도와야 했다. 처음에는 그들이 도대체 뭘 원하는 건지 분명하지 않았다. 아무것도 숨기지 말고 진실만을 말하라고, 집안의 과거와 현재에 대해 아는 건 모두 상세히 이야기하라는 말만 거듭 들었을 뿐이었다. 그로서는 자기 가족사에서 그들이 무엇을 찾는 건지 말해주지도 않으면서 그런 요구에 어떻게 응하라는 건지 도통 알 수가 없었다. '모두'가 나오지 않는다는 느낌이 들 때마다 그들은 매질을 했고 때로는 아주 심했다. 그런 후 벽에 걸린 도표를 다시 잘 보라고 했다. 안씨의 말에 따르면 그 끔찍한 지하실에서 이런 일을 한동안 반복해서 겪은 뒤에야 상황이 분명해졌다고 한다. 조사관들이 원하는 게 뭔지, 벽에 걸린 도표가 무엇을 의미하는지, 그리고 애초에 왜 이 방에 끌려왔는지를 서서히 이해하기 시작했던 것이다. 빨간색으로 쓰인 두 이름과 가계도에 있는 다른 사람들과의 관계를 진술하는 것이 그가 할 일이었다.

이 심문의 목적은 벽에 걸린 가계도에 적힌 혈족관계의 구도 위에 정치적·이념적 관계의 구도를 겹쳐놓는 것이었다. 가계도의 빨간색 이름과, 직계와 방계를 나타내는 선으로 그 이름과 연결된 나머지 이름 사이에 정치적 협력관계의 망을 설정하려는 것이다. 여기서 안씨의 임무는 숙부인 두 빨간색 이름 외에 후손들이 얼마만큼이나 "빨갱이 이념"(즉 공산주의)을 품고 있는지 상세한 정보를 제공하는 것이었다. 또한 빨갱이 이념이 숙부에서 집안의 다른 친족관계로 어떻게 퍼져나갔는지 각 인물과 과거사에 대해 상세히 털어놓으라는 것이었다. 심문이 한 차례 끝나고 잠깐의 짬이 생겨 정신을 가다듬을 때마다 그는 자신의 가계도에 빨간 선이 점점 늘어가는 것을 알아차렸다. 그리고 가깝고 먼 친지들에게 그렇게 뻗어간 빨간 선에 항의할 때마다 다시 매질이 가해졌다. 심문이 끝날 즈음엔 가계도 전체의 색깔이 바뀌었다. 가계도의 일부였던 빨간색이 거의 전체가 되었고, 검은 선 대부분에 붉은 선이 덧입혀졌다. 그것을 보면서 안씨는 자신의 집안이 거의 전부 진홍색 공산주의에 물든 것처럼 보였다고 한다.

안씨의 경험은 전후 한국사회가 널리 이해하던 사실을 증언한다. 즉 공동체적 온전성과 연속성의 주요 상징인 족보가 바로 그 공동체의 복지와 생존을 위협하는 무기로 탈바꿈할 수 있다는 것이다. 한국전쟁의 자전적 기록에 등장하는 다음의 일화에서도 족보의 문화적·도덕적 중요성을 엿볼 수 있다. 작전 중에 반란진압군이 어느 집에 불을 질렀고, 그 집 할아버지는 집안의 소중한 물건을 두고 왔다고 활활 타는 초가집 안으로 다시 들어갔다. 이웃사람들의 도움으로 무너져 내리는 서까래를 피해 겨우 빠져나온 할아버지가 목숨을 걸고 구하려 했던 것이 낡고 색 바랜 책자, 그 집의 족보였다는 사실을 알고 사람들은 놀랐다.[24] 이 이야기는 여기서 끝나지 않는다. 진압군이 그 집에 불을 지른 이유는 노인의 아들을 좌익분자라고 의심했기 때문이었다. 그 아들이 이후 체포되어 처형되고 난 후, 노인이 집안의 보물로 여겼던 바로 그 족보가 가족 전체에게 악몽이 되었다. 특히 이 이야기를 들려준 장본인인 그의 장손에게 그러했다. 그는 어렸을 적 "호적에 빨간 줄이 그어진 가족"이라며 동네사람들이 수군거리고 손가락질하는 괴로운 일을 당해야 했다.

가족의 기록에 "빨간 줄이 그어졌다"는 표현은 전후 한국사회에서 상당한 힘을 발휘했다. 그 줄은 가족 중에 정치적 사회에 대한 충성심이 의심되는 사람이 있다는 뜻으로 이해되었다. 나아가 그것은 가족 전체가 의심스러운 배경을 지니고 있다는 뜻이었다. 물론 여기서 가족의 기록이란 앞선 일화 속에 나오는 개인과 친족 소유의 족보가 아니라, 공공기관에서 보관하는 가족계보의 기록, 즉 호적을 지칭한다.

호적은 1920년 일제 식민정부가 처음 만들었고, 이후로 한국의 개인적·집단적 정체성의 주요한 공적 자료로 쓰였다. 호적에 기록된 사항으로는 가족관계 내 개별 성원의 이름과 생년월일, 태어난 곳뿐 아니라 그 가계의 원적과 관련한 정체성까지 있다. '본적'이란 일반적으로 소위 그 가계의 '뿌리', 원부계집단이 자리 잡았던 장소를 가리킨다. 이 체계 안에서 각 개인의 근원은 자신이 태어난 장소가 아니라, 생전 살아본 적도 없는 어떤 장소일 수도 있다. 따라서 오늘날의 맥락에서 누군가의 정체성의 '뿌리'란 산 자의 장소가 아니라 종종 죽은 자의 장소를 의미한다. 그곳은 바로 조상의 묘소가 있는 곳이고, 많은 경우 도시로 나가 서로 떨어져 살다가도 선산에서 올리는 제례인 묘사를 위해 어쩌다 모이는 곳, 그러면서 일종의 일체감을 새로이 확인하기도 하는 곳이다. 공적인 계보 기록이 바로 이 정체성의 '뿌리'와 결부되며, 서류는 대개 본적지가 속한 행정구역의 관공서에 보존되어 있다. 그렇다면 이 문서에 붉은 선을 도입하는 것이 대중의 상상속에서 왜 그렇게 두려움 혹은 분노를 일으켰는지 이해할 수 있다. 이 경우 붉은 선은 단지 개인의 신분을 구성하는 하나의 요소가 아니라 그가 속한 집단 전체의 정체성의 지표였기 때문에 가족 전체의 공적·정치적 정체성을 의심스러운 것으로 만들 수 있었다.

실질적으로는 이와 같은 선들이 공적 가계도에 물리적으로 적용되는 일은 드물었고, 상당수의 가족에게 이에 대한 공포는 실제적이었지만, 대개의 경우 정치적으로 비규범적인 정체성에 대한 암묵적 표시에 가까웠다. 이와 같은 흔적은 문서 여백에 적은 간단한 손글씨 주석으로 나타날 수도 있다. 예를 들어, 어느 제보자의 경우처럼 "위 사람은 1950년 7월에 실종됨"이라는 짤막한 문구가 그렇다. 겉보기에 아무 문제도 없어 보이는 이 메모가 그가 복무 중인 부대의 보안대에 전해지면 그의 안위에 대한 위협으로 변모했다. 그의 상관이 나중에 귀띔해준 바에 따르면, 그가 부하의 호적을 보았을 때 누군가 위의 메모 옆에 붉은색으로 "위 사람"(한국 전쟁 중에 모습을 감춘 그의 부친)은 "안보상 의심스러운 자로 주의가 요구됨"이라는 말을 추가해놓았다고 한다. 북에 가족을 둔 이산가족이 전후에 겪은 일에 대해 다음과 같은 주장도 있다.

> 실제로 이들에 대한 감시는 정보과 요원의 직접적 감시 말고도 매우 일상적으로 진행되었다. 사람들은 보통 법을 어겼을 때 국가권력의 존재를 실감하지만, 이들은 취업과 진학, 유학과 결혼 등의 일상 활동에서 사회체계를 통해 간접적으로 자신들을 배제하는 국가권력을 경험했다. 경찰서나 법원 같은 공적 성격의 공간이 아니라 회사, 학교 등 일상적인 공간에서 경험했기 때문에 사적인 경험으로 우회하여 인식되거나 표현되는 경우가 많다.[25]

사실 최근 한국의 역사학자들과 인류학자들이 준비한 한국전쟁 증언집에는 처벌과 규율의 기술로 연좌제가 널리 적용되었음을 보여주는 많은 증거가 있다.[26] 이 특정한 이례적 체계를 경험한 사람들에게 그 경험은 "창살 없는 감옥"에 갇힌 것과 크게 다르지 않았다고 한다.[27] 앞에서 거론한 제주의 '백조일손지묘'와 연관이 있는 한 가족은 그 형벌체계에 대해 이렇게 말한다. "묘지가 파헤쳐지고 산소의 담장이 무너지고 비석이 부서지는 것보다도 더 견디기 힘든 것은 유가족들의 뒤를 유령처럼 따라다니던 속칭 '연좌제'였다."[28] 연좌제는 전후 사회생활의 다양한 영역에 적용되었지만 뚜렷이 정의된 기준은 없었다. 집단책임의 법칙을 동심원의 언어로 이해하는 방식이 널리 받아들여지는 하나의 기준이었다. 많은 피해자들이 증언하듯이, 국가권력을 구성하는 핵심적인 공적 기관을 중심으로 원을 만든 후 국가가 그 정치적 순수성을 의심하는 사회집단은 동심원 내에 들어오지 못하게 하는 것이다. "빨간 줄"이 그어진 집 자식이 공무원이나 법조계, 경찰이나 군 장교직에서 제외되었던 많은 사례에서 이 정치적 동심원 형태로 존재하는 연좌제 규칙이 잘 나타난다.[29]

이러한 집안의 후손들이 동심원의 외부, 말하자면 보안규정이 상대적으로 느슨한 교육공무원 등의 다른 직업을 선택할 수밖에 없었던 사례도 있고 관련해서 공립학교와 사립학교의 차이를 보여주는 일화도 있다. 나아가 연좌제 규정의 이러한 측면은 한국문학계에 그런 집안 출신이 상대적으로 많은 이유도 설명해준다. 그리고 이들이 1980년대와 1990년대에 픽션 혹은 자전적 형식으로 기존의 지배적 담론에 도전하면서 한국전쟁의 숨은 역사를 드러내는 데 핵심적인 역할을 했다.(5장 참조)

안씨의 곤경은 주로 그의 숙부들이 일제강점기인 1930년대에 공산주의 운동에 적극적으로 참여했다는 사실에서 비롯했다. 대지주 집안의 장손이었던 그의 부친은 1921년 대구에 미곡상회를 열어 독립운동, 특히 상해임시정부를 지원했다. 또한 그의 두 남동생이 도피 중일 때나 이후 일제의 감옥에 갇혀 있을 때 이들을 도왔다. 그의 집안은 초대 조선공산당 책임비서를 지낸 안동 풍산 김씨 김재봉의 집안과 인척관계였다. 선친이 세상을 뜬 후 조상 대대로 내려오는 전답과 선산을 지키는 책임은 안씨의 몫이었다. 집안의 장손으로서 명목상의 문중일을 맡아 하게 되었고, 친지들도 그걸 당연하게 여겼다. 그가 지하실에서 끔찍한 고초를 겪었던 것은 집안의 가계와 대소사에 대해 잘 알고 있을 것이 당연한 종갓집 장손이라는 지위 때문이었다.

하지만 심문을 받고 풀려난 후 안씨는 문초를 받은 사람은 자기 혼자만이 아니란 것을 알게 되었다. 자신이 지하실 조사실에 갇혀 있는 동안 숙부의 후손인 그의 사촌도 다른 곳에서 비슷한 고초를 겪고 있었다. 조사관들이 원한 것이 도대체 구체적으로 무엇이었는지, 자기 가족의 가계와 가족사에 왜 그렇게 관심이 있었던 것인지 지금도 이해가 안 되지만, 안씨는 적어도 자신이 왜 그곳에 불려갔는지는 알았다고 말했다. "사촌의 경우야 뻔하지. 부친이 공산주의자였으니까. 그러니까 사촌도 빨갱이인 거지. 나도 마찬가지라. 그들이 빨갱이 집안이라고 본 집안의 장손이니까. 그러니까 나도 빨갱이 집안을 등에 엎고 있는 빨갱이가 되는 거라." 1장에서 다룬, 1960년대에 한국전쟁 유족회를 조직하는 데 앞장섰던 이원식의 후손도 집단책임의 또다른 피해자인데, 자신이 겪은 일에 대해 이렇게 증언했다.

> 가족의 비극을 지켜본 할머니와 친척들은 내 귀에 못이 박이도록 '절대 앞장서지 말라'고 세뇌시켰어. 더구나 당시는 연좌제가 있어 아무 죄도 없는 어린 학생인데도 여행을 자유롭게 할 수가 있나, 다섯명 이상 모이는 모임이나 단체에 참석하려면 반드시 경찰에 신고를 해야 했어. 자연히 주위엔 친구도 없고, 심지어 선생님도 가까이 하려 하지 않았지. 나중엔 친척들까지도 나를 멀리했어. 살아 있는 주검이었지.[30]

이런 경험은 전후 한국에서 예외적인 사례가 아니어서, 감춰졌던 이야기들이 지금도 속속 세상 밖으로 나오고 있다.[31] 2005년 겨울, 나는 외국에서 한국으로 들어오는 관문인 인천국제공항 근처 영종도의 어느 주민의 이야기를 듣게 되었다. 그는 1970년대말에 안씨와 비슷한 고난을 겪었다. 그의 부친은 어부였는데, 남북한의 분쟁구역인 서해 북방한계선 근방에서 북한 함정에 나포되어 북한에 억류되었다. 이 사건은 그의 가족에게 충격이었고 경제적 어려움도 뒤따랐는데, 그들의 고난은 거기에 그치지 않았고 이후 상상도 못했던 엄청난 위기를 겪었다. 난데없이 부친이 북의 공작원이라면서, 북에 억류된 부친과 몰래 접촉을 시도했다는 죄목으로 가족이 모두 기관에 끌려가 호된 심문을 당했던 것이다. 북방한계선에서 한참 떨어진 곳에 사는 어부 가족에게도 이런 끔찍한 반역죄를 들씌울 수 있었다. 2009년 11월 대법원에서는 1981년의 '진도 가족간첩단 사건'에 대한 재심이 있었다.[32] 그 사건은 한반도 남단의 섬 진도에 사는 한 어부의 친인척 일곱 사람이 북의 고정 간첩단이라며 구금된 일이었다. 부친은 한국전쟁 때 실종되었다. 그들의 죄목은 고향에 남은 가족이 그 월북인과 불법적인 접촉을 하여 북한에 협조했다는 것이었다. 구금된 가족은 실종된 어부의 아내와 두 자식, 남동생 부부와 여동생 부부였다. 1982년에는 규모가 더 큰 가족단위 간첩단이 발견되었다고 발표되었다. 소위 '송씨 일가 간첩단 사건'이라 불린 이 반국가집단에는 한국전쟁 때 실종된 사람의 딸이자 교사를 중심인물로 해서 30여명의 친인척이 연루되었다.

1981년의 진도 사건에서, 이른바 간첩단 조직원들은 모두 중형을 선고받았다. 큰아들은 무기징역을 선고받았다가 이후 17년으로 감형되었다. 1998년 석방된 그는 고향마을로 돌아갈 수가 없었다. 고향 사람들은 반기기는커녕 그의 가족을 피했다. 2009년 재심에서 무죄가 선고된 후 그는 그 사건이 어떻게 자신의 가족 전체를 물리적으로나 정신적으로 망가뜨렸는지 증언했다. 지역사회에서 고립되었을 뿐 아니라 그들이 겪어야 했던 폭력과 낙인은 가족 내 관계까지 망쳐놓았다. 그의 부인은 친가에 찍힌 낙인으로부터 아이들을 구해내려는 절박한 심정으로 그와 이혼했고, 그의 모친은 어느 절에서 은둔의 삶을 살았다. 모친은 고문의 후유증뿐만 아니라 며느리와 달리 자신은 자식들을 구하기 위해 아무것도 할 수 없었다는 심적 고통에서 내내 벗어나지 못했다. 이원규의 시 「저승꽃」에서 화자인 여인은 전쟁 중에 실종된 남편에게 이렇게 한탄한다.

> 당신보다 지가 먼저 가는 건지 늦게 가는 건지
>
> 통 알 수가 업구만요
>
> 당신을 닮아 그렇게도 똑똑하던 자식놈
>
> 서울에서 쫓겨 와 농사를 짓고
>
> 기다리던 당신은 끝내 소식이 없으니
>
> 지는 죽어도 죽을 수 없구만요
>
> 요즘은 통 감시도 없는 걸 보면
>
> 당신은 벌써 가신 것도 같고
>
> 이승에서 못 만난 당신
>
> 이제는 저승꽃으로나 만나야겠지요
>
> 하지만 당신 지샷날도 모르고서 만날 수나 있는지
>
> 백말 타고 당당하시던 당신을 생각하면
>
> 눈물이 앞서는구만요
>
> 이화령 넘어 월악산 넘어 북으로 되가신 뒤로
>
> 지 혼자 살아온 사십 년은 줄창 눈물이었지요
>
> 시상꼬라지 못 볼 것 많이 보고
>
> 빨갱이 여편네, 빨갱이 새끼 살아온 날들
>
> 이제는 지도 죽을 때가 되었구만요

당신을 만날 길이 도무지 없으니 죽을 수밖에요

두고 가는 빨갱이 새끼, 연좌제로 출세는 고사하고

큰소리 한번 못 쳐본 자식을 두고

지도 이제는 저승으로 가야겠구만요

행여 저승꽃으로 피더라도 행여 당신 잊지 마시고

부디 못다 한 시상, 못다 한 노래 불러나봤으면

오직 그 바램 하나로 죽어도 아니 서럽구만요.[33]

감시와 처벌

근대 감옥의 기원을 설명하며 푸코는 벤담의 파놉티콘 장치를 끌어온다. 이 기제는 제도의 경제적 효율성을 지상의 가치로 하는 근대사회와 거버넌스에 대한 벤담의 공리주의적 접근을 잘 대변한다. 푸코는 그 기제에 또다른 효율성의 차원을 덧붙이는데, 곧 감시체계에서는 규율의 대상(고립된 다루기 쉬운 몸)이 체계의 '권력기제'에 적응함으로써 꼭 강압에 의해서가 아니더라도 반(半) 자의적으로 체계에 가담한다(그래서 푸코가 말하는 '훈육된 몸'이 된다)는 것이다.[34] 푸코에 따르면 파놉티콘 기술이 학교나 군대, 병원 같은 여러 다른 기관에 도입되면 고도의 효율성을 얻어낼 수 있다.(왜냐하면 어느 특정한 제도의 규율로 훈육을 받은 몸은 이미 다른 제도에 적응할 태세가 갖춰져 있고, 따라서 사회에 "유용한 개인"이 된다.)[35] 이러한 기동성(portability), 혹은 푸코의 표현으로 "분배의 기술"은 다시 지식의 경제에도 도움을 준다. 한 제도의 설정에서 확보하고 축적한 통제에 대한 데이터와 지식이 다른 설정의 통제에도 적용될 수 있고,

따라서 푸코에 따르면 "서로에게 본보기를 제공"하기 때문이다.**36**

　근대 형벌의 기원에 대한 푸코의 이러한 논의는 이미 잘 알려져 있고 많이 인용도 되었으므로 더 자세히 들어가지는 않겠다. 대신 이 장 첫머리에서 언급했던 관계적 신체와 관련해서 두가지 특정한 쟁점에 한정하여 논의하겠다. 첫째로, 순종적 신체(docile body)라는 전제는 개별주체라는 존재양식, 그리고 사람과 공동체의 관계가 근대사회에서 개인과 국가의 관계로 대체되었다는 가정에 근거한다. 권력구조 내에서 순종적 신체가 되기 이전에 인간주체는 서로 떨어져 따로 존재해야 하고, 그러기 위해서는 기존의 공동체 유대에서 놓여난 근대적 주체가 되어야 한다. 이렇게 자유로운 자아만이, 혹은 알래스데어 매킨타이어(Alasdair MacIntyre)의 표현에 따르면 실존주의에서 나타나는 바처럼 각자 행하는 역할과 인위적으로 분리된 개인만이 푸코가 설명한 방식대로 근대 규율적 체제의 의미있는 참여자가 될 수 있다.**37** 다시 말해 순종적 신체란 자율적 개인의 몸이지, 개인주의라는 근대 존재론을 아직 접하지 못한 인간 행위자의 몸은 아니라는 것이다.**38** 물론 푸코의 저서에 등장하는 이 개인은 고전적 자유주의 이론에서 말하는 개인의 모습과는 다르다. 푸코의 개인은 고유하고 양도할 수 없는 자아의 속성이 아니라 권력의 도구에 가깝기 때문에 그에게 자유나 자율성은 궁극적으로 착각을 불러일으키는 개념에 불과하다. 또한 푸코가 이렇게 근대적 존재를 규율의 망에 갇혀 있는 존재로 규정한 것은 장폴 사르트르(Jean-Paul Sartre) 저작에 나오는 식의 자유를 추구하는 단독적 인간주체 개념을 비판하기 위해서였다.**39**

　푸코의 후기 저작에 나오는 다루기 쉬운 개인, 또는 근대 생명정치(biopolitics) 질서 속의 인간존재는 자신의 삶을 결정하고 생명을 좌우하는 국가의 생명정치적 권력의 벡터에 무력하게 종속되어 있다는 사실에 무지한 한에서만 자신의 자율성에 대한 인식이 가능하다는 점에서 환영적인 자율주체이다. 이 환영적인 인간주체성이 어떤 역사적·사회적 조건에서 어떤 방식으로 형성되었는지가 푸코의 주요 관심사이다. 이 때문에 오늘날 서구의 의학과 생명공학을 연구하는 인류학자를 비롯하여 많은 사회과학 연구자들이 근대 생명정치와 근대 개인주의에 대한 비판의 길잡이로 푸코의 이론을 많이 원용한다.[40] 하지만 푸코가 근대 개인주체는 근대 권력의 기술적 체계가 수월하게 다루는 존재라는 점에서 근대 개인주체의 신성함을 비판할 때, 그 비판이 전근대와 근대의 규율체계 사이에 결정적인 단절이 있었다는 가정에 근거하고 있다는 사실을 간과하지 말아야 한다. 푸코의 논지를 따르면 우리는 근대 사회체계 내에서 개인이 되는 법을 배운다고 말할 수 없다. 반대로 근대 규율체계 내에서 의미 있는 주체가 되기 위해서는 환영으로든 혹은 실재로든 이미 먼저 개인이 되어 있어야 한다. 앞서 지적했듯이 이렇게 해서 생겨나는 존재는 고전적인 개인개념과 상당히 다르다. 그럼에도 불구하고 푸코에게 근대의 형벌과 규율체계는 공동체적 관계망에서 해방된 개인에게 해당되는 것이지 아직 관계적 세계 안의 삶을 국가권력의 벡터 공간에 갇힌 삶으로 대체할 기회가 없었던 사람에게는 해당되지 않는다. 그는 자율적인 인간주체라는 개념을 역사적 구성물이자 사회적 허구로 보고 이런 환영적 개념이 어떻게 등장하게 되었는지를 탐구하고자 했다. 하지만 동시에 이 개념이 근대 정치에 이미 널리 퍼져 있음을 당연시했고 그 제도적 질서의 핵심 구성요소가 고립된 개인의 신체라고 가정하고 그에 접근했다.

둘째, 근대 규율체계에 거주하는 인간의 몸은 주로 물리적 신체라는 것이다. 토머스 플린(Thomas R. Flynn)은 이렇게 말한다.

근대 '영혼'의 역사이긴 하지만 『감시와 처벌』은 주로 **몸**에 대한 것이다. 무엇보다 채찍질을 하고 훈육을 시켜서 다루기 쉬운 사회의 생산적 도구로 만들 수 있는 신체에 대한 것이다. 그러나 '정치체'(body politic)에 대한 것이기도 한데, 그 용어는 푸코의 저작에서 새로운 의미를 갖게 되었다. 즉 "인간의 몸에 투자하고 그것을 지식의 대상으로 만들어 예속시키는 **권력과 지식**, 무기와 계전기, 통신로로 쓰이는 일군의 물적 요소와 기술"로서의 몸 정치이다.[강조는 원저]**41**

체제가 몸을 통제한다면 그를 통해 개인을(따라서 사회도) 통제할 수 있다. 몸을 통제함으로써 그 사람의 영혼도 통제할 수 있기 때문이다. 이런 점에서 푸코는 "영혼은 신체의 감옥"이라는 초기 프랑스 사회학파의 핵심 원칙을 공유한다.**42** 이 원칙은 뒤르켐의 종교사회학의 주요 구성요소였고, 근대 지식실천이 신학이 지배했던 이전 시대와 결별하는 계기가 되었다. 전근대시대에 지식은 영혼의 문제에 집중했는데, 당시에는 (궁극적으로는 신에게 부여받은) 영혼으로 인해 인간이 인간으로 존재한다는 생각이 지배적이었기 때문이다. 근대 지식은 이 신학적 전통과 결별하며, 눈으로 볼 수 없는 영혼보다는 신체처럼 실증적으로 관찰할 수 있는 사실과 현상에 집중했다.**43** 따라서 지식의 대상으로서의 인간주체는 그것이 무슨 생각을 하고 무엇을 믿는가가 아니라 그것이 무엇을 하고 어떻게 하는가의 문제로 바뀐 것이다. 마찬가지로 근대 정치가 주로 힘을 쏟는 대상도 "권력의 도구이자 매개인 바로 이 물질성"이라는 게 푸코의 주장이다.**44**

따라서 푸코의 이론은 근대로의 이행기에 유럽 형벌체계에 급격한 단절 ― 한편으로 영혼의 통제에서 신체의 통제로, 다른 한편으로 사람-공동체의 결합에서 개인-국가의 결합으로 ─ 이 있었다는 생각에 기초한 다. 그리고 감옥의 역사를 설명하면서 이러한 단절을 스펙터클한 처벌 대 신에 파놉티콘 감시체계가 지배적인 통제기술로 등장한 사건과 연결짓는 다. 공동체 기반의 도덕적 인격 대신에 자율적인 고립된 개인이 사회통제 의 새로운 대상으로 등장한 것이 형벌체계의 변화와 밀접한 관련이 있다 고 본 것이다. 그래서 이 논지에서 근대 감옥의 발명은 근대사회와 근대 개인의 발명, 즉 공동사회(Gemeinschaft)에서 이익사회(Gesellschaft)로 의 이행과 일치한다. 푸코는 이 단절을 17세기말 역병이 덮친 한 프랑스 마을의 상황을 예로 들면서, 근대 규율사회가 질병통제 기제 ─ 그가 "감 시기계"라고 부르는 ─ 에서 유래했다고 설명한다.

> 역병의 전파를 막기 위해 마을 전체가 격리되었다. 주민들은 집에서 나 오지 못했고, 바깥세상과의 교류는 오직 거리를 감시하고 관리하는 지방 행정관을 통해서만 가능했다. 집이 있는 거리를 벗어나는 일도 금지되었 는데, 그것을 어기면 사형에 처해졌다. 행정관은 자신이 맡은 구역을 철 저히 감시하면서 광범위한 주거지역의 격리를 담당하는 감독자에게 보 고했다. 거리 끝마다 감시초소가 세워져 늘 보초가 지키고 있었고, 마을 을 드나드는 관문마다 높은 감시탑이 세워지고 민병대가 보초를 섰다. 모든 가구는 집안에서 벌어지는 일을 모두 격리당국의 상부로 보고해야 했다. "사실을 말하지 않으면 사형에 처한다"는 것이 법이었다. 당국은 엄격하게 구획을 지어 곳곳마다 자리 잡은 감시자들을 통해 도시 공간 전체에서 벌어지는 모든 행위와 사건을 감시했다.[45]

푸코는 이러한 격리된 도시의 짜임새가 근대 규율사회의 "정치적 꿈"

이라고 본다. 말하자면 "모든 행위자가 단독으로 존재하여 완전히 개별화되고 늘 시야에서 벗어나지 않는," "권력은 다 볼 수 있지만 행위자 자신은 볼 수 없는, 그래서 사람은 정보의 대상이지 결코 의사소통의 주체가 될 수 없는" 벤담의 파놉티콘 통제기술의 이상적 본보기인 "완벽하게 통치되는 유토피아 도시"이다.[46] 이러한 도시의 공간적 구조와 대비되는 것은 전근대시대 질병통제의 전형적 모델인 나환자의 유배지이다.

> 나환자는 거부의 행위, 추방-봉쇄의 행위에 갇히고, 개개인이 전혀 구별되지 않는 무리집단 속에서 그의 운명을 기다린다. 역병에 걸린 사람들은 개개인의 구별이 단지 스스로 증식하고 명료하게 되고 다시 세분화하는 제약적 권력의 효과일 뿐인 이 권력의 꼼꼼한 전술적 분리에 갇혀 있었다. 한쪽은 거대한 감금이고 다른 한쪽은 올바른 훈육이다. 나환자의 분리, 역병과 분할(segmentation). 전자는 표식을 하는 것이고 후자는 분석하여 분배하는 것이다. 나환자의 추방과 역병의 격리는 동일한 정치적 꿈을 표현하지 않는다. 전자는 순종(純種) 공동체의 꿈이고 후자는 규율사회의 꿈이다. 인간에게 권력을 행사하는, 그들의 관계를 통제하고 위험한 요소를 분리해내는 두가지 다른 방식이다.[47]

사회를 취약한 유기체로 보는 역학(疫學)적 사회모델은 냉전 초기의 정치에서도 익숙한 것이었다.[48] 아서 슐레진저(Arthur Schlesinger)는 월트 로스토우(Walt Rostow)를 인용하면서 공산주의는 정체된 사회의 초기 발전이 이루어지는 이행기의 현상, 산업화 과정의 '질병'이라고 이해했다. 그래서 러시아나 중국 그리고 제3세계의 저개발국가처럼, 공산주의를 "빠르고 효과적인 근대화의 수단으로" 여겼던 발전 초기단계 사회에서 특히 호소력이 강했다는 것이다.**49** 에드거 후버(Edgar Hoover)는 공산주의가 "전염병처럼 확산되는 질병의 일종이므로 전염병과 마찬가지로 민족이 그 병에 전염되지 않도록 격리를 할 필요가 있다"고 보았다.**50** 1950년초 미국 국가안전보장회의에서 작성한 보고서에는 소련이 "여론에 영향을 끼칠 생각으로 노동조합, 공기업, 학교, 교회, 모든 언론"에 침투하는 식의 기술로 서구세계를 "감염시킬" 목표를 세웠다고 적혀 있다.

NSC-68로 알려진 이 보고서는 20세기 중후반에 미국이 전지구적 군사대국으로 전환하는 길을 닦는 데 아주 중요한 역할을 했던 초기 냉전기의 문서로 알려져 있다. 보고서는 국내의 감염을 막는 일도 절박하지만 동시에 국제적으로도 "점점 그 수가 늘어가는 [공산주의 질병에] 감염된 국가를 격리"할 필요도 있다고 주장한다.**51** 또한 자유주의 세계의 적은 급진적 정치운동이나 지리적으로 멀리 떨어진 외부 국가라는 구체적 형태로만 나타나는 것이 아니라 사회 내에 그림자처럼 스며들어 있다고도 한다. 이 주장은 "정부 내에서 불충하고 체제 전복적인 요소는 제거해야 한다"라는 1947년 트루먼의 연설에서 나타나듯이, 20세기 중반 미국에서 공익질서 법안으로 구체화되었다. 트루먼의 연설은 내부의 적을 저인망식으로 다 솎아내기 위한 '충성 심사위원회'(Loyalty Review Board)의 신설과 관련된 것이었고, 한국전쟁의 발발과 함께 언어와 형식에 있어서 그 활동은 더욱 과격해졌다.**52** 이러한 전개과정에 대해 론 로빈(Ron Robin)은 이렇게 말한다. "1950년대 미국사회는 미국이라는 정치적 통일체 내의 이질적 존재의 위협에 갈수록 사로잡혔다. 당시 정치적·사회적·지적 분위기는 내부의 적에 대한 우려와 매료를 반영하고 있다."**53** 그 결과 벌어진 정치적 박해, 또는 한 비평가의 말에 따르면 "도매급 종교재판"에서 한 사람의 행위의 결과가 다른 사람에게 전가되는 "관계로 인한 죄라는 원칙"으로

발전되었다.[54]

　전후 한국의 반공주의 정치는 전지구적 '격리'의 최전선에 있었고, 역시 사회적·정치적 관계에 대해 전염병식 견해를 전개했다. 이승만은 이렇게 말한 적이 있다. "공산주의는 콜레라와 마찬가지이다. 콜레라균과는 타협이라는 걸 할 수가 없다."[55] 이런 식의 정치는 또한 냉전의 은유적 색 구분(빨강과 빨강이 아닌 색)을 말 그대로 실체적 존재로 밀고 나갔다. 1960년대말 한국 정부기관에서 작성한 주요 문서는 이렇게 주장한다. "혈연과 지연의 중요성 때문에 만약 마을 안에 지도적 위치에 있는 자가 공산주의 물에 들면 어쩔 수 없이 모든 집안사람들이나 모든 마을사람들이 공산당원이 될 수밖에 없다."[56] 이런 환경에서 반공정치는 이념적으로 순수하고 도덕적으로 규율 잡힌 사회를 건설하겠다는 목표를 가지고 정치적 통일체 내부에서 "이질적 존재의 위협"에 대응하려고 했다. 이 정치적 과정에서 내부의 적이면서 이질적 이념의 전염병 보균자에게 부여된 구체적 형태는 개인이 아니었다. 규율과 처벌의 대상은 홀로 존재하는 개인의 몸이 아니라 그 개인을 도덕적 인격으로 만드는 촘촘한 관계망이었다. 처벌이 관계 자체와 관계 속의 몸에 집중되었기 때문에 애초에 피의자의 몸은 홀로 될 수가 없었다. 따라서 피의자는 자신의 결백을 증명하기 위해서 오염된 관계적 몸에서 자신을 떼어내던가, 아니면 관계적 몸 전체를 결백하게 만들어야 했다.

　냉전의 최전선에서 발명된 규율사회는 반드시 나환자의 '순수한' 공동체를 따른 것도 아니고, 그렇다고 역병 통제의 분할구조를 따른 것도 아니다. 오히려 이 사회의 정치적 꿈은 두 통제방식을 창조적으로 결합하여 사회에서 오염된 관계를 떼어냄으로써 순종하는 인격들의 정치체를 건설하는 일에 가깝다. 푸코가 말했듯이 순종하는 이들이 "완전히 개별화되고 늘 시야에서 벗어나지 않고 단독으로 존재"한다는 것을 당연시하면 이 규율사회의 구조는 파악할 수가 없다. 반대로, 냉전 최전선의 정치적 꿈이 전제하는 이상적 주체는 절대 단독으로 존재할 수 없고 공동체적 관계의 책임에서도 자유로울 수 없기 때문에, 이 관계 자체가 이질적인 사상에 오염되지 않도록 끊임없이 경계해야 하는 존재이다. 그런데 이 정치적 꿈이 냉전의 최전선 사회에서 더욱 열심히 추구되었다고 해서, 그것이 전통과 현대 사이에서 이행기에 있는 사회에만 한정되는 지역적 현상이라는 뜻은 아니다. 다음 장에서 보게 되겠지만 냉전의 전지구적 정치 역시 그 기본에 있어서 전지구적 범위에서 오염되지 않은 국제공동체와 면역력을 갖춘 만국친선(family of nations)을 추구했기 때문이다.

5장

도덕과 이념

해방 후 한반도의 국가건설 과정은 양극화되는 전지구적 정치역학과 긴밀하게 결탁하여 상대방의 정통성을 철저하게 부정하는 것을 토대로 이루어졌다. 이러한 상호 부정이 대중동원 내전의 형태로 폭발하면서 수많은 사람들의 삶을 극도로 위태롭게 만들었다. 내전은 반역자가 된 개인과 그들과의 불온한 관계 그리고 이념적으로 불순한 가족 공동체들을 양산했다. 국가테러의 희생자가 된 개인의 과거 행적은 불길한 내력이 되었는데, 단지 그 개인과 혈연관계가 있다는 사실만으로 가족 전체가 국가의 적이 될 수 있는 가능성에 직면했기 때문이다. 전쟁의 혼란 중에 실종된 사람들의 경우, 그들의 부재는 곧 반역을 의미할 수 있었으므로 "월북자 가족"은 전후에 목숨을 위협할 수도 있는 심각한 낙인이 되었다.

　이창동의 단편소설 「소지(燒紙)」(고인의 영혼에 전하는 글을 한지에 적어 태우는 관습)에 독재정권에 저항하는 사회운동에 가담한 동생에게 화가 난 형이 냉소적으로 그들의 아버지를 거론하는 대목이 있다. "너나 나나 빨갱이의 자식들이야, 임마. 그러니 니라도 대물림을 해야지."[1] 형의 분노는 동생의 활동 자체보다는 그런 행동이 가족의 생존에 심각한 위협이 될 수도 있는 상황을 향한 것이다. 또한 자기 가족이 보통의 정상적인 가족이 아니라 실종된 부친 탓에 시민권이나 인권이 보장되지 않는 사람들이라는 사실에 동생이 무지하기 때문이기도 하다. 전후에 이렇게 정치적으로 비규범적인 가족들의 상당수가 국가기구의 감시에 시달렸을 뿐 아니라 사회생활에서도 차별을 겪었다. 전쟁 중에 오염되지 않은 정체성을 유지했음을 증명할 수 없었던, 곧 국가 위계질서가 정의하고 그에 따라 그려놓은 정치적·이념적 절대 순수성이라는 상상의 원 밖으로 나간 적이 없다는 것을 증명할 수 없었던 이 가족들에게 삶은 고난의 연속이었다. 전세가 거듭 역전되고 전선이 움직이는 와중에 원 안에 머물러 있기란 사실상 불가능했다. 이들에게 한국전쟁의 현실이란 서로를 부정하는 두 전쟁 세력들의 요구를 어떻게든 수렴하는 일로 체험되었다. '우왕좌왕'이라는 표현이 이 극도의 혼란상태를 특히 통렬하게 담아낸다.

한국전쟁을 가계의 문제이자 가족 내 갈등으로 그려낸 저자들은 이창동 외에도 많고, 그런 서사전략은 한국전쟁에 대한 당대 문헌에서 광범위하게 나타난다. 이는 한국의 전쟁문학에서 주목되는 현상으로서, 근래에 한국전쟁을 이해하는 방식에 큰 변화가 생겨나기는 했지만, 그럼에도 전쟁의 경험을 가족의 위기로 그려내는 재현방식은 상당히 일관되게 지속되었다. 이 장에서는 냉전기와 탈냉전기를 가르는 1990년대 초반을 기점으로 한국전쟁 서사에서 보이는 연속성과 단절의 요소를 살펴보겠다. 이를 위해서 전지구적 정치의 영역으로 관심의 지평을 넓힐 필요가 있다. 최근의 냉전문화사 연구를 보면 육친애와 관련된 용어들이 봉쇄와 동맹결성을 핵심으로 한 당대의 국제정치에서도 드물지 않다는 사실을 발견할 수 있다. 이는 친족의 윤리라는 문제가 냉전의 역사적 현실에서 지역은 물론 국제적으로도 의미 있는 주제가 되었고 이 현실의 서로 다른 층위를 관통하고 있다는 뜻이기도 하다. 이 주제 가운데 특히 주목되는 것이 형제간 갈등과 고아의 문제이다.

내전의 드라마

내전은 통상적으로 형제가 서로에게 총을 겨누는 전쟁으로 묘사된다. 미국의 남북전쟁 당시 남북 경계지역의 가족의 삶과 그것이 문학에 재현된 방식을 다루면서 에이미 테일러(Amy M. Taylor)는 이렇게 말한다. "친족이 나뉘어 싸우는 이야기가 남북 양쪽에서 전쟁 내내 나타나, 하나의 국가가 둘로 갈라진 문제를 극적으로 표현한다. 작가들이 가족을 중심에 두는 감상적 문학전통의 영향을 얼마간 받았을 수도 있지만, 친족관계가 이야기의 중심에 놓인 것은 또한 내전의 실제 상황을 반영하기도 했다."[2] 이 이야기들은 전쟁에 어떻게 대응해야 하는지를 둘러싸고 점증되는 가족의 위기 — 세대 간, 형제간, 그리고 부부나 애인 사이에서도 — 를 통해 둘로 나뉜 국가의 정치적 절박함을 묘사한다.[3] 1862년 10월, 켄터키주 페리빌에서 있었던 비극도 그중 하나이다. 홉킨스라는 장병이 적군에게 총을 쏘았는데, 약 6미터 앞에 있던 적군이 자신의 형제라는 사실을 알고 있었다. 홉킨스는 총에 맞아 부상을 입은 동생에게 다가가 물을 주고 담요를 덮어주었다. 나중에 다시 그 장소로 돌아가 죽어가는 동생의 곁을 밤새도록 지켰다. 마지막 행동을 들어 홉킨스가 '가족적 인간'이라고 묘사한 신문기사를 인용하며 테일러는 묻는다. "도대체 어떻게 사람이 자기 형제를 총으로 쏘고 동시에 품에 안을 수 있단 말인가?"[4]

앰브로즈 비어스(Ambrose Bierce)가 지칭한 바, 그러한 "내전의 마스터 드라마"(masterwork of civil war)는 미국 외에 다른 곳에서도 관찰된다. 한 예로 베트남전 당시 남베트남에서 유행했던 문학과 음악에는 형제 이야기가 넘쳐난다.⁵ 당시 국민가수 팜 주이(Phạm Duy)의 노래 '형제'의 가사에 이런 내용이 나온다. "두 병사가 있었네, 한 집안의 사람들. 두 병사가 있었네, 들판에 엎드려 둘 다 총을 쥐고 기다리고 있었지. 두 병사가 있었네, 붉게 물든 이른 아침에 서로를 죽인 ── 베트남을 위해서." 아프가니스탄에서도 지속되는 혼란과 위기로 가족이 산산이 부서지고 있다고 한다. 파키스탄과의 국경을 따라 이어진 자불 지역에서 최근 한 학생이 학교를 그만두고 그 지역 탈레반에 자원했다. 그의 동생인 라지끄 역시 집을 떠났는데, 형과는 반대의 길인 미국이 지원하는 아프가니스탄 경찰에 가담했다. 라지끄는 이렇게 말했다. "전장에서 언제 형과 마주칠지는 모르겠지만, 시간문제라고 봐요." 그런 일이 생긴다면 맞서 싸우는 수밖에 없다는 게 그의 생각이다.⁶ 형은 라지끄를 반역자이자 배교자로 보고, 라지끄는 형이 탈레반에 가담함으로써 맏이로서의 책임을 버리고 가족 전체를 위험에 빠뜨렸다고 믿는다. 이런 상황이 그 지역에만 있는 것도 아니고 오늘날의 일만도 아니다. 투르크메니스탄과의 접경지대인 파르야브 북쪽 지방에서 소련이 지원하는 카불의 공산정권과 미국의 지원을 받는 이슬람 무장세력 사이에 내전이 벌어졌던 지난 1980년대에도 가족의 비극적 분열은 광범위하게 벌어졌다.⁷

한국전쟁에 대한 문헌에도 형제가 서로 다른 길을 걷는 비슷한 이야기가 많다. 라지끄 형제의 경우처럼 이런 이야기는 전쟁의 정치만큼이나 친족관계의 윤리와 관련된 문제이기도 하다. 배신의 행위에 대해 서로 다른 두 개념을 가지고 있는데, 하나는 특정한 정치현실에 의해 규정되는 방식에 따른 것이고, 다른 하나는 역사적 행위자가 가족의 생존이라는 절박한 요구를 이해하는 방식과 관련된다. 이런 맥락에서 "내전의 드라마"는 "어떻게 사람이 자기 형제를 총으로 쏘고 동시에 품에 안을 수 있단 말인가?"
라는 질문에 함축된, 개별 행위자에 초점을 둔 도덕성의 문제만은 아니다.
그보다는 전쟁의 스펙트럼에서 특정한 정치적 입장을 취하는 일이 친족
관계의 윤리적 질서의 위배와 의미상 동일해지는, 도의적 판단의 중첩적
인 영역과 관련되는 것이다.

두 병사

지금은 다른 데로 이전 중이지만 종전 후 오랫동안 미군기지가 있던 용
산에 베를린장벽이 무너지고 구소련이 해체되는 와중인 1990년대 초반
세워진 전쟁기념관에는 눈에 띄는 기념조형물이 있다. 두 병사가 서로 끌
어안고 있는 모습의 이 조형물은 안내책자에 따르면 "전쟁터에서 두 형제
가 극적으로 만난 순간"을 형상화했다고 한다. "전시에 있었던 실제 이야
기"를 토대로 했다는 이「형제의 상」은 "민족분단과 남북의 대결을 넘어
서려는 민족의 의지"를 표현한다. 이어서 이렇게 적혀 있다. "보통은 이
두 병사가 눈을 부라리고 상대방을 힐난하면서 서로 총부리를 겨눌 것으
로 예상한다. 그런데 서로를 열렬하게 끌어안은 모습은 한국전쟁의 의미
를 다시 생각하게 한다."
조형물에 묘사된 형은 남한군 장교이다. 북한군 사병인 상대적으로 왜
소한 동생에 비해 키도 크고 체격도 좋다. 무기도 형만 지니고 있다. 그래
서 두 사람의 포옹은 상당히 불공평하게, 건장한 형이 연약한 동생을 휘어
잡듯이 끌어안고 있는 것처럼 보일 수도 있다. 그런 점에서 기념관의 기획
이 두 병사의 지위와 위계, 따라서 그들이 대변하는 내전의 두 주체 간의

지위와 위계에 차별을 두었다고 지적하며 조형물의 형태에 이의를 제기하는 사람들도 있다.[8] 내가 알게 된 또다른 비판은 형제가 조우했을 실제 역사적 상황과 관련된다. 한국전쟁 당시 치열한 전투가 벌어졌던 낙동강 주변에 위치한 어느 기념관의 전시기획자이자 역사학자는 용산 전쟁기념관의 「형제의 상」이 실제 이야기에 근거를 두었다는 데 동의했다. 그러면서도 전쟁기념관이 그 이야기를 특정하게 전유한 데 대해 강한 이의를 제기했다. 그에 따르면 실제 이야기는 조형물에 묘사된 화해의 요소는 전혀 없는 완전한 비극이었다고 한다. 칠흑 같은 밤에 산중턱에서 혼돈의 육박전을 벌인 후 겨우 살아남은 국군 병사가 전투 중에 자신이 살해한 적군 한 명이 왠지 낯이 익은 느낌을 받았다. 다음 날 아침, 싸움이 벌어졌던 참호로 되돌아가 살펴보았더니 널려 있는 시체 더미 속에 동생의 시신이 있었다. 낙동강 박물관의 역사학자는 그 일이 이 박물관이 위치한 낙동강 전선에서 벌어졌다고 말하면서, 그것이 한국전쟁의 비극적 성격을 그대로 보여주는 비극적 일화라고 덧붙였다. 그러면서 민족 화해라는 당위를 살리고자 한 조형물의 의도는 이해하겠지만 그럼에도 불구하고 전쟁의 역사적 사실을 왜곡했다며 불편해했다.

실라 제이거(Sheila M. Jager)와 김지율은 전쟁기념관의 전시를 해석하며 당대 한국전쟁의 지배적 재현방식은 "가족의 비극과 뒤이은 화해의 의식"이라고 보았다.[9] 이런 측면에서 「형제의 상」을 다시 돌아볼 때 그것이 내전의 비극을 가족의 비극으로 그려냈다고 주장한다. 이때 민족은 그 자체가 불행하게 둘로 갈라진 한 가족이라는 것이다. 내전은 형제끼리 서로 죽고 죽일 수밖에 없는 처참한 분쟁이다. 두 병사는 눈앞의 적이 사실 피를 나눈 형제라는 사실을 알지 못하다가 혈연의 정을 회복하여 격정적인 화해의 몸짓으로 서로를 끌어안는다. 제이거와 김지율에 따르면 「형제의 상」은 분단된 국가 양편이 공동의 기원을 회복해야 한다는 당위를 웅변하고, 민족통일이라는 목표가 형제의 재결합으로 표현되었다는 것이다.[10] 여러 다른 평론가들 역시 이산가족이 서로 적대적인 두 정치체로 갈라진 민족의 핵심적 상징이고, 따라서 통일의 이상 역시 고향을 떠나 뿔뿔이 흩어진 가족이 다시 만나길 기원하는 열망으로 표현한다.[11] (3장 참조) 전쟁기념관은 이렇게 민족의 현실과 가족의 운명 사이의 인접한 의미를 여러 형식으로 보여주는데, 「형제의 상」 같은 기념물만이 아니라 한 전시실에 눈에 띄게 전시된 "피는 물보다 진하다"와 같은 표어도 그러하다.

이처럼 가족적인 것과 민족적인 것을 은유적으로 융합하는 일은 전혀 이례적인 일이 아니다. "미래에 통일된 민족을 되찾을 도덕적 기반으로서의 가족주의"에 주목하여 남북의 전쟁영화를 해석하는 이향진은 이렇게 말한다. "이런 의미에서 남북의 영화에서 재현되는 민족성은 가족의 확장이나 변형으로 볼 수 있다. 한마디로 민족성이란 사회적 차원으로 확장된 가족의 형태라는 것이다."[12] 메이지 시대에 만들어져 후에 아시아 다른 지역으로 전파된 국가라는 단어 자체가 동아시아에서는 사실 정치체를 뜻하는 한자(國)와 가정을 뜻하는 한자(家)를 결합해서 만들어졌고, 따라서 근대국가를 확장된 가정으로 이해하도록(메이지 일본의 경우엔 천황을 정치적 가정의 수장으로 보는 식으로) 강요했다. 북한의 정치체제도 건국의 지도자가 소위 위대한 사회주의 가정에서 인민 전체를 아우르는 정치적 아버지 상으로 나타나는 "가족국가"라는 주장도 있다.[13]

가족이나 가구, 혈족의 동질성의 확장된 형태가 민족의 단합이나 국가주권의 상징을 이루는 예는 근대 민족주의 역사에서 흔히 만나볼 수 있다.[14] 이런 점에서 어니스트 겔너(Ernest Gellner)는 근대 사회철학 전통에서 민족주의가 차지하는 독특한 위치에 주목한다. 19세기 후반에서

20세기 초반까지의 초기 사회이론은 서로 대비되어 진화하는 공동사회(게마인샤프트)와 이익사회(게젤샤프트)의 구도를 당연시했고, 이러한 관점은 당시 자유주의적 경향과 비판적 지성사에 공히 그러했다.(2장 참조) 이 사상가들은 인간이 전통적인 공동체의 유대관계에서 스스로 벗어날 여러 방식과 그에 따라 새로이 구현될 사회의 형태를 다양하게 상상했다. 겔너에 따르면 그런 다양성에도 불구하고 다들 두 사회의 극명한 대비를 유효한 분석도구로 보았고, 소위 닫힌 공동체에서 열린 사회로의 이행이 역사적으로 불가피하다는 것을 당연시했다. 겔너는 이런 철학적 경향이 근대 정치사에 핵심적인 하나의 현상을 간과했다고 지적한다. 이는 이방인들의 옅은 관계로부터 기원과 운명을 공유하는 관계, 짙은 상상된 관계를 만들어내는 것, 즉 사회로부터 공동체를 만들어내는 민족주의의 힘이다.[15] 근대 국민국가를 사실상 구성되고 상상된 공동체라고 보는 베네딕트 앤더슨(Benedict Anderson)도 비슷한 입장이다.[16] 그는 타인의 집합이 관계 짙은 상상의 공동체로 전환되는 과정에서 공통된 기원의 운명 공동체라는 인식이 중요한데, 문해력의 보편화와 문학이 그 생성과 확산에 중추적인 역할을 했다고 강조한다.[17]

근대 정치에서 사회의 옅은 관계가 주관적으로는 공동체라는 짙은 관계로 경험된다는 점을 둘러싸고 현대 사회사상에서 많은 논의가 이루어졌고, 최근에는 거기에 공동체와 사회의 융합이 서로 다른 역사적·문화적 배경에 따라 다양한 형태를 취한다는 중요한 쟁점도 덧붙여졌다. 근대 민족주의에 대한 이러한 연구는 근대사회가 장소 기반의 '기계적' 연대에서 관계망 중심의 '유기적인' 연대감으로 일방적으로 발전한 것이 아니라는 점을 보여준다. 근대사에서 이 두 유형의 사회성 중에 한쪽이 다른 한쪽을 대체한 것이 아니라 실제로는 서로를 강화하며 뒤얽혀 전개되었다는 것이 이들의 주장이다. 민족주의에 대한 최근 연구는 이 주장에 덧붙여 유럽과 탈식민의 역사적 맥락에서 나타난 민족건설 과정의 다면성에 관심을 기울인다. 이들도 근대 유럽 사회사상이 견지했던 사회진화론적 가정에 유보적 입장을 취한다.

디페시 차크라바르티(Dipesh Chakrabarty)는 저서 『유럽을 지방화하기』(*Provincializing Europe*)에서 친족과 민족에 대한 벵골의 사고방식을 논의하면서 18~19세기 유럽의 초기 정치사상에서 발현된 민족 정체성의 공식과 대비한다. 유럽의 민족 정체성은 뚜렷한 사회적 범주로 부상한 부르주아 계급에 기반을 둔 것으로서, 사유재산을 소유한 개인들에 한정해서 그들 사이의 우애를 근대 민주주의 정치체의 토대로 삼았던 존 로크(John Locke)의 사상도 거기서 나온 것이다. 차크라바르티는 정치적 우애를 자신의 이익을 추구하는 자율적 개인 사이의 계약적 관계로 보았던 로크의 개념은 영국의 지배를 받던 벵골의 초기 민족주의 지식인들이 개진했던 우애의 이상과 연결되지 않는다고 주장한다. 벵골식의 정치적 우애는 전통적 부계 친족체계인 '쿨라'(kula)에 근거하고 있다는 것이다. 그리고 '쿨라'에서 한 사람의 정체성은 부계질서 내에서 누구도 도전할 수 없는 신성한 부권의 영향권 아래 있다고 한다. 이에 반해서 정치적 우애로 민족을 이해하는 로크의 이론에서 이 우애는 부권에서 자유로운 사람들 사이에 형성되는 것이므로 이 자유를 가능하게 하는 사유재산의 소유가 무엇보다 중요하다.[18] 차크라바르티는 벵골에서 사유재산을 이해하는 방식은 이와 아주 다르다고 한다.

형제간의 계약적 연대가 생겨나기 전에 아버지의 정치적 권위를 파괴해야 한다는 논리는 벵골의 민족주의 사상에서 무의미했다. (…) 벵골 민족주의에서 우애는 형제간의 계약적 유대라기보다는 천부적 유대를 나타낸다. 자기 이해, 계약, 사유재산에 기초한 자율적 개인이라는 유럽 부르주아의 가정은 벵골에서는 이와 같은 '자연적' 형제애에 종속되었다.[19]

차크라바르티의 비평은 단순한 역사적 사실에 대한 지적이 아니라, 식민지배에서 해방되는 과정의 문제와 맞대면하려는 보다 광범위한 탈식민 비평기획의 일환이기도 하다. 식민지에서 탈식민 근대성을 상상할 때 유럽에서 전해 배운 정치적 근대성을 본보기로 삼아야 하는 모순이 있었다. 이로 인해 식민지배에 대한 저항이 진정한 창조적 행위가 되지 못하고 지배자를 모방하는 행위가 된다. 따라서 유럽의 정치적 근대성이라는 유산을 "지방화하는"(보편적인 것이 아니라 오직 유럽에 의미 있는 유산으로 이해하는) 기획이 필요하고, 이것은 다시 사고의 영역에서 탈식민화를 위한 필수 불가결한 단계가 된다. 다시 말해 자신의 정치사를 유럽 사상의 역사적 발전과정에 존재하는 이론적 전제와 차별하는 작업은 정신을 식민주의로부터 해방시키는 방법인 것이다.

목표가 이러하므로 차크라바르티가 벵골의 전통적 형제애를 로크식 정치적 형제애와 뚜렷이 대비시키는 것도 이해할 만하다. 하지만 좀더 자세히 들여다보면 정치적 근대성의 서구식 재현을 지방화하고자 하는 이러한 원대한 기획에 하나 주목할 만한 문제가 발견된다. 탈식민 경험에 대한 차크라바르티의 주장은 일단 식민주의를 제도적 질서와 문화영역이라는 개념적으로 다른 두 영역으로 분리하고, 정치적 자립을 성취한 후에도, 즉 제도적 질서로서의 식민주의가 종식된 후에도 문화로서의 식민주의가 지속된다고 가정한다. 그런 점에서 '탈식민'(postcolonial)에서 '탈'이라는 접두어가 실제 식민지배를 받았던 과거의 경험이 현재에도 생생히 살아 있음을 보여주는 상징이라고 본다. 그런데 탈식민 비평이 이렇게 식민지적 상상계가 역사적으로는 환영에 가깝지만 경험적 실재로 지속된다는 주장에 기초하면서도, 분명 식민주의가 제도적 구조에서 문화적 형식으로 변화했던 상황과 동시에 존재했던 냉전의 정치적 현실을 분석적으로 고려하지 않는 것은 놀랍다. 탈식민 문화라는 개념은 2차대전의 종전부터 현재까지의 역사적 시기를, 과거 식민지 세계가 1950~60년대에 걸쳐 형식적·제도적 통제에서 벗어난 후 이어서 식민주의의 문화적·정신적 영향력에서 벗어나려 했던 연속적인 투쟁으로 그려내는 경향이 있다. 그 시기에 전지구적 권력구도가 식민주의 구조에서 냉전의 구조로 전환되는 중대한 변화가 일어났고, 그 결과 탈식민 세계의 국가건설 과정에 첨예한 문제가 초래되었다는 사실을 고려하지 않는 것이다. 무엇보다 탈식민 과정에서 경험된 극단적인 정치적 양극화와 그로 인해 공동체적 삶이 당면한 위기에 무관심하다.

탈식민 냉전기를 내전의 형식으로 경험한 사회에서는 가족과 민족의 상징적 유사성이 긍정적인 융합이라기보다는 분열과 왜곡이라는 부정적 조건으로, 또한 미래에 극복해야 할 조건으로 이해된다는 사실이 무엇보다 두드러진다.[20] 이런 맥락에서는 '자연적'(natural) 또는 전정치적(pre-political) 형제애를 별개의 토착적 단일체로 상상하고 그다음에 서구 정치사상에 나타나는 정치적 우애와 대비시키는 데는 무리가 따른다. 정치현실과 떨어져 자율적으로 존재하는 듯이 보이는 이상화된 토착적 친족이라는 이미지는 탈식민 내전의 위기 속에서 분투하는 친족의 운명에 적용될 수는 없는 것이다. 이러한 분투를 이해하기 위해서는 정치적 형제애와 '자연적' 형제애라는 두 형제애 개념을, 그리고 그것이 대변하는 연대성의 규범적·정치적 영역을 자유주의 이론과 탈식민 비평이 공히 보이는 이원론적 시각에서 좀 벗어나 바라볼 필요가 있다.

육친애

해방 이후 한국의 정치체제는 종종 "한 민족 두 국가"로 지칭된다. 오늘날 한반도의 기본 구조를 집약한 표현이기는 하지만 역사적 관점에서 보면 아주 정확한 말은 아니다. 해방 이후 한반도의 국가건설 과정은 냉전의 출현과 동시에 시작되었고, 민족 내 정치가 글로벌 갈등의 각축장이 되었다. 그 과정은 두 탈식민 국가체제가 상대의 정치적 정당성을 완전히 부정하는 식으로 이루어졌다. 양자 모두 한반도 전역과 그곳의 주민 전체를 포괄하는 단 하나의 정당한 국민국가라고 주장했던 것이다.[21] 대한민국의 헌법에는 대한민국의 영토는 한반도와 그 부속도서라고 명시되어 있다. 또한 상당 기간 반공주의를 "국가 존립의 첫번째 원칙"으로,[22] "반공 민주 정신에 투철한 애국 애족"을 핵심적 시민윤리로 신성화했다.[23] "공산주의는 인류의 적"임을 인식하고 이에 기초하여 "조국을 공산주의에서 지키고 공산주의를 물리칠 힘을 기르는 일"이 시민의 임무로 규정되었다.[24] 이러한 상호 배타적 주권체계에서 남북은 한반도에 존재하는 상대 국가를 괴뢰정권으로 여기고, 더 나아가 종국에는 유일한 주권국가의 강제력으로 다스려야 하는, 반란세력과 다를 바 없는 위법적 정치집단으로 보았다.

이러한 상황은 1979년에 남북이 동시에 유엔에 가입하면서 달라졌다. 두 국가 모두 국제사회에서 공식적으로 주권국가임을 인정받았고, 따라서 남북한도 서로를 그렇게 인정해야 했던 것이다. 2000년에 남북 두 정상이 평양에서 최초로 정상회담을 하면서 이러한 변화는 더욱 분명해졌다. 역사적인 정상회담은 한국이 구 동유럽권 국가와 공식적인 외교관계를 맺은 뒤에 이루어졌는데, 그로써 북한 역시 상대 진영, 특히 미국, 일본과 유사한 시도를 하리라는 기대가 높아졌다. 그 기대는 지금까지도 실현되지 않았지만, 1979년 이후 벌어진 일련의 과정으로 이제 국제사회는 한반도에 두개의 주권국가가 있다는 사실을 당연시한다. 하지만 당사자인 남북한 내부에서는 아직 "한 민족 두 국가"가 독점적 주권이라는 예전의 구도를 완전히 대체하지 못했고, 마찬가지로 어느 쪽에서든 적법한 단 하나의 주권국가가 그 영토 일부를 불법적으로 차지한 채 주권국에 위협을 가하는 집단과 대치하는 끝없는 전시상태라는 인식 역시 완전히 사라지지 않았다.

따라서 현재 한반도에는 "한 민족 두 국가"라는 역사적 사실이 "한 민족 한 국가"라는 역사적 부인과 더불어 존재한다. 그 부정은 한반도 내전의 역사에, 그리고 한국전쟁이 아직 끝나지 않은, 끝이 없는 전쟁이라는 사실에 깊이 자리 잡고 있다. 이렇게 해방 후 건설된 두 국가가 각자 동일한 방식으로 상대를 불법집단이라며 부정해온 상황이 한국전쟁의 기원이라 할 수 있다. 또한 전쟁으로 인해 민중이 겪어야 했던 고통의 주요 원인이기도 했다. 그와 관련된 또다른 모순은 문학작품에서 잘 나타난다. 한국의 문학전통에서 한국전쟁은 종종 동족상잔으로 재현된다. 앞서 살펴보았던, 민족과 국가가 서로 개념적으로 일치하지 않는 경우와 마찬가지로 여기서도 인간의 연대성과 관련하여 두가지 상호 모순적인 개념이 공존한다. 한국의 전쟁문학은 대부분 동족이라는 인식과 이념적 대립이라는 현실 간의 모순을 어떻게 화해시킬 것인가를 다루어왔다. 앞으로 보게 되겠지만 이런 점에서 내전의 경험은 전후 시기 여러 다른 형식의 가족갈등으로 표현되었다.

냉전의 초기 형성기에 가족의 상징이 중요한 역할을 했고, 한반도의 전쟁은 이것을 더욱 극단화하고 군사화하였다. 한국전쟁이 일어난 후 미국의 국방비는 4배로 증가했는데, 역사학계에서는 그때가 미국이 2차대전 이후 글로벌 군사대국으로 변화하는 과정에서 아주 중요한 시기였다고 본다. 미국 국내적으로는 한국전쟁 이후 매카시즘의 전투적 반공캠페인이 힘을 얻어 트루먼 행정부의 정책에 영향을 끼쳤다. 최근 연구는 널리 알려진 이러한 냉전 초기의 역사적 사실 외에, 당시 광범위한 정치적 문화를 형성하는 데 친족이라는 상징이 어떤 중요한 역할을 했는지도 다루고 있다.

여기서 특히 주목할 만한 점이 국제입양의 정치이다. 크리스티나 클라인(Christina Klein)은 20세기 초국가적 이동의 역사가 냉전의 지정학과 밀접하게 관련한다고 주장하면서 그 관련성이 애초에는 특정한 친족의 관행을 통해 인종적·문화적 차이를 초월하는 형태를 띠었다고 논의한다.[25] 클라인은 20세기 중반의 정책문서와 중산층 대상 대중교육 자료를 중심으로 1950년대에 어려움에 처한 아시아 지역에서 아이를 입양하는 일이 주목할 만한 지정학적 실천이 된 과정을 추적한다. 미국이 전지구적 공산주의 봉쇄정책이라는 정치적 목표를 내세우는 중에 자유세계 내 미국의 주도권에 실질적으로 긍정적인 특성이 결핍되었다는 우려가 있었다. 반공주의란 기본적으로 반작용이지 그 자체로 진정한 이념은 아니고, 아시아 대중들에게 자유주의적 개인주의나 온정주의적 자본주의란 서구 식민지 지배와 결부되어 이해되었으므로 호소력이 없었다. 클라인에 따르면 서구 제국주의를 경계하는 아시아인과 국제사회에서 남의 일에 지나친 관심을 갖는 것을 꺼리는 고립주의적 경향의 미국 시민 양쪽 모두를 설득해야 할 필요에서 아시아에 대한 미국의 정치적 책무를 가족의 문제

로 그려내는 새로운 수사가 발명되었다는 것이다.[26]

그런 연유로 1950년대 주요 교육매체에는 친족의 확장이 아시아의 공산주의에 맞서 싸우는 주요 전략이라는 생각이 널리 퍼졌다. 미국 가정에 콜카타와 뭄바이의 집 없는 아이들, 일본의 버려진 "지아이(GI) 아기들" 그리고 한국의 전쟁고아들을 입양하라는 권유가 쏟아졌고 "우리에게는 세계의 굶주린 아이들이 원자폭탄보다 더 위험하다"라는 생각을 전파했다. 자애로운 미국이 온정주의로 돌봐주지 않는다면 억압받는 이 아이들이 "공산주의자의 손에서 가장 강력한 무기"가 될 것이라는 논리였다.[27] 클라인은 이러한 입양의 실천이 어떻게 두 갈래의 학습과정이었는지를 설득력 있게 논한다. 미국 "부모"는 공산주의로 초래된 고통과 비참함을 알게 되고, 입양된 아시아 "아이들"은 "자유세계가 제공하는 물질적 풍요와 인간적 따스함"을 알게 된다는 것이다.[28] 모성애를 끌어온 이 이념은 한편으로는 냉전시기 미국의 문명화 임무를 과거 유럽의 제국주의와 구분하고, 다른 한편으로는 가족의 온정과 종교적 자선이라는 사적 영역에서의 참여를 독려하여 공산주의에 대한 투쟁에 미국 대중을 동원하려는 의도였다는 게 클라인의 주장이다. 그 결과 1875년 이래 인종적 근거로 아시아로부터의 이민을 제한했던 미국사회에서 초국적 연대의식과 대량 이민의 지평에 상당한 변화가 있게 되었다.[29]

클라인은 위의 변화를 "냉전 오리엔탈리즘"이라고 명하는데, 이는 미국이 탈식민 세계에서 그들의 "자애로운 패권"을 형성하고자 하는 과정에서 이질적인 문화와 조우하면서 그 이질적 세계가 국제공산주의에 맞선 전지구적 이념투쟁의 전선에 참여하도록 새로운 정치를 발명해내는 일이었다고 본다. "그렇게 해서 [2차대전 이후] 미국은 서구에서 유일하게 인종 간 평등이라는 사상을 옹호함으로써(비록 현실적으로 항상 그렇지는 않았더라도) 세계를 주도하려는 자신의 야망을 정당화하려 했던 나라가 되었다. 전후에 세력 확장을 주도했던 미국의 수장들은 19세기 유럽의 제국주의 권력과 구분되는 본질적인 인종적 차이와 위계가 존재한다는 생각을 명시적으로 비난했다."[30] 클라인은 문화영역에서 전후 미제국의 팽창은 한편으로는 공산주의(미국적 삶과 양립할 수 없는 삶의 방식)에 맞선 배타적 수사, 다른 한편으로는 (문화적 차이에 대한) 관용과 (문화적 진보로서의) 포용이라는 이상에 토대를 두었다고 한다. 그러면서 전후 미국인들 사이에서 대단한 인기를 끌었던 뮤지컬 「왕과 나」의 주제가 '당신을 알아가기'(Getting to Know You)를 이렇게 변화한 오리엔탈리즘 지평의 한 사례로 든다.[31] 이와 유사하게, 다국적 입양의 역사를 살피는 엘레나 김(Eleana Kim)도 한국전쟁에 참전한 미군들과 고국에 있는 그들의 가족들은 한국의 아이들이 미국 가정에 입양되는 현상을 통해 자신들이 들어보지도 못한 생소한 나라에 미국이 군사적으로 개입하는 것을 인도주의적 행위로 이해할 수 있었고, 그렇게 국제입양이 한국전쟁 기간과 그 이후에 "안정제" 역할을 했다고 결론 내린다.[32] 그런 점에서 국제입양은 냉전의 국제정치에서 두드러진 민간외교 사례라고 본다.[33]

그러면 실제 전장인 한반도에서 전쟁고아의 입지는 어떠했는가? 북한 당국은 전쟁고아를 전쟁의 폭력으로부터 보호하고자 상당한 노력을 기울였는데, 특히 혁명전사의 자녀들을 대상으로 삼았다. 이들을 동유럽 사회주의 동맹국으로 보낸 것도 그러한 노력의 일환이었다. 김일성은 1956년 동유럽 방문 시기에 사회주의 형제들이 조선의 전쟁고아를 돌보아준 것에 감사를 표시하고, 이 일로 유라시아 사회주의 국가들 간에 강고한 연대감이 생겨났다고 언급했다. 이 아이들 대부분이 1950년대말에 다시 고국으로 소환되었다. 돌아와서 적응하는 데 큰 어려움을 겪은 경우도 있지만,

대개 이후 북한의 엘리트로 성장해서 김일성의 무소불위 권력을 공고히 하고 신성화하는 데 중추적 역할을 했다. 북한은 전쟁고아를 위한 특수학교도 세웠는데, 혁명유자녀학원이라는 이 군사교육기관에서 미래의 엘리트 당간부와 장교를 육성했다. 북한은 또한 자신들의 온정주의적 정치체제와 대비하여 남한이 전쟁고아를 방기했다고 주장하면서 선전공세도 전개했다. 남한에는 전쟁 중에 수많은 혼혈 아이들이 생겨났는데, 이 아이들은 그들의 조국과 제국주의 종주국 모두에게서 버림받았다고 선전했던 것이다.

전후 북한은 아버지 수령이 전쟁고아를 자애로 품었다는 주제를 열심히 선전했다. 이에 비해 한국에서는 전쟁고아의 문제가 상대적으로 덜 부각되었고 국가권력의 주요 관심이 아니었다. 그렇지만 클라인이 말하듯이 냉전정치의 국제적 영역에서 조명하자면 이는 아주 중요한 쟁점이었다. 아시아-태평양의 탈식민 지역에 대한 미국의 접근법에 비춰 보면 특히 그러했다. 나아가서 비록 북한의 방식과는 다르기는 하지만 전후 한국의 전쟁문학과 전쟁영화에서도 전쟁고아의 이야기는 분명 등장한다. 이들 중 주목할 만한 것이 인천상륙작전에 참여한 해병 이야기 「돌아오지 않는 해병」(이하 「해병」)이다.

형제간 분쟁

서울로 진격하면서 잔존한 적들과 시가전을 치러야 했던 해병들은 어머니의 주검 곁에서 울고 있는 여자아이를 발견한다. 적군에 저격당할 위험을 무릅쓰고 아이를 구한 해병들은 영주라는 그 아이가 돌봐줄 가족도 없고 갈 데도 없다는 사실을 알고 아이를 맡기로 결정한다. 영주는 해병들과 함께 중국 국경까지 올라갔다가, 중국의 참전 후 그들과 함께 다시 서울로 돌아온다. 영주의 존재로 인해 전투로 다져진 해병의 동지애에 일종의 가족애까지 더해져서 그들의 관계는 더욱 돈독해졌다. 해병들은 이 맥락에서 전쟁의 의미에 대해 다시 생각해보게 된다. 예전에는 애국적 반공주의의 막연한 사명감으로 전쟁에 임했다면 이제는 어린 동생 영주에게 사람다운 미래를 마련해줘야 한다는 의미 있는 목표, 즉 싸워야 할 의지가 생겼다. 그들은 이 잔인한 전쟁이 끝났을 때 한 사람은 꼭 살아남자고 서로 다짐한다. 동생을 돌볼 사람이 필요한 것이다.

영주는 특히 두 군인 아저씨를 아주 잘 따랐는데, 이 둘은 처음에 사이가 좋지 않았다. 서울 수복 작전 중에 발생한 사건에서 비롯된 반감 때문이었다. 해병들이 영주를 구출하고 적 저격수들을 섬멸했을 때, 저격수가 은닉해 있던 건물에서 수많은 시신을 발견했다. 그들은 남쪽의 공무원과 군 장교의 가족들로서 서울의 공산주의 동조자들이 퇴각하는 인민군과 함께 서울을 빠져나가면서 처형한 시민들이었다. 희생자 중에는 한 해병의 여동생이 있었는데 영주 또래였고, 처형을 집행한 인민군 부대에는 다른 해병의 남동생이 있었음이 밝혀졌다. 희생자의 오빠와 가해자의 형은 같은 학교를 다닌 오랜 친구였지만 이 일로 우정이 깨졌고, 동생을 잃어버린 비탄에 빠진 병사는 가해자의 형을 더이상 전우로 인정할 수가 없었다. 영주의 존재는 두 병사 간의 오랜 우정과 그들이 새로 직면한 적대감 사이의 모순에서 새로운 이야기를 만든다. 애도 중인 병사에게는 여동생을 대체하고, 다른 병사에게는 가해자의 형으로서 동생이 저지른 가공할 만한 범죄를 뼈아프게 상기시키고 책임감을 느끼게 하는 역할을 해주었던 것이다. 두 사람 모두 죄책감에 시달렸다. 한 사람은 여동생을 보호하지 못했기 때문에, 다른 한 사람은 남동생을 올바른 길로 이끌지 못했기 때문이었다. 영주는 서로 다르지만 얽혀 있는 이 두 아저씨들의 죄책감을 덜어주려 애를 쓴다. 이후 두 병사는 영주의 후견인이라는 새로운 입지를 통해 서서히 동료애를 회복하는데, 중국 지원군에 맞서 병력과 화력에서 열세인 전투에서 부대의 다른 병사들과 함께 전몰한다. 영주는 또다시 고아가 되어 세상에 홀로 남는다.

「해병」은 1963년에 개봉했다. 영화 전체에서 고아는 가족의 비극과 가족적 책임의 실패를 끊임없이 상기시킨다. 이야기는 두 남자의 서로 다르지만 공통된 가족 관련 죄책감을 소재로 전개된다. 이후에도 유사한 감정적·도덕적 고통이 전쟁서사의 주요 요소로 활용되었다.

내전의 경험을 다룬 전후 한국문학은 가족의 운명을 중심에 두고 전쟁의 폭력을 증언했다. 김동리의 「형제」는 1948년 여순사건의 위기를 "가족애의 파괴와 친족윤리의 위기"라는 측면에서 묘사하고 있다.[34] 이야기의 한 극적인 장면에서, '인간성을 믿는 사람'(인봉)이라는 이름으로 '미신을 믿는 사람'(신봉)이라는 이름의 동생과 갈등하는 인물로 나오는 집안의 장남은 성난 군중들 틈에서 동생의 아이를 구출한다. 동생은 지역 공산당 반란조직의 조직원이었고, 그들이 마을을 장악했을 때 "반동 가족"에 대한 테러에 앞장선다. 반공청년단 소속이었던 형은 동생의 이런 행동에 괴로워하고, 반동분자를 일소한다는 명목으로 가까운 친지들에게까지 폭력을 가했다는 소식을 듣고 더욱 괴로워한다. 반란이 실패한 후 성난 군중이 동생의 집으로 몰려간다. 반란세력에게 일가친척을 잃고 복수를 벼르던 군중은 가해자 당사자를 붙잡지 못하자 대신 그의 아이를 분풀이 대상으로 삼으려 한다. 군중 속에서 누군가 "빨갱이는 씨도 남기지 말고 죽여야 한당께"라고 외친다. 이 절체절명의 순간에 형이 뛰어들어 아이를 품에 안고는 좁고 어두운 골목길을 달려 마을을 벗어난다.

한 문학평론가는 이 이야기가 한국의 전쟁경험에 대한 전형적인 재현 방식을 대변한다고 평한다. 좌우로 나뉜 이념적 대립을 가족사로 그려내고, 나아가 전쟁이라는 격동의 현실을 가족관계의 위기로 표현하는 것이다.[35] 그에 따르면 이러한 서사전략에는 윤리적 차원과 정치적 차원이 모두 존재한다. 한 개인이 잘못된 정치이념(주어진 정치공동체에서 정의되는 바에 따라)에 연루되는 일이 친족영역에서 비도덕적인 행위를 저지르는 일이라는 식(공산주의자 동생은 반동분자로 여겨지는 친척을 처형하는 일에 도덕적 딜레마를 느끼지 않는다)으로 표현된다는 것이다. 따라서 어느 이념의 타당성 여부는 그 이념으로 인해서 사람이 어떻게 변모하는지, 가족과 친족의 도덕성의 시각에서 봤을 때 비인간적인 인물이 되었는지의 여부로 판단된다. 반대로 상대편 정치적 입장(이 경우 반공주의)이 옳다는 근거는 친족세계의 윤리적 주체성에 있다. 따라서 이 이야기에서 형은 비록 군중의 분노에 십분 공감하지만 이 분노(그리고 그것을 촉발한 이념의 충돌) 때문에 자신의 피붙이에 대한 헌신을 버릴 수가 없다(그래서 군중에 맞서 아이를 구한다).

이렇게 친족관계 영역의 윤리적 주체성이라는 측면에서 정치적 정체성을 묘사하는 방식이 전후 한국의 문화생산에서 두드러진 것은 사실이다.[36] 이것은 유럽의 냉전과는 달리 한반도의 냉전정치는 경제적·정치적 이념의 차이보다는 충돌하는 사회체제의 도덕적 성격을 강조한 것과 일면 관련한다. 1967년에 간행된 '반공계몽독본'이라는 흥미로운 제목의 한국 문건은 공산주의의 문제를 "인간생활에서 보편적으로 적용되는 근본적인 도덕윤리"를 왜곡하는 것으로 정의한다.[37] 그러면서 한국전쟁 직후 공작임무를 띠고 북에서 넘어온 자가 근거지로 사용하기 위해 남의 형에게 접근하는 이야기를 하나의 사례로 든다.[38] 이 글에는 '형을 속이고 부역을 강요한 일'이라는 제목이 달려 있다.[39] 부역이란 적을 이롭게 하는 모든 행위를 지칭하는 것으로 전시에는 무시무시한 말이었다. 문건은 다음과 같은 엄중한 경고로 끝을 맺는다. "이런 경우, 가족들이 만일 혈육의 정에 끌리어 덮어놓고 무사하기만 바라는 마음에서 그를 숨겨준다면 돌이킬 수 없는 큰 과오를 저지르게 되는 것이다."[40] 『반공계몽독본』은 가장 친밀한 인간관계의 영역까지 거리낌 없이 정치적 목적으로 이용하는 데서 공산주의의 비도덕적 특성이 잘 나타난다고 주장한다. 또한 공산주의의 침투에 맞선 사회 전체의 저항에서 가장 중요한 면이, 필요하다면 가족의 정도 이겨내면서 공산주의에 맞선 투쟁에 함께하는 시민의 의무라는 점도 분명히 한다.

이념의 도덕성

근래 한국문학계는 전쟁 직후에 기세를 떨쳤고 1980년대까지도 영향력이 줄지 않았던 지배적인 반공주의에서 상당히 벗어나게 되었다. 그런데 흥미롭게도 이념적 차이를 친족관계 내 규범적 지위라는 측면에서 재현하는 경향은 현재까지도 지속되고 있다.

이런 점에서 특히 관심을 끄는 작품은 조정래의 『태백산맥』이다. 『태백산맥』은 김동리의 「형제」와 마찬가지로 여수를 배경으로 한다. 이곳은 1948년 10월에, 그리고 다시 한국전쟁 초기에 폭력의 소용돌이에 휩싸였다. 소설의 주인공 중에 염씨 형제가 있다. 지식인인 형은 1948년의 저항이 실패로 끝나자 유격대가 되어 반란진압군과 경찰에 대항한다. 동생은 지역 반공청년단의 일원이고 나중에는 반란진압 활동에 투입된다. 방대한 역사적 자료를 바탕으로 한 조정래의 서사는 염씨 집안의 두 형제 사이에서 점점 격화되는 대립을 중심으로 남해안 공동체의 위태로운 삶을 그려낸다.

『태백산맥』은 1980년대에 문학잡지에 연재되어 많은 논쟁을 일으켰다. 일부에서는 지배적인 반공주의 이념과 단호히 결별하여 평범한 사람들이 겪은 격심한 이념갈등을 진실하게 그려낸 최초의 작품이라고 평했다. 작품에 공감하는 독자들은 빨치산을 도덕적 주체로 그려냈을 뿐 아니라, 여수와 다른 인근 지역의 수많은 무고한 양민들을 대상으로 한 국가의 야만적인 반란진압작전을 폭로하는 어려운 과업을 이루었다며 높이 평가했다. 대중적으로도 인기가 많았고 작품성도 널리 인정받았지만 일부에서는 『태백산맥』의 출간에 분노하여, 저자가 국가보안법 위반 혐의로 재판을 받기도 했다. 이 소설에 격노한 쪽은 무엇보다도 반공청년단 소속인 동생의 도덕성을 묘사한 방식을 문제 삼았는데, 자신의 맞수인 형이 학식 있고 훈련된 인물로 묘사된 데 반해 그는 배우지 못한 불한당으로 폭력을 일삼는 인물로 그려졌기 때문이다.

『태백산맥』은 한반도 현대사의 중요한 서사적 재현의 하나일 뿐 아니라 전쟁문학의 판도를 바꾼 작품으로 평가된다. 전쟁 직후에 나온 「형제」에 비해 규모가 방대하고 줄거리 역시 훨씬 더 복잡하다. 그렇지만 두 작품 모두 공통적으로 내전의 정치적 위기를 주로 가족관계에서 벌어지는 첨예한 도덕적·윤리적 위기로 그려낸다. 『태백산맥』은 1989년에 완성되었다. 바로 베를린장벽이 무너져 세상을 뒤흔들었던 해이다. 그 이후로 한국전쟁의 기억을 다루는 새로운 작품들이 쏟아져 나왔다. 『태백산맥』이 매우 상징적으로 그 물꼬를 튼 이래, 1990년대 한국에서는 새로운 한국전쟁 문학이 등장하여 기존의 문학적 전통과 갈라서려 했다. 여기서 주목되는 측면이 기존의 서사 전통을 지배했던 반공주의에서 벗어나려는 의식적인 노력이다. 한국에서 1980년대말은 급진적 변혁의 시대로, 20세기의 지배적인 지정학적 질서인 냉전의 종식도 그렇지만, 군사정권에 맞선 대중운동이 폭발적으로 일어난 점에서도 그렇다. 또한 앞서 있었던 서독의 '동방정책'과 유사한 소위 북방정책을 추구하여 한국이 사회주의 진영 국가들과 외교 및 무역을 개시하기 시작한 때이기도 했다. 이런 전반적인 해빙기를 맞아 공산주의 괴뢰정권의 침략에 맞선 영웅적이고 단합된 민족투쟁이라는 지배적인 관점에서 비껴나서 한국전쟁을 다르게, 좀더 사실에 충실하게 서술하는 일에 대한 관심이 증가했다.

1988년에는 『남부군』이라는 또다른 작품이 출간되었다. 『태백산맥』과 시간적 배경도 비슷하고 다루는 역사적 사건도 유사한 『남부군』도 빨치산을 호의적인 시각으로 조명한다. 테러분자이자 외래 이념을 맹목적으로 좇는 피도 눈물도 없는 민족의 배반자가 아니라 그들도 삶을 사랑하고 이상을 소중히 여기는 평범한 인간으로 묘사했다.[41] 두 이야기 모두 이후 영화로도 제작되어, 1990년대에 대중의 한국전쟁 이해에 변화를 가져오는 데 공헌했다. 1990년에는 중요한 한국전쟁 관련 역사서도 출간되었는데, 브루스 커밍스가 쓴 『한국전쟁의 기원 2』였다. 1981년에 출간된 첫번째 저서와 마찬가지로 이 책 역시 한국의 지식인과 학생에게 큰 파급력이 있었음은 물론이고, 민족의 현대사에서 가장 중요하면서도 가장 참담한 사건이었던 한국전쟁에 대한 여론에 영향을 미쳤다. 『남부군』이 『한국전쟁의 기원』과 거의 같은 시기에 나온 것은 반드시 우연의 일치만은 아니다. 커밍스는 『한국전쟁의 기원』에서 민족주의 세력이 미국의 지원을 받은 남한의 반공주의 체제에서 소외된 것에서 한국전쟁의 근원을 찾는데,

그러한 고립이 1947~48년에 무장유격대의 출현이라는 형식으로 표출되었고 바로 그것이 『남부군』과 『태백산맥』의 역사적 배경을 이루는 것이었다. 역사학계와 문학의 영역에서 공히 전개된 새로운 전쟁서술은, 남의 무장유격대는 북의 꼭두각시(그래서 결국 스탈린의 꼭두각시)라는 지배적인 사고에 도전했다. 1945년 해방에서 1950년 전쟁 발발까지의 역사적 이행기를 재고함으로써 한국전쟁의 시간적 범위를 수정하여 탈식민 한반도의 초기 정치적·군사적 위기까지 아우른다고 보았다.

한마디로 1990년대는 새로운 '수정주의적' 역사인식이 한국에 자리를 잡은 때라고 할 수 있다. 이는 부분적으로는 냉전사 연구의 수정주의와 관련된다. 냉전의 양극화된 질서와 그와 관련한 정치적·군사적 긴장과 충돌을 주로 소련의 책임으로 전가하던 과거의 지배적 경향에 도전하고자 했던 것이다. 그 도전은 무엇보다 전지구적 냉전정치의 형성에서 소련만큼 미국 역시 적극적으로 역할을 했고 그 책임이 있음을 드러내는 일이었다. 1990년대에 한국에서 한국전쟁의 기원과 유산에 대한 새로운 해석이 활발하게 제시되었는데, 그 내용은 탈냉전기에 진입하면서 냉전시기 국제정치의 해석에 일어난 전반적인 변화의 유형을 따랐다. 이 과정에서 남한은 더이상 글로벌 공산주의의 수동적 피해자만이 아니라 한국전쟁의 기원에 일정한 책임이 있는 행위자가 되었다. 따라서 미국도 반드시 공산주의의 위협에서 한국을 구해준 구원자라기보다는 해방된 나라를 둘로 나누어 그 한쪽을 점령함으로써 한반도에 동족상잔의 씨앗을 뿌린 주역의 모습 역시 띠게 되었다.

이어서 1990년대말에서 2000년대에는 해방공간의 요동치던 정치적 현실을 국제적·민족적·지역적 관점에서 새로이 살펴보는 수많은 연구들이 등장했다. 이들은 당시 남한정부가 급진적 민족주의 세력을 대상으로 자행했던 폭력의 정당성에 의문을 제기하고 또한 그러면서 식민지시기의 유산인 행정구조를 동원하기도 했다는 사실도 지적했다. 이런 의문은 이미 커밍스가 『한국전쟁의 기원』에서 제기한 것으로, 역사적 연속성의 측면에서 전쟁 전 남한의 급진적 저항세력의 발흥을 일제강점기 민족독립운동에서 이어진 현상이자 혁명에 대한 토착적 열망의 표현이라고 보았다. 결국 초점은 미소 양 강대국의 권력다툼이라는 틀에서 그것을 동북아시아에서 소련의 팽창주의의 증거로 여겼던 2차대전 이후 미국 행정부의 입장에 도전하는 것이었다.

한국전쟁에 대한 커밍스의 분석은 탈식민 국가건설 과정에 집중하면서, 냉전이 대두하고 그 일환으로 새로운 강대국이 개입하면서 어떻게 그 과정이 왜곡되었는지에 주목한다. 한반도의 민족성을 의문의 여지 없는 근본적인 범주로 여기면서, 이렇게 동질적이며 유구한 역사를 가진 민족이 일제강점에서 해방되자마자 상호 적대적인 두 정치체로 나뉘게 된 비극적 상황에 공감을 보이기도 한다. 커밍스에게 오늘날 한반도의 비극은 "1945년 8월에 딘 러스크(D. Dean Rusk)가 처음 삼팔선을 그었던" 때 시작되었다.[42] 이런 시각에서는 민족이 현대 한국정치사의 전개에서 주요 범주가 된다. 물론 냉전정치로 인해 역사적 민족이 인위적으로 둘로 갈라져 국가와 민족이 일치하지 않게 되었다는, 부정적인 의미의 범주이기는 하지만 말이다. 커밍스는 해방 후 한국의 불운한 운명에 공감하는 만큼 한반도에서의 미국 정책에 대해 비판적이다. 그레고리 헨더슨(Gregory Henderson)도 1974년에 "한국의 분단만큼 미국정부에 무거운 책임이 있는 분단은 없다"라고 썼다.[43] 이렇게 보면 통일된 진정한 민족국가를 건설하려는 한국인의 열망을 무시한 채 미행정부가 남쪽에 반공주의적 단독정부를 세우고자 했을 때 한국전쟁의 씨앗이 뿌려진 셈이다. 따라서 커밍스는 1950년 6월 전쟁 발발 이전부터 미국이 지원하는 국가기구와, 『남부군』에 그려져 있듯이 갈수록 궁지에 몰려 급기야는 무장저항을 시작한 급진적 민족주의 세력이 이미 전쟁을 벌이고 있었다고 결론짓는다.

한국전쟁의 기원을 이런 방식으로 이해하는 일은 1980년대까지, 그러니까 군사독재 정권 치하의 한국에서는 금기시되었다. 『남부군』 같은 서사가 공공 영역에 등장하는 것은 이러한 정치적 금기가 느슨해졌음을 보여준다. 한국전쟁의 기원에 대한 새로운 해석은 문학에도 영향을 미쳤다. 2000년대 들어 한국전쟁에 대한 회고록과 새로운 문학작품이 봇물 터지듯 나왔다. 앞서 언급했듯 이런 과정에서 주목할 만한 점이 반공주의 구호와 정서가 밀려나고 특히 민간인의 삶과 관련해 내전의 잔혹성을 점점 강조하게 되었다는 사실이다. 이 시기의 전쟁 이야기는 주된 측면에서 「해병」과도 다르고 『남부군』과도 다르다. 이 시기 작품들은 공산 침략자에 맞선 자유의 전사이건 미제국주의에 맞선 혁명전사이건 전투원의 경험이 아니라, 두 충돌하는 국가권력의 주권정치에 의해 찢긴 보통사람의 운명을 담는다. 정치군사적 분쟁 속에서 보통사람들의 삶이 두 힘에 의해 갈라지고, 그다음 전세가 역전되면서 양 세력에 의해 산산이 부서지는 양상을 그리는 것이다.

전쟁 당시 서울에서 겪은 가족의 삶을 자전적으로 다룬 박완서의 글은 이러한 한국전쟁 문학의 신경향의 대표적 사례이지만(2장 참조), 1990년대 후반과 2000년대에는 그 외에도 감동적이고 통렬한 수많은 이야기들이 나왔다. 예를 들어 이창동은 아버지의 죽음 후 해체되는 가족을 지켜보는 어린이의 경험을 들려준다. 그는 학교에서 "왼손잡이(좌익) 자식"이라는 놀림을 받을 때마다 "공산주의 아버지"에 대해 반감을 느낀다.[44] 어머니에 대한 기억도 전하는데, 그의 어머니는 "부서진 당신의 삶에서 최소한의 안정을 찾기 위해 필사적으로 애를 쓰면서 점점 더 예수님께 의지했다"고 적는다.

형제애

전시 가족의 운명은 대단히 흥행했던 영화인 「태극기 휘날리며」(이하 「태극기」)의 모티브이기도 했다. 2004년에 개봉하여 한국의 「라이언 일병 구하기」라고도 불렸던 이 영화는 2년에 걸친 개봉 기간에 천만 이상의 관객을 모았다.[45] 스필버그 감독의 「라이언 일병 구하기」와 비교되는 것은 노인이 된 라이언 일병이 어느 묘지를 찾는 장면과 연관이 있다. 묘지에는 2차대전 당시 네명의 형제 중에서 세명이 전사하여 홀로 남은 라이언 일병을 구하기 위해 독일군 진영까지 들어갔다가 전사한 미군 병사들이 묻혀 있다. 「태극기」역시 노인이 된 참전용사가 유해를 찾는 장면으로 시작하고 끝난다. 그 유해는 실종된 그의 형으로, 북한군 병사로 싸우다가 전사했다. 두 영화 모두 전쟁의 정치적 형제애(political brotherhood) 및 그와 관련된 우애의 개념을 친족개념으로서의 형제애(pre-political brotherhood)와 대비시킨다. 표면적으로는 이렇게 유사성이 있을지 모르지만 두 영화는 아주 다른 형제의 드라마를 그리고 있고, 이 차이를 통해 다시 내전의 문제와 내전이 가족의 삶에 가한 특정한 영향의 문제로 돌아가게 된다.

「태극기」에 나오는 형제의 이야기는 내전에 휩쓸린 가족의 파란만장한 운명을 묘사한다. 동생인 10대의 진석이 대구역 인근 거리에서 강제로 징집되면서 이야기가 시작된다. 형 진태는 그를 구하려고 애쓰다가 실패하자 유약한 동생 곁에서 그를 지키려고 자신도 자원한다. 두 형제는 앞서 언급한 「형제의 상」의 무대인 낙동강전투에서 살아남았고 이후 서울을 수복하고 북중 국경까지 북진하는 동안에도 함께했다. 그 모든 위험한 상황에서 진태는 몸을 사리지 않고 전투에 임하는데, "애국이라는 이념이나 민주주의 이념"을 믿어서가 아니라 그저 동생을 안전하게 지키기 위해서였다. 전쟁이 일어나기 전인 이야기 초반에 진태의 규범적 세계가 잠깐 비친다. 아버지의 기제사에서 진태는 아버지가 돌아가시면서 남겼던, 장남으로서 가족을 부양하고 어린 진석에게 아버지 역할을 해달라는 당부의 말씀을 떠올린다.[46] 그러고는 아버지의 영정을 보며 이렇게 말한다. "아버지 걱정 마세요. 진석이도 어머니도 제가 꼭 지켜드릴 거예요."[47]

동생을 보호하는 형이자 집안의 장남으로서 가장의 역할에만 한결같이 전념하던 진태에게 중국군의 개입으로 퇴각이 시작되면서 위기가 거듭되기 시작한다. 서울까지 퇴각한 후 더 남쪽으로 내려갈 준비를 하던 중 형제는 자신의 가족이 상상도 못했던 참혹한 현실에 직면했음을 깨닫게 된다. 진태의 약혼녀가 점령군에게 부역했다는 죄목으로 청년대에 붙잡혀 다른 서울 사람들과 함께 처형될 위기에 놓인 것이다. 필사적으로 약혼녀를 구하려 애썼지만 결국 실패한 형제는 무장청년단과 대립하고 결국 감옥에 갇힌다. 이후 서울에는 엄청난 혼란이 닥치고, 공산군이 다시 밀고 내려오기 전에 재소자를 다 없애버릴 심산으로 부대의 지휘관이 감옥에 불을 질렀을 때, 진태는 진석이 사망했다고 믿는다. 진태는 약혼녀와 동생을 앗아간 잔인한 폭력에, 자신이 같은 편이라고 믿었던 이들이 자신의 가족에게 자행한 그 폭력에 모든 믿음이 산산이 부서진다. 중국군에게 잡혀 포로로 끌려가던 중 진태는 포로들 사이에서 감옥에 불을 지르라는 명령을 내렸던 지휘관을 보게 되고 돌을 집어 들어 그의 머리에 내려친다. 이

행위로 형제애의 이야기는 내전의 잔혹한 현실에 대한 통렬한 비판으로 나아간다.

동생이 죽었다고 믿은 그 순간부터 진태는 공산 침략에 맞서 용맹하게 싸워 훈장을 받은 전쟁영웅으로부터, 삼팔선을 사이에 두고 교착된 참호전에서 인민군 돌격대의 가공할 만한 전사로 돌변한다. 그가 전쟁영웅이된 것은 동생을 위험한 전투에서 어떻게든 보호하려다가 생겨난 결과였으므로 전쟁영웅이라는 공적 지위는 그의 사적 가족애와 떼려야 뗄 수 없이 연결되어 있다. 동생의 몫까지 할 작정으로 다른 병사들보다 더 열심히 싸웠던 것이다. 그러던 그가 악명 높은 인민군 돌격대원이 된 것은 가족의 보호자라는 자기 정체성의 토대가 부서지면서 도덕적 자아도 붕괴했기 때문이다. 진태는 처음에 어떤 특정한 정치적 대의에 헌신한다는 의식 없이 참전했다. 따라서 그가 편을 바꿔 적에게 헌신하는 것은 정치적이라기보다 도덕적 행위였다고 말할 수 있다. 국가가 요구하는 바에 따른 것이라기보다는 친족의 규범에 따라 움직이는 것으로 그려지기 때문이다. 그가 국가의 부름에 따른 것은 친족의 생존과 유지를 위해 피할 수 없는 일이었기 때문이었다. 이 전쟁영웅에게는 가족의 생존이 가장 중요하면서도 유일하게 의미 있는 가치이자 목적이었던 것이다. 따라서 전쟁경험은 정치적 공동체가 위기에 빠진 때에 애국적이고 충실한 시민이자 군인의 역할을 다하기 위해 사적 영역을 초월하는 것이라기보다는 공적인 위기의 시기에 수행한 가족적 책임의 연속성이었다.

「태극기」에서 형제애는 원초적이고 전(前)정치적인 기본적인 관계로 그려지고, 요동치는 역사의 현장에서 내전의 양분하는 파괴력에 휩쓸리면서도 그 주체성을 유지하고자 한다. 형 진태는 비타협적으로 친족의 규범을 따르는 인물이고, 애국주의와 친구 대 적의 극단적인 대립으로 특징지어지는 사회정치 영역에서도 그렇게 행동한다. 철학 문헌에서 애국주의는 "보편적인 공적 이해관계와 개인의 이해관계의 합일과 동일시"이자 "보편과 특수의 대립과 대비를 유보하고 이를 초월하는 상호 인정의 형식"으로 정의된다.[48] 애국주의라는 현상적 존재는 종종 사회계약 이론에 대한 비판으로 많이 거론된다. 애국주의에서는 원자적 개인과 "[타인을] 불신하는 그런 개인성, 서로의 차이, 타자성이 보다 높은 차원에서의 자기의식과 타인과의 결합의 형식을 통해 초월되기 때문"이다.[49] 헤겔에 따르면 애국주의는,

> 타자가 더이상 타자가 아니어서 개인은 전체와 하나가 되는데, 그 전체란 자신의 사적인 관심과 재산 그리고 삶이 안전하게 보장받는 전체이다. 하지만 그런 안전함은 원자화된 개인주의로 환원되지 않는데, 왜냐하면 애국적 개인은 전체를 위해, 전체를 지키기 위해 자신의 이해관계와 재산과 삶까지 모두 바치고 희생할 용의가 있기 때문이다.[50]

헤겔의 정치철학에서 전체란 소위 자연적이고 타고난 특성인 사랑을 구성요소로 삼는 가족과 같은 관계의 양식과 구별되는 다른 실체이다. 이는 더 높은 차원의 연대인데, 그 성격이 가족의 "특수한 박애주의"뿐 아니라 개인의 "보편적 이기주의" 그리고 이 개인들이 구성하는 시민사회를 초월한다.[51] 「태극기」가 표상하는 형제애의 윤리는 보편과 특수의 변증법적 조합에 기초한 인간연대의 철학적 이상과는 어긋난다. 전쟁에서의 형제애가 공통의 집단운명에 대한 공유의식의 차원에서 다루어지는 「해병」이나 『남부군』과도 다르다. 「태극기」의 형제애는 불굴의 가족애의 표현, 헤겔의 표현을 빌리면 친족관계의 전(前)정치적 윤리적 삶이 지니는 "특

수한 박애주의"에 가깝다. 이 영화의 서사에서 정치 이전의 윤리적 삶은 집단적 이익과 운명에 대한 공유의식에 기초한 근대 정치적 형제애와 근본적인 갈등관계에 있다. 가족을 지키기 위해 전장에 나가 싸우는 진태라는 인물의 형상화에서 특히 이 점이 두드러진다.

「해병」과 「태극기」에 모두 비극적인 민간인 학살이 등장한다는 사실도 주목할 만하다. 「해병」에서 사건은 공산주의자들이 적국의 정부 관리나 군 장교의 가족에게 자행하는 것인 반면, 「태극기」에서 희생자들은 공산 점령군에 협조했다는 혐의로 반공청년단이 자행한 폭력의 희생자이다. 역사 기록에 따르면 서울이 번갈아 점령 혹은 해방되는 과정에서 양편의 잔학행위가 다 있었지만, 소위 부역자에 대한 범죄행위는 남한에서 오랫동안 금기시되는 주제였다. 이런 점에서 「태극기」는 전쟁 관련 문화활동에 엄격한 검열이 있었던 시기의 「해병」의 재현방식에서 벗어나 역사적으로 좀더 진실하게 민간인 학살에 대한 집단적 기억을 표현할 수 있게 된 새로운 시기의 산물이라고 할 수 있다. 두 서사 간의 중요한 차이는 또 있다. 「해병」의 민간인 학살 사건에는 한 해병의 남동생이 연루되었고, 이 형제간의 갈등이 이야기 내내 부각되면서 애국심에 기반한 또다른 형제애, 즉 정치적 형제애의 배경을 구성한다. 잔학행위를 저지른 동생을 둔 형과 그 잔학행위에 목숨을 잃은 여동생을 둔 오빠 둘 다 자책으로 괴로워하지만, 영주를 매개로 새로운 공동의 가족애를 통해 전우의 형제애가 서서히 회복되면서 동시에 각자의 죄책감을 극복하는 것이다. 「해병」은 정치적인 형제애에 찬사를 보냄으로써 혈연적 형제간의 정치적 갈등을 도저히 화해할 수 없는 절대적 모순으로 제시한다. 이와 달리 1990년대 이후로는 반공과 혁명이라는 이름의 서로 다른 두 정치적 형제애 사이에 존재하던 기존의 도덕적 위계에 의문을 던지며 민간인에게 자행된 폭력에 대한, 좀더 역사적 실제와 가까운 전쟁서사가 등장한다. 그러한 노력으로 가족의 위기와 형제간 갈등을 중심으로 한 전쟁서사가 거듭나게 된 것이다.

전(前)정치적 형제애

정치적 신의와 가족에 대한 신의 사이의 모순은 오랫동안 한국의 문학과 문화 전통의 일부였다. 커밍스는 "충과 효는 수천년 역사를 거쳐 한국인의 미덕의 가장 깊은 근원을 형성"했다고 말한다.[52] 하지만 충과 효는 별개의 도덕적 원칙이다. 전통 유교사회에서 두 미덕이 개념적으로 윤리적·이념적 전체를 형성한 것은 사실이지만, 주권자에 대한 충성과 달리 효는 절대적 윤리원칙이었음을 인식하는 것이 중요하다. 인류학자 이문웅은 "전통적인 한국사회에서는 부자관계가 모든 인간관계를 지배하는 주축이었고, 군신관계는 제2차적인 것이었으며 강력한 통합적인 요소는 아니었다"라고 지적한다.[53] 18세기 조선처럼 교조적인 유교사회에서조차 특정한 주권질서가 정치의 도(예를 들어 천명이나 왕권 계승의 원칙)를 어겼다고 판단되면 분개한 유학자가 되었건 분노한 농민반란군이 되었건 백성은 그 주권자에 대한 자신의 충성을 거부하거나 거두어들일 권리가 있다고 보았다. 15세기 조선의 학자이자 뛰어난 문인인 김시습은 충심이 아니라 효심으로 전장에 나간 어느 농민의 이야기를 전하는데, 여기서 이 농민은 이문웅의 지적처럼 징병된 부친 곁에서 그의 목숨을 지키기 위해서 그런 행위를 한다. 「태극기」는 효와 충의 사이, 가족적인 것과 정치적인 것 사이에 있었던 바로 이러한 오래된 위계를 들여와 현대 정치적 우애에 대한 친족의 도덕적 승리를 표현했던 것이다.

전후 한국에서 한국전쟁을 주제로 한 재현은 친족의 우호(amity of kinship)와 정치영역의 적대감 사이의 모순을 핵심 구성요소로 삼았다. 때론 양극화된 바깥세상의 정치현실에 심하게 흔들리기는 해도 친족의 우호가 그것을 견뎌내고 결국 규범적 주체성을 회복하면서 그 자체가 자율적 영역임을 대표했다. 하지만 때론 이 영역이 바로 내전의 포악한 역사가 가장 첨예하게 구현되면서 인간관계의 규범적 구조를 산산조각내는 바로 그 현장으로 제시되었다. 이 경우 정치현실은 친족의 자율성이 외적으로 맞서야 하는 바깥세상의 조건이라기보다 친족의 관계적 세계 내의 일련의 위기로 전개된다. 최근 전쟁경험의 재현은 냉전시기 반공이념의 제약에서 많이 벗어나고 지금까지 알려지지 않은 전쟁현실도 포괄하면서 눈에 띄게 변화했지만, 새롭게 등장한 전쟁서사도 여전히 가족사라는 틀 내에서 벌어지는 친족관계의 도덕적 위기로 나타난다. 김원일의 1997년 작품 『불의 제전』은 닭싸움 장면으로 끝나는데, 함께 구경하던 마을사람이 같은 마을의 사람에게 이렇게 말한다. "저 닭이 성제(형제)간인 줄 압니껴? 일년 터울이지마는 마산 족보 있는 종계한테서 받아낸 한배 태생인기라예." 그에 상대방이 말한다. "그라모 성제간끼리 쌈질하네? (…) 성제간끼리 저래 피칠갑해가꼬 달겨드이, 족보고 나발이고 저늠들도 역시 짐생 새끼인께 할 수 읎지러."[54] 그러자 앞사람이 이렇게 말한다. "사람도 그렇지 머예. 에미 뱃속에서 같이 나와도 따로 키아보이소. 다음에 커서 만내도 성제간인 줄 알아보겠습니껴. 저늠들도 주인이 다르이까 그저 주인 시키는 대로 충성심을 보이겠다고 저래 죽도록 피를 뿌리지예." 여기서 형제애라는 개념은 서구 철학 전통에서 정의하는 근대 정치적 우애라는 이상으로 환원되지 않는다. 동시에 서구의 정치적 우애에 대한 비판으로 제시되는 소위 자연적이고 천부적인 형제애 개념과도 다르다. 극단의 이념을 수반한 총체적 국민동원의 현대 내전의 경험은 가족과 친족의 영역을 완전히 뒤집어엎어서 천부적 형제애 자체를 고통스럽도록 비현실적인 것으로 만들었기 때문이다.[55]

다시 「해병」으로 돌아가 이 영화가 건드리지 못한 역사적 현실을 짚어보며 이 장을 마무리하고자 한다. 이 영화의 배경은 1950년 9월 15일에 개시된 인천상륙작전에 이은 서울 수복이다. 전세를 역전시킨 이 중요한 군사작전에 많은 제주 출신 젊은이들이 동원되었는데, 이 섬에는 이들이 처음 어떻게 작전에 참여하게 되었는지에 대한 많은 이야기들이 있다. 제주에는 한국전쟁에서 전사한 대한해병들의 추모비가 많다. 마을에도 있고, 제주시 동문로터리에는 '해병혼'이라고 새겨진 추모탑도 있다. 이 추모탑은 "조국 수호를 위해 산화한 수많은 이 고장 해병대원들의 호국정신"을 기리고 그들의 희생에 감사하는 지역사회의 마음을 담아 1960년에 세운 것이다. 하지만 마을에 있는 추모비들에는 또다른 희생의 이야기가 숨겨져 있다.

한국전쟁 발발에 앞서 1948년 4월 지역 남로당 주도의 무장봉기에 이어 제주도는 엄청난 위기를 겪었다. 봉기는 잔혹한 반란진압작전으로 이어져서 1953년 한국전쟁이 종료될 때까지 섬 전체가 초토화되었다. 무장대에 협력했거나 동조했다는 이유로 수많은 무고한 도민들이 희생되었고, 국가의 폭력은 적으로 규정된 자의 가족에게도 적용되었다. 이러한 극단적인 상황에서 개인이나 그 가족이 생존할 수 있는 하나의 방법이 군에 자원하여 육지에 나가 싸우는 것이었다.[56]

제주에서 동원된 이 젊은이들이 되찾기 위해 싸웠던 바로 그 도시에서도 유사한 일이 일어났다. 인천에 상륙한 유엔군이 서울로 진격해 오는 동안 북한군의 전쟁동원이 다시 도시를 휩쓸었다. 이를 두고 역사학자 김성칠은 당시 상황을 이렇게 적었다.[57] 그는 이웃인 덕화 어머니가 그녀의 남편에게 라디오방송으로 전하는 호소를 들었다.

> 그중에서도 오늘 덕화의 어머니가 그 남편에게 보내는 호소의 말은 사람들의 폐부를 찌르는 것이 있었다.
> "당신이 인민의 적이 되어 강도 미제와 이승만 괴뢰도당의 편에 서 있음을 생각하면 우리들은 얼굴을 들고 나설 수가 없습니다. 덕화는 아빠를 대신하여 속죄하겠다고 의용군을 지원해 나갔습니다. 나는 밤마다 당신과 덕화가 서로 총을 겨누고 칼을 들고 찌르려는 꿈을 꾸고 잠을 이루지 못합니다. 돌아오소서, 하루바삐. 인민의 편으로 돌아오소서."

이 소리를 들으며 김성칠은 전쟁으로 인해 서울의 평범한 시민들에게 무슨 일이 일어나고 있는지, 어째서 덕화가 인민군에 자원하게 되었는지 생각하며 탄식한다. 아버지가 국군 장교인 그 가족이 살아남으려면 아마도 그 길밖에 없었으리라는 사실을 알았던 것이다.

제주 지역 사회학자인 권귀숙은 서울 수복에 참여했던 제주 참전용사의 삶을 조사했다.[58] 그들은 한국전쟁사에서 가장 중요한 전투로 꼽히는 인천상륙작전에서 이룬 성과에 큰 자부심을 가지고 있었다. 지역 해병전우회에 가입해 있고, 지역에서 정기적으로 여는 전몰장병 추모식에도 참석한다. 그런데 이 참전용사들 중 일부는 마을 차원에서 근래에 또다른 추모와 위령의 움직임에도 관련해왔는데, 이는 1948~53년의 국가폭력 희생자와 관련된 지역민들의 일이다. 제주 여러 마을에서 실제로 이 일을 위해 여러 어려움에도 불구하고 참전용사들이 큰 역할을 했다. 그들 중 많은 분들이 1948년 민간인 학살 피해자의 유족이고, 이들은 다른 유족들에게는 없는 것, 즉 공산주의에 대항한 애국적 투쟁에 참전했다는 도덕적 권위를 지니고 있다. 전후 오랫동안 제주민들이 강요당했던 침묵을 깨고 나오는 데 이들의 도덕적 권위가 중요한 역할을 했다. 한 참전용사는 1950년 그의 조부가 하셨던 말씀을 기억하고 있다. '이 세상에서 살아남고 싶거든 군에 지원하여 공산주의자들을 열심히 물리쳐라, 그게 집안을 내리누르는 빨갱이의 낙인을 떼어낼 수 있는 유일한 길'이라는 말씀이었다. 이분의 말씀으로는 그때 그 시대의 문제는 적으로부터 가족을 지키기 위해서 나라를 위해 싸우는 것이 아니라 이 나라에서 가족이 살기 위해서 나가 싸우는 것이었다.

피가 이념보다 진할까? 그에 대한 답은 애초에 혈연의 영역과 이념의 영역을 분리할 수 있는가에 달려 있다. 그럴 가능성을 상상하려면 혈연의 영역을 따로 떼어낼 수 있어야 하고, 거기에 현대 이념의 힘에서 독립된 그 자체의 고유한 규범적 삶을 부여해야 한다. 한국전쟁의 중요한 서사는 모두 이 가능성을 두고 씨름했다. 커밍스의 『한국전쟁의 기원』은 역사적 민족이라는 차원에서 원초적인 영역을 가정하고 이 독립체가 20세기 지정학의 힘에 의해 인위적으로 갈라졌다고 본다. 또다른 역사학자는 이를 "민족과 인민의 원초적 단일성과 불완전한 두 국가로의 분리상태 사이에 불일치"로 표현한다.[59] 「태극기」는 혈연의 형제애를 전쟁의 정치적 우애라는 현실과 신화에 대비하면서 그와 관련된 가능성을 탐색했다. 장르와 범위는 다르지만 이 두 종류의 서사 모두 이념적 양극화와 정치적 분단이라는 현대사의 경험을 실재이든 상상된 것이든 전통적 통일체에 대비시킨다.

제주 해병의 경험은 이러한 서사 질서에 의문을 던진다. 이들이 뒤로하고 전장으로 나온 친족의 영역은 현대 정치의 힘과 따로 떨어질 수 있는 독립체가 아니라 바로 그 힘에 의해 이미 난도질된 세계였다. 한국전쟁 서사에서 나타나는, 원초적이고 전(前)정치적인 가족공동체의 이미지는 압도적인 국가주권의 정치의 세계로부터 얼마간 거리를 둘 수 있는 중요한 수단이다. 공동체와 국가 사이에 놓인 어떤 화해의 가능성에 대한 희망을 표현하는 수단이기도 하다. 그러나 그 때문에 한국전쟁사의 친족이 긴 냉전시기 내내, 1950년 내전이 시작되기 이전부터 요동치는 역사의 현장에서 생존을 위해 분투했던, 깊은 상처를 입은 존재라는 사실이 가려져서는 안 된다.

6장

소리 없는 혁명

앞서 조지 모스의 "전쟁경험의 신화"라는 생각을 잠깐 소개할 기회가 있었다. 이 생각은 1차대전의 주요 참전국 내에서 종전 이후 이 전쟁의 경험에 대한 특정한 유형의 서사가 재생산되는 것을 지칭한다.[1] 구체적으로 말하면 낭만적 영웅주의를 근간으로 하는 참호전 경험의 공적 재현이 거기에 실제로 있었던 사람들의 영혼이 산산조각나는 고통스러운 경험을 어떻게 체계적으로 은폐하고 있는가의 문제이다. 이 시기 "신화창조"에서 두드러지는 것이 동지애의 찬미로서, 평소 아무 관계도 없을 개인들이 각자의 이해관계와 사적 관심이라는 좁은 세상을 뒤로하고 숭고한 목적으로 함께 모여 만들어낸 연대감의 아름다움을 강조한다. 프리드리히 실러(Friedrich Schiller)가 '기병대의 노래'(Reiterlied)에서 "오직 병사만이 자유롭다"고 선언한 것처럼, 이 신화는 주로 자유, 그리고 자유와 폭력의 밀접한 관계를 다룬다.[2] 신화화된 전쟁경험은 근대 부르주아사회에서의 지루한 일상과 이 사회의 구조적 불평등에서 잠시나마 벗어날 수 있는 흔치 않은 승화의 순간이었다. 헤겔은 그의 『법철학』(*Philosophy of Right*)에서 애국주의를 논하면서 애국주의라는 미덕의 표현인 전쟁경험이 근대적 자유의 지고한 상징이라고 주장한 바 있다.[3] 각자의 특수한 이해관계를 보편정신의 영역으로 승화하는 근대적 개인의 완전한 자유의 성취라는 것이다. 앞서 이런 논지의 전쟁경험에 대한 비판도 소개했다. 비판적 입장은 실러의 자유개념 안에 속할 수 없는 경험 주체의 면모가 있음을 인식하고 그 역사적 자아의 진정한 모습을 드러내기 위한 노력이다. 이 진정성이란 떨쳐버리기 힘든 전쟁의 야만과 폭력의 기억과 씨름하고, 그러면서 전쟁경험의 신화 그 자체로부터 자유롭기 위하여 무진 애를 쓰는 자아의 모습을 포함한다.

앞장 말미에서 제주의 청년들이 한국전쟁에 어떻게 대면했는가를 언급했는데, 이를 이해하기 위해서는 전쟁경험의 주체를 새롭게 사고할 필요가 있다. 이 역사의 주인공들 상당수가 반공테러에서 자신들의 가족을 구해내기 위해 공산침략에 맞선 싸움에 참여했다는 사실을 상기하자. 그들의 전쟁경험은 실러가 "형제들의 유일한 땅"이라고 찬미한 곳에서의 놀라운 경험을 위해 개별화되고 고립된 자아를 벗어던진 것이 아니었다. 그렇다고 주권적 개인 자아의 힘으로 사람을 도취시키는 신화창조의 힘과 비판적으로 맞서는 역사적 주체인 것만도 아니다. 여기서의 자유는 부담스러운 일상으로부터의 자유가 아니라 이 일상의 세계가 그 세계에 가해지는 존재적 위협으로부터 자유로워지는 것을 의미한다. 따라서 이런 역사적 환경에서 전쟁경험의 주체는 근본적으로 관계적이다. 이 역사적 주체를 이해하려면 우리가 통상적으로 알고 있는 공동체 개념과는 다르게 새로운 방식으로 공동체를 개념화해야 한다. 우리의 통념은 공동체를 선험적 현실로, 로베르토 에스포지토(Roberto Esposito)의 말을 빌리면 근대 정치사회의 구성에서 배제된 공동의 인간존재(being-in-common)라는 주어진 조건으로 본다.[4] 에스포지토에 따르면 근대 형성의 핵심에 "공동체의 희생"과 정치적인 것의 개념으로부터 공동체적인 삶의 개념을 면역화하는 과정이 있다. 그리고 이 면역화의 과정을 바로 근대 정치사상에 존재하는 "공동체의 신화"라고 본다. 내가 이해하기로 에스포지토가 말하고자 하는 바는, 근대 자유주의 정치사상에서 정치적인 것의 개념은 개인개념 및 이와 같은 철학적 개인으로 구성된 사회의 개념에 못박혀 있다는 것이다. 따라서 정치적인 것의 개념이 살아남으려면 정치적 개념으로서의 공동체의 죽음, 그리고 공동체의 전(前)정치적 존재로의 추락이 필요하다는 것이다. 이것이 에스포지토가 근대 정치와 정치사상에서 공동체의 희생이라고 부른 이론적 문제이다. 제주 참전용사의 전쟁경험을 이해하려면 앞의 두 신화를 모두 대면해야 하는데, 이는 한편으로 낭만적이면서도 파괴적인 자유개념에 기초한 전쟁경험의 신화, 다른 한편으로 근대사회와 정치사상에서 의미 있는 정치적 존재를 박탈당한 공동체의 신화이다. '공동체'(communitas)를 이렇게 탈정치적 독립체가 아닌 정치적 개념으로 이해하게 되면, 그 의미상 앞서 모건의 친족과 정치 이해를 언급하며 논의했던 소시에타스(시비타스와 구분되는)와 가까워진다.(서론 참조)

여기서 중요한 요점은 정치적 삶의 문제에서는 (전통적) 공동체를 반드시 (근대적) 사회와 대비되는 존재로 이해할 필요가 없다는 것이다. 오히려 현대의 실제 경험적 현실에서는 우리 모두가 현대인이면서 동시에 근대 개인에는 미치지 못하는(혹은 그 이상인) 존재로 삶을 영위한다. 공동체는 사회와 다를 수 있지만, 그렇다고 해서 근대성의 공간에서 정치적 수명을 다한 것은 아니다. 사회는 공동체의 외부환경으로 존립할 수 있고, 이와 동시에 공동체를 내부로부터 존속시킬 수도 있다. 내전이라는 배경이 주어지면 공동체 안의 사회라는 이 문제는 공동체의 평범하게 보이는 삶이 사실 전혀 평범하지 않아서 과거의 비상시국 ─ 공동체의 안과 밖이

전도되어 예외상태의 외부 정치적 사회의 거울이 되었던 시기 —의 기억과 흔적을 간직하고 있다는 사실을 웅변한다.[5] 이 책에서 특히 주목한 것이 바로 내전 시기와 그 이후 이러한 공동체의 특수한 운명이었다. 이 공동체는 전쟁 중인 사회의 축소판으로 가장 정치적으로 역사적 경험을 했음에도 불구하고 근대성의 이념에 의해 비정치적인 지위로 격하되었다. 전쟁의 사회사가 아직도 공동체의 삶에 영향을 끼치고 있다면 공동체는 사회적 평화를 이루기 위해 자신의 역사적 경험과 대면해야 한다. 이 대면은 공동체적이면서 동시에 정치적인데, 마지막 장인 이 장에서는 공동체가 어떻게 스스로와 화해를 추구하는지 그러면서 "공동체의 신화"를 깨뜨리는 실천을 하는지 볼 것이다. 내전이라는 배경에서 이 탈신비화 과정이 앞서 논한 또다른 신화인 전쟁경험의 신화를 무효화하는 과정과 얼마나 긴밀히 연결되어 있는지 확인할 수 있을 것이다.

1989년

1989년 11월, 전세계가 베를린에서 벌어지는 강렬한 드라마에 사로잡혔다. 1961년부터 이 도시를 둘로 갈랐던 장벽을 베를린 시민들이 나서서 허무는 일, 곧 냉전의 종말을 대표하는 눈부신 사례로 기록될 이 일이 벌어지고 있던 그때, 제주에서는 한 시대를 종결하는 그들만의 또다른 드라마를 만들고 있었다. 이 역시 장벽을 허무는 일이었는데, 베를린장벽처럼 실제 눈에 보이는 장벽이 아니라 지난 40년간 도민의 일상을 감쌌던 침묵의 벽을 허무는 것이었다. 1989년 공공의 영역으로 진입한 말하기 행위가 그 시작을 알렸다.

제주 언어로 '이제사 말햄수다'라는 제목이 달린 이 증언집은 통상 4·3사건으로 불리는 1948~53년의 폭력에 관한 스무명의 목격담과 경험 담으로 이루어져 있다. 이 '사건'이란 1948년 4월 3일에 지역 남로당 세력 이 무장봉기를 일으킨 일로, 처음에는 도내의 몇몇 경찰지서를 대상으로 했다. 하지만 이 '사건'에는 무장봉기 이후 군경의 가혹한 반란진압작전 과 그에 대한 무장세력의 대응으로 초래된 엄청난 규모의 양민학살로 도 내 공동체가 초토화되었던 일 역시 포함된다. 반란진압작전은 처음에는 남한의 미군정이 시작했고, 1948년 대한민국정부가 수립된 후 이 정부가 그 일을 넘겨받았다. 봉기는 한 측면에서는 남한에 단독정부를 세우려는 미군정의 움직임에 저항한 것이었다. 보다 직접적인 원인이 된 것은 미군 정이 남한 단독정부 수립에 앞서 일제강점기의 관료조직, 특히 억압적인 경찰조직을 복귀시킨 일이었다. 불과 3년 전에 종식된 긴 일제강점기의 기억이 여전히 생생했던 도민들은 이에 광범위하게 저항했다. 사실 문제 는 1948년 4월보다 1년 앞서 생겼다.

1947년 3월 1일, 3·1절 기념을 위해 군중들이 제주의 여러 장소에 모였 다. 3·1운동은 수십만의 대중들이 거리로 쏟아져 나와 일제의 식민지배에 항거했던 한국 근대사의 중요한 사건이다. 도시와 농촌을 망라하고 방방 곡곡에서 평화로운 시위가 동시다발로 일어났는데, 그것은 한반도만의 일이 아니라 1차대전 이후 우드로우 윌슨(Woodrow Wilson)의 민족자결 주의 선언과 맞물려 세계 곳곳에서 민족자결을 주장하며 일어난 거대한 움직임과 맥을 같이하는 것이었다. 역사학자들은 이 시기를 탈식민화의 기원이자, 쇠퇴하는 유럽 제국들의 자리를 당시 부상하고 있던 미국 패권 이 대체하는 소위 미국의 세기의 시작점으로 보기도 한다. 한반도의 정치 사에서 1919년은 근대 정치 및 사회의 시발점이자 토대로 인식된다. 일제는 평화적 저항을 폭력적으로 진압했고, 이후 독립운동 지도자들은 중국 상하이에서 임시정부를 수립했다.[6] 3·1운동은 남녀노소 일반 대중들의 자발적인 참여에 근거했는데, 공공의 세계를 다시 되찾기 위해 진정한 의미에서 자유롭게 그리고 정치적으로 행동했던 이들의 모습은 한나 아렌트(Hannah Arendt)의 정치적 행위라는 개념과 크게 공명한다.[7] 일제강점의 암흑기에 벌어진 이 3·1운동을 기념하기 위해 1947년 3월에 제주도민들이 다시 모인 까닭은 당시 해방공간이 옛 암흑기로 다시 회귀하는 것처럼 보였기에 이에 저항하기 위해서였다. 미군정은 이 평화로운 시위에 도를 넘어선 강제력으로 대응했고, 이는 다시 도민들의 저항을 격화시켜 곧 총파업이 일어났다. 미군정은 제주도에서 벌어지는 이 일련의 일들이 그들의 권위에 대한 도전이라고 이해했고, 섬 전체를 반란지역이라고 보았다.[8] 이 "레드 아일랜드"의 문제를 해결하기 위해 육지에서 경찰력이 지원되었고, 그와 함께 서북청년단이라는 무장청년단체도 투입되었다. 제주 역사학자 박찬식의 말에 따르면, 이런 점에서 "1947년 3·1사건이 1년 뒤 4·3봉기 발발에 가장 중요한 배경이었다."[9]

1948년 4월 3일에 경찰지서를 공격했던 제주의 무장봉기세력은 정부의 반란진압군이 해안가 마을들을 장악하고 있는 사이 상대적으로 접근이 어려운 섬 중앙의 산악지대에 자리를 잡고 중산간 마을들에 영향을 미치고 있었다. 한라산의 무장대와 해안가를 장악한 반란진압군 사이의 대치는 1953년 한국전쟁이 끝날 때까지도 지속되었고, 그 결과 무장대와 진압군 사이에서 특히 중산간 주민들이 엄청난 곤경에 처했다. 따라서 '사건'은 주로 1948~49년 사이 극도의 혼란과 극한 테러의 상태를 지칭한다. 2만 5천명 이상이 사망하거나 실종되었다고 알려지는데, 이 숫자는 당시 제주 인구의 10퍼센트에 이른다. '사건'은 또한 생존자들의 삶에 초래한 상처와 깊은 배신감도 포함하는데, 이는 비단 국가권력에 대한 것만이 아니고 공동체 내의 그리고 공동체 사이의 상처도 있다.

『이제사 말햄수다』에 실린 주요 증언으로, 제주의 뿌리 깊은 전통인 무속신앙에서 무당을 일컫는 심방의 이야기가 있다.

> (…) 제주도는 어느 집을 가봐도 대부분 4·3사태에 죽은 원혼이 있지. 그 내력을 들어보면, 애매하고 억울한 죽음이 대부분이라 산쪽도 아니고 그렇다고 아래쪽도 아닌 사람들, 중간에서 도망 다니다가 죽은 사람, 자기 목숨 살기 위해 올라갔다 죽은 사람, 집에 가만히 앉아 있다 죽은 사람, 산에서 활약하다가 죽은 사람, 어떤 집에 어떤 굿을 가드라도 4·3내력이 나오지. 집안에 관, 경찰관이 있는 집은 가족들이 산에서 당한 집이 많고, 저쪽(주: 산)에서 활약하다 죽은 사람들은 이쪽에서 죽여분(죽어버린)디가 많고, 꼭 좌익 쪽이 아니고도 집안 원한관계로도 죽고, 심지어 산에서 활약한 사돈끼리 원한으로 죽은 데도 있어놓으니, 들어보면 기가 막히지.[10]

제주 학계에서는 처음에 지역신문에 실리고 곧 책으로 발간된 이 증언들이 지역사적으로 아주 중요한 사건으로서, 오랜 침묵의 벽을 마침내 허문 시대적 사건이라고 본다. 이와 같은 말하기의 실천은 다른 지역보다 제주에서 먼저 힘차게 전개되어 전국 차원에 영향을 준 선구적 사례가 되며 다른 지역에 모범을 제시했다. 이런 점에서『이제사 말햄수다』가 대표하는 공적 발언의 행위가 한국의 사회정치적 풍경에 결정적인 변화를 가져왔다고 해도 과장이 아니다. 더 넓은 역사적 시각에서 보자면 탈냉전의 세계에 대한 특히 아시아 차원에서 의미 있는 개입이었다고도 할 수 있다.

1948년 제주의 혼란은 여러 면에서 한국전쟁의 서막이었다. 또한 앞서 언급했듯이 한국전쟁이 세계내전으로서의 전지구적 냉전정치의 대표적 사건이었던 것과 마찬가지로 한반도 내전의 정치가 제주에서 작은 규모로 명시적으로 나타난 것이다. 이렇게 보면 1947~53년에 제주에서 벌어진 일은, 대만의 소요사태와 말레이시아의 비상사태, 베트남의 1차 인도차이나전쟁을 비롯하여 아시아와 그 너머에서 탈식민화와 냉전이 동시에 일어나면서 초래된 당시의 광범위한 위기의 일부였다. 탈식민 냉전기의 폭력적 면모가 처음 나타난 곳 중의 하나가 제주였다. 그리고 최근에는 이 비극적인 전지구적 역사의 아직도 살아 있는 유산을 처음으로 증언한 주역의 하나로 등장했다.

『이제사 말햄수다』가 모범인 것은 단지 이러한 냉전사의 시간적 차원만이 아니라, 냉전의 폭력을 증언하는 독특한 방식에서도 두드러진다. 증언록은 다양한 역사적 행위자의 시각에서 4·3의 폭력을 전하고 있다. 예를 들어 읍내의 중학교 학생, 마을사람, 전 수감자, 전 무장대원 등이다. 이들의 개별 증언은 지금껏 알려지지 않았던 역사적 현실을 조금이나마 알 수 있는 드문 기회가 되고, 전체적으로는 여러 각도에서 그 시대를 바라볼 수 있게 한다. 이 모든 실제 증언에 앞서 심방의 이야기가 마치 앞으로 펼쳐질 이야기들의 서문인 양 가장 먼저 등장한다.

무속담화를 역사적 증언의 서두로 자리매김한 『이제사 말햄수다』의 구성은 생경한 것이 아니라 오랜 냉전기간 제주도민들의 일상적 삶의 방식에 바탕을 둔다. 인류학자 김성례는 정치적 폭력의 역사와 유산이라는 영역에서 무속신앙이라는 지역 종교문화가 갖는 특별한 위치에 주목한다. 김성례는 1980년말 제주 북동부 해안마을에서 현지조사를 시작했는데, 원래는 섬주민들의 문화생활에서 젠더문제, 특히 여성의 일상생활에서 무속의 자리에 연구의 주된 관심을 두었다. 무속신앙은 제주의 가족과 공동체 생활의 일상에서 조상의례와 함께 무척 중요한 문화형태이다. 그런데 그녀는 조사 과정에서 굿 연행을 관찰하다가 폭력의 역사의 파편들을 발견하고 연구주제를 바꾸게 되었다. 조사를 시작할 당시만 해도 그녀는 1948~53년의 사건에 대해 아는 바가 없었고, 초기 조사에서는 이런 과거의 흔적을 어디에서도 마주친 적이 없었다. 이 경험을 통해 그녀는 이후 제주의 무속은 역사적 기억을 담는 놀라운 제도라는 결론에 이른다.[11]

김성례의 논지를 따르면 마을 심방이 증언의 행위를 위해 자리를 마련해주는 데 중추적 역할을 하는『이제사 말햄수다』의 특별한 구조 역시 제주 공동체의 실제 역사문화적 환경에 뿌리를 두고 있는 셈이다. 1990년대 이전에는 제주에서 벌어진 해방공간의 폭력에 대한 언급은 제주에서도 한국사회 전체에서도 금기시되었다. 심지어 이웃이나 친지들 사이에서도 그랬다는 사실을 여러 증거로 확인할 수 있다. 애도조차 마음대로 할 수 없는 상황이었다. 예를 들어 제삿날에 가족과 친지들이 모였을 때 통곡이나 흐느낌이 터져 나오지 않도록 조심했다. 혹시 그러다가 정권에 대한 비난이 섞여 나오고 그 위험천만한 말을 이웃들이 들을까봐 우려했기 때문이다. 제주 출신 작가 현기영은 그의 「순이 삼촌」에서 제사를 주요한 역사적 기억의 장으로 묘사한다. 이야기의 배경이 되는 제주 북동부 북촌 마을에서 1949년 1월 17일에 진압군에 의한 대규모 학살이 있었다. 마을의 거의 모든 집에 학살의 피해자가 있었으므로, 매년 같은 날 북촌에서는 많은 집이 각각 동시에 제사를 지낸다.

그 시간이면 이집 저집에서 그 청승맞은 곡성이 터지고 거기에 맞춰 개 짖는 소리가 밤하늘로 치솟아오르곤 했다. 한날한시에 이집 저집 제사가 시작되는 것이었다. 이날 우리집 할아버지 제사는 고모의 울음소리부터 시작되곤 했다. 이어 큰어머니가 부엌일을 보다 말고 나와 울음을 터뜨리면 당숙모가 그뒤를 따랐다. 아, 한날한시에 이집 저집에서 터져 나오던 곡소리, 음력 섣달 열여드렛날, 낮에는 이곳저곳에서 추렴 돼지가 먹구슬나무에 목매달려 죽는 소리에 온 마을이 시끌짝했고 5백위(位)도 넘는 귀신들이 밥 먹으러 강신하는 한밤중이면 슬픈 곡성이 터졌다.**12**

여기서 주목되는 사실은, 한국의 종교문화 전통에서 조상을 기억하는 중요한 두 의례인 집안의 기제사와 망자의 아픔을 달래는 굿이 각각의 사례에서 나타난다는 점이다. 「순이 삼촌」은 조상의 제사라는 맥락에서 이야기를 전개하고, 『이제사 말햄수다』는 굿의례에서 드러나는 집안의 말못할 역사와 함께 시작한다. 두 경우 모두 역사적인 증언에서 말문이 터지는 행위가 가능하려면 죽음을 기억하는 의례적 공간, 산 자가 죽은 자와 소통하고 교감하는 자리가 필요하다는 것을 보여준다.

조상의 두 얼굴

「순이 삼촌」은 서울에 사는 어느 중년남자가 조부의 제사에 참석하러 오랜만에 제주 고향마을을 찾아가는 장면으로 시작한다.**13** 제사에 모인 친지들로부터 그는 친가 쪽 집안사람인 순이 삼촌이 최근에 돌아가셨다는 소식을 듣는다. 삼촌은 돌담을 두른 그녀의 작은 텃밭에서 숨진 채 발견되었는데, 그곳이 바로 4·3의 폭력이 절정에 이르렀던 때 희생된 자신의 두 아이를 그녀가 직접 묻은 곳이라는 사실을 알고 놀란다. 그는 삼촌에게 닥친 1949년의 그 비극이 삼촌의 불가사의한 죽음과 관계가 있지 않을까 생각한다. 그는 어쩌면 삼촌이 텃밭 한구석에 아이들을 묻은 이후로 내내 살았어도 산 것이 아닌 삶을 이어갔을지 모른다고 생각한다. 제사에 모인 친척들이 집안의 과거에 대해 낮은 목소리로 두런두런 이야기를 나누는 동안 그는 순이 삼촌과 삼촌의 과거를 이렇게 떠올린다. 제사 참석자들은 1940년대말의 혼란스러운 시절을 떠올리기도 하는데, 제사가 아닌 다른 상황에서는 거의 볼 수 없는 모습이다. 어르신들이 집안 이야기를 할 때 4·3은 어쩔 수 없이 이야기 속에 들어온다. 그 이야기를 들으며 주인공은 과거의 참혹한 사건이 가족의 현재의 삶을 얼마나 견고하게 둘러싸고 있는지 알고 놀란다.

제사에 참석한 사람 중에 그의 고모부가 있다. 그는 애초에 무장대의 행위가 없었다면 정부도 그렇게 나오지 않았을 거라면서, 다른 친지들이 진압군이 마을사람들을 가혹하게 다뤘던 것을 비난하는 투로 말하는 데 맞선다. 이렇게 반박하는 그의 말투가 제주에 살면서 익숙해진 제주 말에서 제주에 정착하기 전에 익숙했던 평안도 사투리로 바뀐다. 그것을 보며 주인공은 1948~49년에 있었던 또다른 사건을 떠올린다. 이북 출신인 그가 고모와 결혼하겠다고 했을 때 그의 부친과 다른 친가 어른들이 보였던 반응이 떠오른 것이다. 그는 서북청년단의 일원으로 섬에 처음 왔는데, 서북청년단은 주로 북의 고향을 떠나 남으로 내려온 사람들로 이루어져 있었다. 1948년 반란진압을 위해 섬에 들어온 이들을 4·3의 생존자들은 더없이 잔혹한 이들로 기억한다. 주인공은 당시 집안 어른들이 서북청년단 단원의 청혼을 거절할 수 없었을 것이고, 또한 이 혼인으로 인해서 마을의 다른 집들과 달리 그의 가족이 용케 살아남게 되었을 거라고 생각한다.

소설 형식을 빌렸지만 「순이 삼촌」은 실제 역사적 사건에 배경을 두고 있는 것으로 알려져 있다. 이 작품이 처음 발표된 것이 1978년으로, 당시는 정치적으로는 암울했지만 문예창작 활동이 왕성했던 때였다. 재미학자 류영주의 최근 연구가 잘 보여주듯이, 그때는 한국문학계가 전투적 반공이념에 근거한 권위주의적인 독재정권에 맞서 싸우던 시기였다.[14] 이 작품에서는 제사, 더 정확히는 기제사가 주요한 서사적 모티브이다. 그래서 일각에서는 「순이 삼촌」을 '제사문학', 곧 제사라는 문화 형식을 서사 전개의 핵심 요소로 삼는 현대 한국문학의 한 장르로 분류하기도 한다. 이 장르는 금기로 간주되는 과거에 통로를 제공하는 장치로 제사를 들여온다. 제사라는 의식이 일상의 질서와 구분되는 일종의 경계적 공간을 제공하고 이 의례화된 공간이 억압된 역사기억, 즉 일상생활의 공적 질서 내에서는 드러낼 수 없는 기억을 풀어내는 잠재력을 갖고 있다고 보기 때문이다. 역사를 대면하고 기억하기 위한 맥락으로 제사가 두드러지는 것은 또한 한국의 친족조직이 전통적으로 일종의 제례 공동체라는 사실과도 깊게 연관된다.

「순이 삼촌」의 이야기에서 집안의 제사가 마을에서 동시에 행해지는 수많은 제사의 하나라는 점도 주목해야 한다. 이 특이한 환경을 주인공은 이렇게 회상한다. "그 시간이면 이집 저집에서 그 청승맞은 곡성이 터지고 거기에 맞춰 개 짖는 소리가 밤하늘로 치솟아오르곤 했다. 한날한시에 이집 저집 제사가 시작되는 것이었다." 한정된 공동체 내에서 이렇게 여러 기제사가 동시에 열리는 것은 한국의 전통적 제사문화에서 보기 드문 일로, 과거 이 공동체에서 예외적인 일이 있었음을 알려준다. 그 자체로 전쟁의 참혹한 폭력을 겪었던 공동체의 뚜렷한 특성이 되는 것이다. 동시 다발의 제사로 마을에는 이상한 분위기가 감돌고, 이는 마을 전체가 겪었던 집단적 비극을 증명한다.[15] 가족과 마을로서는 이것만으로도 비통한 일이지만, 여기에는 제사의 구조적 특성과 관련된 또다른 문제가 있다. 희생당한 고인이 미혼의 젊은이라면, 한국의 전통적 관습에서는 제사상을 받을 자격이 없다. 사망한 날짜 등 희생자와 관련된 내용은 족보에 기록되지 않을 수도 있고 때로는 아예 이름조차 지워져버리기도 한다.

이러한 제사문제를 해결하는 하나의 방법으로 전후 한국에서 '영혼결혼식'이라는 의식이 지역에 따라서 널리 성행되기도 했다. 미혼으로 사망한 두 젊은 남녀의 영혼을 사후 혼례식을 통해 맺어주는 것이다. 당사자 두 집안이 합의한 후, 남녀의 합일을 이루어주는 무속인 등의 주관하에 상당히 복잡한 의식을 거쳐 이루어진다. 의식 자체는 전통혼례식과 아주 유사해서, 신랑신부의 궁합도 보고 양가가 사주단자와 혼수도 주고받는다. 그렇게 사후 혼례를 올리고 나면 신랑의 집안은 보통 집안 내에서 아이를 찾아 신혼부부에게 입양시키고, 그러면 그 아이가 이후 가족을 대신해 두 사람의 제사를 지내게 된다. 고인이 기혼자이기는 하지만 후손 없이 죽었을 때도, 미혼자의 경우처럼 심각하지는 않지만 역시 제사제도에 문제를 제기한다. 그래서 영혼결혼식과 별개로 사후 입양도 전후 한국에서 드물지 않았다.[16]

하지만 사후 입양을 둘러싸고 집안에 분란이 생기는 경우가 왕왕 있었다. 주로 가까운 방계친족(고인의 남자형제의 후손인 경우가 가장 많다)에서 아이를 입양했는데, 입양된 후손은 단지 제사 의무만 진 것이 아니라, 유산이 있다면 그 재산을 상속할 자격도 주어졌다. 그런데 분단과 내전이라는 상황에서 상속받는 것은 단지 재산이나 제사만이 아니라 정치적 유산도 있었다. 앞서 설명한 연좌제라는 논리에 따르면 그 집안에 입양되는 사람은 정치적으로 불온하고 사회적으로 낙인 찍힌 그 집안 조상의 유업까지 떠안아야 했다. 이런 연유로 전후 사후 입양과 관련된 일화에는 집안 내에서나 집안 사이에서, 입양을 보내는 집과 받는 집 사이의 불화를 포함하는 경우가 많다. 내가 아는 어느 집안도 전쟁으로 대가 끊긴 집에 아이 하나를 보내야 할 처지였고, 집안 어른들이 다들 그렇게 할 것을 권했다. 그런데 단지 아끼는 자식을 떠나보내야 하는 괴로움만이 아니라 그렇게 입양되어 소위 정치적으로 불온한 조상과 부자의 연을 맺게 되면 아이의 장래에 불행한 일이 생기지 않을까 하여 부모의 근심이 이만저만이 아니었다. 전후의 환경에서 이 걱정은 반드시 기우가 아니었다.

제사와 관련된 문제는 또 있다. 제사를 올리는 방식과 관련된 것이다. 기제사는 사망한 음력날짜에 지내게 되어 있기 때문에 제사를 지내려면 사망한 날짜를 알아야 한다. 최근 공개된 전쟁 증언을 통해서, 사망이나 불확실한 실종 정황으로 인해 제삿날을 알 수 없는 유족들은 근심이 많다는 것을 알 수 있다. 실종된 가족이 있는 가족은 종종 실종자가 집에서 나간 날을 제삿날로 잡는다. 그러나 제사의 오랜 규율은 이런 실천을 불완전한 것으로 인식되게 하고 따라서 지금까지도 많은 유족들은 정확한 사망 날짜를 알고 싶은 열망이 강하다. 또한 정확한 사망날짜를 모르면 족보나 호적에서도 실종자에 대해 기록이 제대로 정리되지 않고, 그로 인해 가계의 질서 전체가 불안정해지기도 한다. 시신을 찾지 못해서 상황이 복잡해진 경우도 있다. 조상의례는 관례적으로 집안에서 이루어지는 기제사와 정기적으로 묘소를 찾는 성묘, 이 두가지 방식으로 이루어지는데 여기에는 여러 친지들이 모이기 마련이다. 성묘는 상대적으로 가까운 친지들만 따로 가거나, 많은 집안사람들이 모여 제사를 지낸 후 여러 묘를 함께 찾기도 한다. 이런 때마다 실종된 가족이 있는 집안은 찾을 묘가 없다는 사실에 매번 심적 어려움을 겪는다. 합당한 장례를 치르지 못했다는 것은 그 집안 전체의 도덕적 결함으로 이해되었고, 때로는 이로 인해 조상이 해코지를 할 수도 있다는 걱정도 있었다. 로저 자넬리(Roger Janelli)와 임돈희가 서울 근교의 어느 집성촌에서 수행한 민속지 조사를 보면, 마을사람들이 한국전쟁 기간에 있었던 비극적 죽음을 어떻게 조상에 의한 해코지의 가능성 내지 현실과 연결지어 이해했는지가 잘 나타난다.[17] 제주를 비롯한 여러 지역에서 통상 '헛묘'라 부르는, 시신이 없는 무덤을 종종 찾아볼 수 있는 것도 이 때문이다. 헛묘에는 보통 실종자의 옷이나 다른 소지품들을 묻는다. 그것을 매장할 때도 실제 장례와 거의 비슷한 절차를 치른다. 유교식으로 축문을 쓰고 읽을 수 있는 마을 어른이 관장하기도 하고, 당골이 맡아서 고인의 물건을 관에 넣고 묻기 전에 그 물건을 통해 고인의 혼령을 청배하는 의식을 하기도 한다. 이 절차를 마치고 나면 헛묘라 해도 진짜 묘와 똑같은 정성을 들여 돌본다. 물론 그렇다고 실종된 가족에 대한 근심이 완전히 사라지는 것은 아니다. 제주에서는 이와 관련해 주목되는 관습이 또 하나 있다. "가마귀 모른 제사"라고 불리는, 이웃이나 심지어 가족도 모르게 지내는 이 제사는 유교식 제사에 여러 연유로 모시기 어려운 희생자들을 위해 지역에서 상당히 널리 실천되었다.[18]

전후 공동체들은 제사와 관련하여 전쟁이 초래한 도덕적·물질적·정신적 위기에 다양하고도 때로는 창조적인 방식으로 대처했다. 사후 혼례와 사후 입양 그리고 헛묘 모두 전쟁이 초래한 위기에 대처하는 가족문화의 의미 있는 수단이었지만, 가족과 친족관계에서 생긴 위기에 대처하는 가장 두드러지고 대중적인 수단으로는 무엇보다 굿을 들 수 있다. 여기서 앞서 언급했던 김성례의 제주 무속 연구, 특히 지역에서 "영게울림"(혼령의 울음)이라고 불리는 의식이 특히 주목된다.[19] 굿이 가족단위로 이루어질 경우, 망자의 넋두리는 죽음의 순간과 그 끔찍한 상황을 울면서 설명하고 부당한 죽음에 대한 분노를 쏟아낸다. 망자의 혼이 그렇게 탄식하다가 지치기도 하고 조금 진정이 되면 굿판의 주변과 거기에 모인 사람들에게 관심을 보이기도 한다. "내 속 끓는 이야기 들어주어서 고맙수다" 인사치레를 하고, 그러면서 건강이나 경제문제에 대해서 언급하기도 한다. 망자의 혼이 살아 있는 자들의 일에 관심을 돌리면, 드디어 망자가 자신을 옥죄던 슬픔에서 벗어났다는, 한국에서 자주 쓰는 표현으로는 "한을 풀었다"는 표시로 받아들여진다.

하지만 한이란 완전히 풀어지지 않는 법이다. 그래서 다음번에 굿을 할 때도 영게울림은 반복되는데, 다만 시간이 흐르면서 울음의 강도가 조금씩 누그러지기는 한다. 망자가 넋두리를 할 수 있는 자유를 제공하는 이 굿의 공간도 대개 그것을 주최하는 사람과 친족관계인 망자의 혼을 청배하는 장소라는 점에서 일종의 조상에 대한 제례라고 할 수 있다. 하지만 굿판에 나타나는 조상은 제사에 찾아오는 조상과는 다르다. 그 범위에서 굿의 조상은 제사의 조상보다 광범위하다. 이 차이에는 몇가지 측면이 있다. 먼저 제사라는 제도는 가계를 규정하는 지배적인 이념에 따라 규정되는 과거 구성원으로 그 범위가 한정되는 것이 전형적인데, 이 경우 예외는 있지만 주된 이념은 부계질서이다. 그와 달리 무속에서 조상이라 할 때는 모계와 인척을 포함하여 굿을 벌이는 주체의 넓은 관계적 지평을 의미한다. 한국의 민간신앙 연구자들은 두 제례의 차이를 여러 방식으로 설명한다. 로럴 켄들(Laurel Kendall)은 성 구별의 측면을 강조하는데, 주로 남자 후손이 주도적 역할을 하는 제사와 대조적으로 무속제의에서는 여성들이 특히 적극적으로 참여한다는 것이다.[20] 한국 친족체계의 깊은 역사도 관련이 있는데, 이는 13세기의 유교혁명 이전에는 성격상 이 체제가 부계가 아니라 양계의 성격을 가졌다는 사실이다. 마르티나 도이힐러(Martina Deuchler)의 설명에 따르면 유교혁명은 성격상 정치적이면서 동시에 사회적이어서, 느슨하고 유연한 기존의 양계 친족질서를 부계의 계보만을 유일하게 의미 있는 구조적 이념으로 채택하는 친족질서로 바꾸는 근본적 개혁을 통해 새로운 정치질서를 구현하고자 했다.[21] 이 과정에서 핵심적인 것이 조상에 대한 제례를 전적으로 부계조상을 위한 것으로 바꾸는 일이었다. 제사와 굿의 차이를 이 두 지적과 함께 놓고 보면, 제사와 비교했을 때 굿에서 나타나는 조상의 범주가 지배적인 도덕질서에서 상대적으로 자유롭다고 결론 내릴 수 있다. 그 상대적 자유로움을 사회학적(성 분업과 위계질서라는 측면) 시각에서 보든 역사적(불완전한 유교혁명) 시각에서 보든 마찬가지다.

이 자유로움, 그리고 그와 관련하여 두 주요 전통적 추모제도 사이에 존재하는 구조적 차이는 김성례가 지적하듯이 제주 무속이 독특한 역사기억의 장이 된 정황도 설명해준다. 과거에 굿이 유교적 도덕질서의 지배적인 이념에서 비교적으로 자유로웠다면, 20세기 후반에도 마찬가지로 그 시대의 지배적인 이념인 국가 반공주의에서 상대적으로 자유롭다고 할 수 있는 것이다. 이것은 『이제사 말햄수다』에도 해당되는 것으로, 무속의 독특한 구조적 조건이 여기서 역사 증언의 길닦이 역할을 한다.

무속의 미학은 이후 1948~53년의 역사와 기억을 둘러싸고 제주에서 전개되는 상황에서 내내 중요한 역할을 했다. 매년 4월이면 섬 전체가 잠시 추모의 세계가 되어(이후 논의 참조) 지역마다 그리고 도 차원에서 여러 행사가 벌어진다. 지난 20여년 동안 이 공공의 장에서 희생자들의 넋을 위로하는 공연에는 무속의 요소가 존재해왔다. 앞서 본 것처럼 영게울림은 전통적으로 한 집안에서 벌이는 제의이다. 그런데 오늘날 제주에서 그것은 가족이라는 공간을 넘어 공적 영역의 일부를 이룬다. 집안에서 하는 굿에서는 먼저 망자의 혼이 자신의 억울함이나 이루지 못한 소망을 가족들에게 털어놓고, 그런 후에 후손들의 건강이나 사업에 관심을 가지는 형식으로 전개된다. 현재 4월마다 열리는, 가족이나 마을 단위를 넘어서는 공공의 장에서 이루어지는 의례에서도 망자의 참여는 이와 흡사한 형식을 갖지만 때때로 망자의 혼이 이 장소에 대한 의문, 예를 들어 여기에 왜 이리 모르는 사람이 많이 모여 있냐는 의아함을 표하는 경우도 있다. 그러다가 점차 이해와 감사의 말로 바뀌어서, 영령들은 혈연이 아니어서 추모를 할 의무도 없는 사람들이 자신들의 사연과 처지에 공감을 보여준 데 대해 감사를 표시한다. 그 행사를 특정한 도덕적 목표나 정치적 목표를 지닌 단체가 후원하는 경우, 그 단체에 대한 지지의 뜻을 비치는 영령도 있다. 학살의 희생자 혼령이 이야기를 풀어놓을 때, 그 행사를 지역 인권단체에서 후원하고 있다면 인권에 대해 말하고, 여성단체가 후원한다면 성평등을 거론하기도 한다. 말하자면 저세상 사람의 영계울림은 이 세상의 다양한 열망에 관심을 보이는 것이다. 중요한 것은 이런 문화형식이 친밀한 공동체 영역에서 넓은 공공의 세계로 확대될 수 있다는 사실이다. 최근 제주 역사에서는 이러한 확장의 과정이 4·3과 관련된 시민운동이 힘을 결집하는 데 중대한 역할을 했다.

한국 현대 정치사의 연구자들 중 몇몇 특출한 학자들이 한국의 민주화 과정을 위와 같이 전통의례 양식이 공동체에서 시민사회의 영역으로 확장하는 현상과 연결해서 설명하기도 했다.[22] 1990년대에 한국의 시민운동은 자신들의 대의에 힘을 싣고 대중의 관심과 지지를 얻기 위해 국가폭력 희생자의 목소리를 전파했는데, 희생자의 말을 실체화하기 위해 민속적 형식 특히 무속의 형식을 활용했다. 이를 두고 저명한 인류학자 김광억은 망자의 언어가 당시 한국의 저항문화에서 주요한 미학적 장치였다고 분석한다.[23] 희생자의 말은 정치폭력의 증거이자 정의를 위한 집단행동의 요청으로 여겨졌다. 한국의 정치운동은 이러한 문화형식과 워낙 긴밀한 관계에 있어서, 학술회의에서도 유사한 일이 있었다. 1999년에 있었던 한국문화인류학회 연례모임은 한국전쟁의 문화적 유산을 주제로 했는데, 거기에 전쟁에서 비극적으로 사망한 모든 영혼들을 위한 굿 행사가 포함되었다. 이 경우 희생자의 언어는 단지 학술적 탐구 대상이나 집단적 사회운동의 주제에 그치지 않고 그 자체가 역사의 진행 경로에 영향을 주는 행위자로서의 위치를 갖는다.

이러한 의례가 친족영역을 벗어나 공적 세계로 진입한 것이 민주화 과정에서 중요한 역할을 했다. 산 자들이 망자들의 말을 더이상 두려워하지 않아도 되었다는 면에서 과거와 현재 사이에 놀랄 만한 변화가 일어났다고 할 수 있다. 그렇지만 정치현실에 대한 이해가 역사적 경험에 대한 산 자와 죽은 자의 소통을 통해 표현된다는 점에서 민주화의 전과 후에 강한 연속성이 있다고도 할 수 있다. 의례를 통하여 희생자의 언어를 소환하는 행위는 아직도 계속되고 있는데, 제주에서는 4·3의 피해자를 공산 반란군이나 동조자라고 보았던 예전의 틀에서 벗어나 무고한 민간인 희생자로 재규정하여 그들의 도덕적 명예를 회복하는 일에 중점을 두었다. 이 명예회복 운동은 이후 다른 지역으로까지 확대되어, 2000년에 국회에서 '제주 4·3사건 진상규명 및 희생자 명예회복에 관한 특별법'이 제정되고, 이어서 2005년에는 한국전쟁 시기 민간인 학살 조사를 위한 '진실·화해를 위한 과거사 정리 기본법'(이하 '기본법')도 통과되었다. 이후 대량 매장지로 추정되는 장소에 대한 유해발굴과 법의학적인 조사가 전국적으로 이루어졌다. 2005년의 '기본법'에는 약 20만명으로 추정되는, 한국전쟁 초기 민간인 학살에 대한 대한민국 정부의 진실화해위원회가 주도한 광범위한 조사도 포함되었다.[24]

한국 현대사의 이 암울한 에피소드는 반공을 국시로 삼았던 군부정권 하에서는 존재를 부정당한 채 묻혀 있었다. 1990년대 초부터는 반대로 이 대량학살의 역사가 공적 논쟁의 장에서 격렬한 쟁점이 되었고, 이렇게 공적 담론의 자리에 나왔다는 사실 자체가 한국의 정치발전을 증명하는 핵심 면모라 할 수 있다.[25] 이 과정에서 눈에 띄는 점은 역사적 진실에 대한 요구가 이렇게 사회 전체의 공적 쟁점이 되기 이전에 지역에서 먼저 제기되었다는 사실이다.[26] 이는 1장에서 살펴보았던 것처럼, 종전 후 얼마 지나지 않은 때에 민간인 학살 희생자의 유족들이 벌였던 활동에서 뚜렷이 나타난다. 한국전쟁의 공적 역사를 연구하는 대표적 연구자인 박명림은 역사적 진실과 정의를 요구하는 운동이 대중화된 데에는 국가폭력 희생자 가족의 도덕적·정치적 연대가 핵심적이었다고 주장한다.[27] 4·3사건의 희생자에 대한 지속적인 기록작업과 도 차원 추모행사의 제도적 기반을 처음 주도적으로 시작했던 제주가 대표적인 경우이다. 대량 매장지로 추정되는 곳을 조사하고 그 매장지를 유적지로 보존하겠다는 계획도 세웠다. 도행정부는 이러한 활동을 통해 '평화와 인권의 섬'이라는 제주의 이미지를 정착시키고자 한다.

제주의 이러한 눈부신 성과는 희생자 유족회를 비롯하여 여러 비정부조직과 시민단체들이 연대하여 아래로부터 지속적인 활동이 있었기에 가능했다. 유족회에서 활동했던 사람들에게 1990년대 초는 상전벽해의 시기였다. 그 이전에 유족회의 공식명칭은 '제주 4·3사건 민간인 반공희생자 유족회'였고, 무장대에 희생된 공무원이나 민보단원 등의 특정한 범주의 희생자와 관련된 유족이 주로 참여했다. 현재 추정하기로는 이 범주의 희생자는 전체 민간인 희생자의 20퍼센트 정도라고 알려진다. 나머지 대다수는 군과 경찰, 청년단에 의해 희생된 주민들이었다. 1990년대 들어 다수를 이루는 범주의 희생자 유족들이 점점 많이 참여하면서 유족회 내에서 다수의 위치를 갖게 되었다. 유족회 활동을 오랫동안 한 어느 분의 말에 따르면 이것은 "소리 없는 혁명"이었고, 유족대표들이 오래도록, 때로는 열띤 토론과 협상을 벌여온 결과였다.[28] 명목상 반공단체에서 "피에 물든 좌우 분열을 넘어서고자" 하는 단체로 이행하는 과정에 수차례의 위기가 있었다. 무장대 희생자 유족대표 일부가 유족회를 나가기도 했고, 새로 들어온 국가폭력 희생자 유족들이 기존의 대표들과 한자리에 앉는 걸 거부하기도 했다. 마을 단위에서도 유사한 갈등이 있었다.

그럼에도 유족회가 모든 차원에서 벌어진 잔학행위의 모든 피해자를 대변한다는 단호한 입장을 견지한 덕에 그러한 갈등으로 인해 조직이 해체되는 것은 막을 수 있었다. 가족 내에 양쪽 피해자(군의 평정작전과 무장대의 보복행위에 공히 피해를 입었으며 특히 중산간 마을에 집중되어 있었다)가 있다는 사실도 마찬가지로 중요했다. 예를 들어 어느 지역의 유족은 경찰의 폭력으로 부친을 잃고 형을 무장대의 폭력에 잃었다. 마을 차원에서 이렇게 양쪽의 희생자가 있는 가족들이 유족회에서 중요한 역할을 했다. 또한 앞에서 살펴봤듯이 가족이 국가폭력의 피해를 입은 후 한국전쟁에 참전하여 폭력의 주체인 이 국가를 절체절명의 위기상황에서 구하는 데 기여했던 참전용사들의 역할도 컸다. 유족회가 민주화되면서 다수 쪽의 가족들, 특히 '소리 없는 혁명' 이전부터 회원이었던 가족들은 해방감을 맛보았다. 예전에는 국가의 희생자임에도 반란군의 희생자로 등록되기도 했기 때문이다. 그것은 일부분 애초에 "빨갱이의 위협"이 없었으면 "빨갱이 사냥"도 없었을 것이라는 지배적인 사고에 따른 것이기도 했다. '소리 없는 혁명'으로 이 유족들은 1948~53년에 벌어진 엄청난 폭력의 희생자들의 역사를 더이상 왜곡하거나 숨기지 않고 떳떳하고 자유롭게 추모할 수 있게 되었다.

조상석

상황이 이렇게 전개되면서 주민들의 추모행위에도 큰 변화가 일어났다. 이 변화는 집 안에서도 밖에서도 관찰되었는데, 이 두 영역의 변화가 긴밀히 상호작용하며 변화를 이끌어갔다. 냉전의 종식과 함께 조상의례에도 눈에 띄는 변화가 생겼다. 제주의 많은 지역사회에서 예전에 정치적으로 비규범적인 존재였던 조상들이 공동체의 행사에 등장하기 시작했고, 소위 '정상적인' 조상들과 함께 추모의 공간을 공유하게 되었다. 이런 과정을 통해 최근 제주를 비롯한 여러 지역에서 다양하고 창의로운 형식의 추모비가 생겨나게 되었다.

2008년 2월, 『뉴욕타임즈』에는 "분열되었던 한국의 한 마을이 스스로 회복의 길에 들어서다"라는 제목으로 전라남도 어느 마을에 대한 이야기가 실렸다.[29] 그 회복은 지역사회 일부에서 마을 조상석을 세울 계획을 추진하면서 이루어졌다. 옛 전설에 따라 구림(鳩林)이라 불리는 이곳은 옹기마을로 유명하다. 몇몇 성씨 집안에 기반한 지역 특유의 전통적 마을구조를 유지하고 있는 이 마을의 어르신들은 한국전쟁에 대한 쓰라린 기억을 가지고 있다.(1장 참조) 산악지대의 초입에 자리를 잡아, 이곳은 한국전쟁 발발 이전부터 산에 은신한 빨치산과 군경 토벌대 양쪽으로부터의 위협에 노출되어 있었다. 이렇게 불안정한 상황 탓에 빨치산에게 피해를 입은 집안과 진압작전에 가족을 잃은 집안 사이에서 보복성 폭력이 일어나는 비극적 사건들이 있었다. 한국전쟁 초기에 마을이 번갈아 양쪽 군에 점령되면서 공동체 내의 갈등과 폭력은 점령군의 무장력과 연결되어 더욱 격화되고 잔인해졌다.

구림 주민들이 자랑스럽게 내세우는 오랜 전통으로, 과거에 지역 자치 기구 역할을 했던 일종의 마을의회인 대동계가 있다. 주요 여섯 집안 대표자로 구성된 이 대동계가 주축이 되어 최근 지역 주민들의 구술에 기초해서 마을의 과거와 현재를 기록한 책자를 출간했다. 여기에는 지난 4세기 동안 대동계의 역사와 민간전승 문화, 그리고 일제강점기와 한국전쟁 때 겪었던 일들이 기록되어 있다. 마지막에 전쟁의 폭력에 속수무책으로 노출된 마을의 상황이 묘사되는데, 그중에 남북 양쪽에 의해 자행된 체계적 폭력이 이후 주민들 사이에 상호 보복성 폭력까지 야기했던 집단학살의 비극도 들어 있다. 이 책의 발간은 마을의회의 주도로 전쟁의 파괴를 더이상 회피하지 않고 직접 대면하려는 주민들의 결의의 일환이다. 책의 서문에 이런 대목이 있다.

> 특히 이 책의 발간과 함께 구림사람들은 우리 민족 모두가 피할 수 없었던 근현대사의 상처를 극복하기 위해 뜻깊은 사업을 준비하고 있다. 6·25를 전후한 갈등과 전쟁의 틈바구니에서 희생당한 분들의 위령을 달래주며, 그동안 슬픔을 묻어두고 살아왔던 후손들에게 조금이나마 위로가 되고, 화해하고 용서하는 계기가 될 '사랑(평화)과 화해의 위령탑'을 건립하고자 하는 것이다. 이 책이 역사의 기록을 넘어 화해와 평화의 기운을 만들어간다면 또 하나의 큰 성과이자 보람이 될 것이다.[30]

동일한 지역의 다른 공동체에서도 유사한 움직임이 있었다. 남북의 무장집단 양쪽으로부터 모진 시련을 겪었던 나주에서도 최근 국가폭력의 희생자 가족들과 혁명의 이름으로 가해진 폭력의 희생자 가족들이 함께 한국전쟁 합동유족회라는 이름으로 만났다. 가해자는 다르지만 희생자는 모두 양민이었고, 가해자에 따라 피해자가 구분되고 달리 취급되는 일은 이제 없어져야 한다는 의지의 표현이었다. 유족회는 전쟁의 비극을 이렇게 포괄적으로 대면할 수 있게 된 것에, 그리고 한 연구자의 표현에 따르면 "좌·우익 희생자를 가르지 않은, 명실공히 분단의 아픔과 반공이데올로기를 뛰어넘었다는" 점에 대해 자부심을 갖고 있다.[31] 2000년대초에 마침내 위령비를 세우기까지 저간의 과정을 조사한 또다른 연구자는 이렇게 적는다.

> 그러나 나주 봉황리의 유족들은 유족회를 결성하여 2002년 3월 피학살자 위령비를 세웠다. 위령비에는 군경에 의해 학살당한 사람들의 이름만이 아니라 보도연맹, 좌익에 의한 피학살자도 포함되어 있다. 이들이 이렇게 기존의 반공이데올로기를 넘을 수 있었던 것은 지역의 사회단체에서 어떻게, 누구에게 죽었느냐는 것에 상관없이 모든 학살 피해자 유족들 증언채록 작업을 통해 그들의 기억을 사회화시킬 수 있었기 때문이다.[32]

그밖에도 전쟁의 추모방식에서 흥미로운 변화가 일어나고 있음을 보여주는 기록은 지역별로 많이 있다. 1990년대말 이전에는 우익과 좌익이 자행한 폭력의 희생자를 모두 아우르는 추모행사를 한다는 발상은 대부분 지역에서 생소했다. 그런데 2000년대에 들어서 지역 여론은 그런 생각을 합당한 것으로 받아들이게 되었다. 구림마을에서처럼 그 발상은 반공의 정치사를 떨쳐버리는 측면뿐만 아니라 주민들 사이에서 지역 공동체의 온전함과 자긍심을 회복하는 데에도 큰 의미가 있었다. 다시 말해서 죽은 자들의 기억을 함께 불러오는 일은 지난 두 세대 동안 공동체가 시달려왔던 오랜 갈등과 분열의 역사에서 조금이나마 벗어나서 살아 있는 자들을 화해시키고자 하는 시도였다.

개별 친족집단 내에서 화해의 시도가 이루어진 지역도 있다. 경상북도 안동에서는 몇몇 집안들이 지금껏 일제강점기 좌익 민족주의 운동으로 인해 낙인이 찍혀 있던 집안의 조상들을 복권하고자 애썼다. 그중에는 초기 공산주의 운동의 주요 인물이었던 김재봉, 이준태, 권오설도 있다. 이들의 명예를 회복하기 위해 집안 어른들에게 자문을 구했을 뿐 아니라 문중회의에서 논의를 거쳤다. 각 집안은 일제에 저항했던 조상들의 항일운동을 기술한 자료를 (때로는 경쟁적으로) 준비하기도 했는데, 조상의 유업을 보존하는 전통적 방식의 하나인 '문집'의 발간이 한 예이다. 이 문집에는 먼 조상의 글과 함께 근래의 인물들이 쓴 산문이나 편지를 함께 묶는다. 가족 중심의 이러한 움직임은 정부에 대한 청원도 준비했다. 청원에서 각 집안은 청원의 대상인 그들의 조상이 지녔던 특정한 이념적 성향은 한국전쟁 시기와 달리 일제강점기에는 전혀 불법적인 것이 아니었고, 그들의 항일운동에 대한 공헌이 이념적 성향의 문제보다 훨씬 비중이 크다고 주장했다.

친족집단 주도의 실천이 지역 역사학자들의 활동과 공동으로 진행될 때도 있었다. 경상북도 독립운동기념관 관장인 역사학자 김희곤은 1930년대 공산청년운동의 저명한 활동가였던 권오설의 옥중편지를 포함하여 그 집안에서 출간한 문집의 추천사에서 일제강점기의 사회주의 운동을 해방 후 북에 설립된 정권과 분리해서 접근할 필요를 강조한다.[33] 그는 다른 책에서는 전후 지배적 서사구조 내에서 반공이념이 독립운동사를 제약함으로써 사회주의나 공산주의 경향의 저항운동을 정당한 민족사 바깥으로 밀어내 망각 속에 묻어버렸다고 비판한다. 또다른 학자는 "항일과 반공 사이의 균열"로 인해 일제강점기의 역사적 기록이 오랫동안 한국전쟁의 경험에 의해 왜곡되어왔고, 따라서 지역에서 항일운동과 관련하여 기억되는 이름들과 항일운동가로 공적으로 기록된 이름들이 일치하지 않게 되었다고 지적한다.[34] 김희곤은 더 나아가 안동지역에서 항일운동이 활발했던 원인을 유학적 전통에서 찾는다. 지역의 급진적 민족주의(사회주의, 공산주의, 무정부주의) 지식인들이 보수적 민족주의 지식인들과 같은 집안 출신인 경우가 많은데, 유교적 도덕교육과 윤리적 자아성찰이라는 오랜 전통이 공통의 근원을 이룬다고 본다. 곧 유교에서 강조해온 자아수련의 덕목이 이 지식인들로 하여금 급진적 근대사상에 눈뜨게 하고 결과적으로 "혁신 유림"의 성장을 가져왔다는 것이다.[35] 그래서 그는 "사회·공산주의 운동사에서도 유림의 후예들이 주역을 맡았고", 이는 "계급운동이라면 당연히 피지배계급인 천민이나 평민층에서 주역들이 배출"되어야 한다는 통상적 생각에 어긋난다고 주장한다.[36]

이는 흥미로운 주장이다. 식민지시대 아시아의 급진적 정치운동에 대한 다른 연구들에서도 유사한 주장을 찾아볼 수 있다. 한 예로 베트남 근대사의 저명한 학자인 후에탐 호 타이(Hue-Tam Ho Tai)는 식민지시대의 지주이자 유학자 집안의 후손인 '탕자(蕩子, prodigal sons)'에 의해 베트남혁명이 처음 뿌리를 내리는 과정을 이야기한다. 그 '탕자'들이 봉건유산을 부정하고, 식민지 권력이 강제한 것이 아닌 다른 형식의 정치적 근대의 길을 모색했다는 것이다.[37] 앞서 언급한 좌와 우의 뿌리가 하나라는 지적은 이제까지 공공의 영역에서 배제되었던 조상의 규범적 지위를 회복하여 좀더 포괄적으로 가족의 계보를 재구성하려는, 친족집단 주도의 시도를 이해하는 데도 시사하는 바가 있다. 이 지역의 몇몇 마을에서 최근 추모비를 새로 세웠다. 그중 하나가 권오설 기적비(紀跡碑)로 그의 고향 마을 입구에 있다. 기적비에는 이런 글이 적혀 있다. "이곳은 일찍 민족해방 투쟁의 가시밭길을 치달린 초인이 태어난 자리 고귀한 목숨을 바쳐 반제국권회복의 횃불을 치켜든 애국열사가 자란 터전." 권오설 후손이 엮은 새로운 '문집'은 집안 시조와 여러 후손들의 글을 소개한 후 마지막 부분에 이 혁명가의 과거 행적을 실었다. 이런 방식의 구성은 20세기 혁명가의 삶과 행적을 선대의 인물들과 그들의 모범적인 삶과 연결시켜 그의 행적을 오랜 전통의 일부이자 그 연장선으로 자리매김하는 것이다. 문집에는 또한 여러 친지들, 학우들이 그에게 헌정한 많은 추도사와 추모의 글도 실려 있다. 읽다보면 그가 친족의 도덕적 공동체 안에서는 규범적 지위를 완전히 되찾았다는 인상을 받게 된다.

가족사의 규범성을 회복하려는 이 가족집단들의 노력에서 주목할 만한 또다른 면은 자신들이 겪은 근현대의 고난을 가계의 보다 오랜 궤적에 비추어 이해하려는 경향이다. 예를 들어 앞서 언급한 문집에는 16세기에서 18세기까지 집안의 먼 조상들에 대한 역사적 일화와 더불어 권오설의 생애가 실려 있다. 이 조선시대 일화들은 당파싸움의 여파로 본인과 후손들이 화를 입은 사건들이다.[38] 문집은 이 옛 조상들과 근대사의 가까운 조상 모두에게 공히 절의(節義)의 성품이 있었다고 강조하며, 때가 되면(경우에 따라서는 두 세대를 기다려야 할 때도 있지만) 그들의 의로운 행위가 인정을 받고 명예가 회복된다는 역사적 필연을 명시한다. 이는 가족이 정치적으로 힘들었던 근대사의 족적을 정치의 언어가 아니라 집안의 오랜 전통이 보여온 윤리적 헌신, 즉 도덕적 차원으로 이해해야 한다는 생각을 함축한다. 또한 그들이 유산으로 보존하려는 것은 도덕적 면모이지 정치적 의미 혹은 그 결과가 아니라는 것을 공개적으로 선언하는 것이다.

4장에서 소개한, 일제강점기 사회주의 활동가 조상을 둔 안씨 집안에서처럼, 불온한 인물로 취급되었던 조상의 지위를 회복하려는 노력이 보다조심스럽게 진행된 곳도 있었다. 일제강점기에 사망한 권오설의 경우와달리 안씨 집안의 두 조상은 생존해서 해방 이후 북한정치에 참여했다. 전쟁 중에 고향마을을 찾거나 점령정치에 관련되지는 않았지만, 이 집안에다른 집들과 같은 추모사업은 어려운 일이었다. 어느 제삿날에는 이 문제를 두고 친지들 사이에 열띤 논쟁이 벌어지기도 했다. 분쟁은 아직도 계속되고 있지만, 이 집안사람들은 그사이 당시 유행했던 납골당 조성과 함께선산에 비석을 새로 세우는 안에 어렵사리 합의했다. 2004년에 세워진 화강암 비석에는 가계도가 새겨져 있다. 8세대 위의 조상을 기점으로 많은집안 어른들의 함자가 기록되어 있다. 오른편 위에 옛 조상이, 반대쪽으로갈수록 당대의 인물들이다. 중간쯤에 그렇게 오랫동안 집안 전체를 어렵게 했고 몇몇 후손들이 생사를 넘나드는 위기를 겪게 했던 바로 그 두분의 함자가 보인다. 이 댁의 종손은 이렇게 전했다.

> 2004년에 이 비석을 진짜 힘들게 세웠지. 속이 좋지 않았던 사람도 많았고, 어르신들 중에는 애초에 왜 그런 생각을 했냐고 아직도 꾸중을 하시고. 어떤 분은 "니가 정신이 나간 게냐? 너도 그렇지만 우리 모두 그 어른들과의 관계를 끊으려고 평생 기를 쓴 거 아니가. 그런데 이제 와서 이 어른들이 우리의 자랑스러운 조상이라고 떠버릴 셈이라?" 그 어른한테 뭐라 할 수 없지. 나도 처음 여기 왔을 땐 마음이 불편했으니. 근데 지금은 세상이 달라졌고, 또 집안 어른은 다 공평하게 모시는 게 우리 도리이고. 그래도 이래 여기 와서 저 어른들과 여러 어른들이 한데 이어져 있는 걸

보면 아직도 불안한 마음이 없진 안해.

이 비석을 세우는 과정은 전혀 순조롭지 않았다. 권오설의 집안과 안씨 집안 모두 비석을 세우는 동안 조용하지 않았다. 추모비를 세웠다가 다시 무슨 탈이라도 날까봐, 집안 전체에 또 무슨 사태가 닥칠까봐 마음이 편치 않은 집안 어른도 있었다. 그보다는 그 조상의 유산으로 인해 가족 안에 그리고 마을 안에 여전히 아물지 않은 상처와 서로 응어리진 마음이 있음을 염려하는 분도 있었다.

제주에도 새로운 위령비와 조상석이 세워졌다. 가장 중요한 기념비가 제주시 남쪽 중산간 마을인 봉개동에 2010년에 완성된 제주 4·3평화공원이다. 이곳은 1948~53년에 도민들이 겪은 정치폭력의 희생자를 추모하기 위한 도 차원의 추모장소인데, 훌륭한 기념관과 뛰어난 조각상 그리고 수많은 희생자의 명패를 모신 봉안관이 있다. 전국에서 또 외국에서 많은 방문객들이 이곳을 찾고 매년 4월이면 이곳에서 정치계 인사, 언론 그리고 유족들이 참여한 추모행사가 열린다. 그래서 이곳이 4·3의 희생자를 위령하는 공적인 추모장소로 여겨지는데 지역 주민들에게는 반드시 그렇지만은 않다. 많은 유족들이 평화공원에서 열리는 공적 행사를 집에서 그리고 마을에서 지내는 조상에 대한 제례의 연장으로 인식한다. 행사장에 올 때 심지어는 집에서 기제사에 쓰기 위해 장만해둔 유기로 된 제기를 보자기에 싸서 들고 오는 사람도 있다는 사실이 이 점을 잘 보여준다. 외부 방문객에게는 공적인 추모장소이지만 유족들에게는 조상의 기억이 있는 또다른 장소인 셈이다. 하지만 추모행사에 참여하기를 아직도 꺼리거나 심지어 아예 발도 들여놓지 않으려는 가족이 있는 것도 사실이다. 이는 추모장소가 자신들이 겪었던 폭력과 그로 인한 오랜 고난에 책임이 있는 당사자인 국가권력과 관련이 있는 탓도 있다.

마을 차원에서도 주목할 만한 시도들이 있었다. 제주시 서쪽 애월의 하귀리는 2003년초에 마을 위령비를 새롭게 완공했다. 이곳 주민들은 천년 역사를 지닌 자신의 마을과 인근의 사적들에 대해 자부심이 강하다. 유적 중에는 15세기 몽골 침입에 맞서 싸웠던 장소인 항몽유적지가 있는데 "북쪽 바다에서 오는 외부 침략자들에 대한 제주의 최북단 방어자로서의 마을 역사"를 기리고 있다.[39] 하귀의 위령비는 훨씬 근래의 전쟁경험과 관련한 지역의 물질문화적 배경이 있다. 제주 전역에 전몰자 묘지가 많고, 그중 많은 수가 4·3사건 당시 전사한 경찰 등이 묻힌 곳인데 이 '애국영령'들을 기리기 위한 추모비가 함께 서 있다. 지역에 따라서 추모의 대상에는 '민간조직' 전투원도 포함되는데, 여기서 민간전투원이란 1948년 반란진압작전에 동원되었던 육지에서 유입된 반공청년단의 단원을 포함한다. 자신의 가족과 마을에 폭력을 자행한 낯선 자들을 묻은 묘지와 추모비가 마을 가까이 있다는 사실은 그곳의 주민들에게 오랫동안 도덕적 소외감의 근원이자 비록 밖으로 드러나지는 않았지만 분개심의 대상이었다.

하귀의 새 조상석은 일면 제주에 널리 존재하는 전쟁의 이러한 왜곡된 기억에 대한 반발이자 이를 바로잡으려는 노력이었다. '영모원'이라 불리는 이곳에는 중앙의 흰색 비석 좌우로 검은 화강암 비석들이 놓여 있다. 중앙의 비석에는 한자로 '위령단(慰靈壇)'이라고 새겨져 있다. 왼쪽으로 각각 일제강점기의 조상들에게 바치는 '영현비'와 한국전쟁 전사자를 위한 '충의비'가 있다. 오른쪽에는 한국전쟁 이전과 전쟁 중에 제주에서 있었던 길고도 잔혹했던 반란진압작전에 희생된 수백명의 마을사람들에게 바치는 위령비들이 있다.

일제강점기 인물들 중에는 사회주의 경향의 독립운동가 이름도 있다.

지역 차원에서도 국가 차원에서도 기존 역사서술에 거의 등장하지 않는 이름들이다. 다른 지역과 마찬가지로 하귀의 화해 노력에는 일제강점기에 사회주의 운동을 했던 마을 조상의 지위를 회복하는 것이 중요했다. 이 명예회복의 노력은 이전까지 공적인 삶을 좌우했던 양극화된 이념에서 벗어나 공동체의 역사적 정체성을 좀더 진실에 가깝도록 회복하기 위한 것이었다. 그 동력과 도덕적 정당성을 해방 후 파괴의 역사공간까지 확장하여 여태껏 낙인 찍힌 역사적 흔적을 당당하게 공적으로 드러낼 수 있기를 바랐던 것이다. 이러한 시간적 확장과 더불어 한국현대사를 지배한 기존의 패러다임에서 마을의 역사를 자유롭게 하려는 공간적 차원의 고려도 있었다. 기존의 패러다임이란 앞서 지적했듯 전쟁기념과 관련된 지역의 물질문화에 바탕을 둔 위계와 배제의 패러다임이다.

영모원을 세우게 된 데는 나름 복잡한 배경이 있다. 1920년대에 마을이 두 개의 행정단위로 나뉘었다는 사실도 그중 하나인데, 지금 주민들이 이해하기로는 당시 일제의 분할통치 전략이었다고 본다. 마을의 분할은 4·3의 혼돈 속에서 더욱 왜곡되어, 진압작전 중에 마을이 극한 상황으로 내몰렸다. 제로섬 논리에 기초한 이 작전은 그들이 불온한 마을이라고 규정한 한쪽 마을 사람들을 여기서 벗어나려는 다른 쪽 마을 사람들과 갈라 서로 대립하게 만들었다. 작전이 종결되었을 때 하귀는 제주 전체가 불온한 섬으로 인식된 것과 마찬가지로 제주 안에서 정치적으로 불순한 마을로 인식되었다. 1986년에 간행된 반공교육 자료에 의하면 "좁고 한정된 섬이라는 지역사회의 특성상 한 집안 또는 한 마을의 지도자급인 사람이 공산주의에 물들면 혈통과 지연관계상 그 집안 전체, 그 마을 전체가 공산당원이 되고 마는 것은 어쩔 수 없는 형편"이었다고 적혀 있다.[40] 이렇게 왜곡되고 빈곤한 논리는 마을 바깥에서 일자리를 찾고자 했던 하귀 사람들에게 차별을 강요했고, 이는 마을의 두 행정구역 주민들의 관계를 더욱 악화시켰다. 한쪽에서는 상대방의 과거 일에 자신들까지 연루되는 것이 부당하다는 심정이었고, 다른 쪽에서는 한 마을 안에서까지 그런 식으로 비난과 차별을 당하는 일을 받아들일 수가 없었던 것이다.[41] 이런 상황에서 하귀 주민 일부가 지방법원에 두 구역에 각각 새 이름을 붙이는 걸 허락해달라는 소청을 냈다. 하귀라는 이름을 털어버리면서 동시에 두 구역 사이의 연관을 지우려는 시도였다. 그때가 한국전쟁이 끝난 직후인 1953년이었다. 이후 하귀의 두 구역은 공식문서상에서 동귀와 귀일로 분리되었다. 누구도 이 인위적인 이름을 선호하지 않았지만, 그럼에도 불구하고 필요하다고 여겼다.

이런 역사적 궤적으로 마을사람들의 일상생활은 수없이 많은 난제에 부딪혔다. 정치적으로 불순하다고 여겨지는 가족적 배경을 가진 사람은 공공부문의 취업과 사회적 이동에서 제약을 가했던 비합법적인 연좌제로 인해 고통을 받았다. 반대로 이런 고통에 직접적인 책임이 있다고 생각하는 이웃들과 마을의 공공장소에 함께 있는 것이 힘겨운 사람도 있었다. 이 어려움들은 강압에 못 이겨 가까운 이웃에 등을 돌려야 했던 일을 포함하여 당시 마을 전체가 겪었던 복잡하고 아직 아물지 않은 4·3의 상처와 관련한다.[42] 김정아 여사는 무장대에게 부모를 잃었고, 이 사건에 몇 마을사람들이 관여했다. 현재 도쿄에 거주하는 그녀는 당시 하귀의 옆마을에 살았던 할머니를 회상하며 이렇게 물었다. "아들 며느리를 죽음으로 몰아넣었던 가해자들의 얼굴을 한 마을에서 매일 마주하며 평생을 살아야 했던 할머니의 분노와 슬픔을 감히 누가 이해할 수 있을까요?"[43] 이러한 오랜 상처는 때로 갑자기 세상 밖에 모습을 드러내기도 한다. 납득할 만한 이유도 없이 자신들이 사귀는 것을 극렬히 반대하는 가족을 이해할 수도 없고 그저 억울하기만 한 한쌍의 젊은 연인처럼 말이다.

4·3과 관련된 이런 미세한 역사의 상세한 내용과 오늘날에도 존재하는 그 흔적들을 언급하는 것은 하귀와 그 인근 마을에서 아직도 금기이다. 그런데 자주 언급되는 사건이 있다. 비석건립에 관한 논의가 있기 전에 하귀의 두 마을이 정기적으로 읍에서 개최하는 마을 간 체육행사에 참여했던 때의 일이다. 이전에도 두 마을 모두 그 행사에 참여해오긴 했지만, 그때는 공교롭게도 동귀와 귀일이 축구 준결승에 나란히 올라갔고, 당연히 결승까지 진출하길 원했다. 경기가 진행되는 동안 동귀 주민은 귀일 팀이 아닌 상대편을 응원했고, 다음 경기에서 귀일 주민도 마찬가지였다. 마을 어르신의 말에 따르면 이것은 아주 망신스러운 일이었고, 당시 바깥세계에서 일어나던 변화와 대조되는 것이었다. 당시 남북한 당국들은 국제스포츠행사에서 단일팀을 구성하는 안을 진행하고 있었다. 어르신 말씀에, 하귀는 이런 역사의 흐름에 역행하고 있었고, 읍내 축구경기에서 벌어진 창피스러운 그 사건이 갈라진 두 마을이 다시 화해할 수 있는 방법을 고민하는 계기가 되었다고 한다.

1990년, 동귀와 귀일의 마을회의에서 하나였던 본래의 마을이름을 다시 찾기로 합의했다. 두 마을의 관계회복과 재결합을 담당할 마을발전협의회도 출범시켰다. 이 협의회가 처음으로 한 일이 설날 세배 관행에 관한 것이었다. 각 마을에는 어르신들이 낮에 모여 시간을 보내는 경로당이 있다. 이분들이 설 연휴에 상대의 경로당을 찾아가 새해 인사를 함께 하기로 했다. 별것 아닌 듯한 이 작은 변화가 엄청난 결과를 가져왔다. 이후 바닷가쪽 마을과 중산간쪽 마을 청년들의 왕래가 활발해졌다. 또한 오사카의 하귀 출신 사람들 사이의 왕래도 수월해졌다. 이러한 변화에 힘입어 발전협의회는 2000년에 마을사람들과 타지역에 사는 마을 출신 사람들에게서 성금을 모아 비석을 세우자는 안을 두 마을회의에 제안하게 되었고, 2003년 많은 사람이 찾은 가운데 개원식을 가졌다. 303명의 마을 4·3 희생자를 위한 위령비에는 다음의 문구가 새겨져 있다.

> 해방의 감격이 채 가시기도 전, 6·25의 아픔이 한반도에 닥치기도 전에 이 죄없는 땅 죄없는 백성들 위에 아직도 정체 모를 먹구름 일어나서 그 수많은 목숨들이 지금도 무심한 저 산과 들과 바다 위에 뿌려졌으니, 어느 주검인들 무참하지 않았겠으며 어느 혼백인들 원통하지 않았으랴. 단지 살아 있는 죄로 소리내어 울지도 못한 마음들은 또 어떠했으랴. 죽은 이는 죽은 대로 살아남은 이는 살아 있는 대로 제자리를 찾지 못한 채 허공에 발 디디고 살아오기 어언 50여년… 아버지보다 오래 살고 어머니보다 나이 들어서야 여기 모인 우리들은 이제 하늘의 몫은 하늘에 맡기고 역사의 몫은 역사에 맡기려 한다. 오래고 아픈 생채기를 더는 파헤치지 않으려 한다. 다만 함께 살아남은 자의 도리로 그 위에 한 삽 고운 흙을 뿌리려 한다. 그 자리에서 피가 멎고 딱지가 앉아 뽀얀 새살마저 살아날 날을 기다리려 한다. 지난 세월을 돌아보면 모두가 희생자이기에 모두가 용서한다는 뜻으로 모두가 함께 이 빗돌을 세우나니 죽은 이는 부디 눈을 감고 산 자들은 서로 손을 잡으라.[44]

평화를 찾은 사회

하귀마을에 위령비가 세워진 후 10년이 흐른 2013년은 휴전협정 60주년이 되는 해였다. 비록 1953년 7월 27일에 총성은 멈췄지만 이후 두 세대가 지나도록 공적으로는 여전히 전쟁 중인 분단 한반도의 양 진영에서 이 때 여러 주목할 만한 행사가 열렸다. 한국정부는 아직 생존해 있는 미국과 유럽, 아프리카의 해외 한국전쟁 참전용사를 한국으로 초청했다. 이 노병들은 서울의 전쟁기념관과 국립현충원, 부산의 유엔군묘지와 휴전선을 방문했다. 삼팔선 남쪽에서 이렇게 국제적인 우애를 기념하고 있을 때 북의 평양에서는 대규모 건설사업이 마무리되고 있었다. 군과 청년돌격대가 동원되어 새롭게 건설한 '조국해방전쟁 승리기념관'과 '조국해방전쟁 참전렬사묘'는 북에서 휴전일을 지칭하는 소위 승리절에 인민들에게 공개되었다. 개관식에는 중국을 비롯하여 북의 전통적인 동맹국가의 축하 사절단이 참석했다. 중국 사절단은 행사가 진행되는 내내 상석을 차지했고 주조선 중국대사관에서 멀지 않은 조중우의탑도 방문했다. 고딕양식의 이 기념탑에는 이렇게 적혀 있다.

항미원조 보가위국의

기치 높이

우리와 함께 싸워

이 땅에서

공동의 원쑤들을

쳐물리친

중국인민지원군

렬사들이여

그대들이 남긴

불멸의 위훈과

피로써 맺어진

조중인민의

국제주의적 친선은

륭성하는

이 나라 강토 우에

길이 빛나리라.

사절단은 평양 북쪽에 위치한 중국인민지원군렬사묘도 참배했는데, 지원군 참전 초기에 남아프리카공화국 폭격기의 소이탄 공격으로 전사했다고 알려진 마오쩌둥의 장남 마오안잉(毛岸英)의 묘에 화환을 증정했다.[45]

이렇게 옛 우의를 확인하고 있는 사이 새로운 친선관계 역시 생겨나고 있었다. 2013년 6월, 한국과 중국은 남한에 있는 중국군 전사자 유해를 본국으로 송환하기로 합의했다. 이 합의에 따라 이후 몇년에 걸쳐 한국과 중국 양편에서 합당한 군장(軍葬)의 예를 갖춰 수백구의 중국군 유해가 그들의 고향으로 돌아갔다. 송환은 한국에서도 그렇지만 중국에서 특히 중요한 명절인, 조상의 묘를 찾아 단장하는 날인 한식에 이루어졌다. 북한과 미국 사이에서도 오랜 적대감을 해소하려는 시도가 있었다. 1996~2002년에 두 나라는 한국전쟁 중에 실종된 미군의 유해를 찾는 노력을 함께 했다. 이 역사적인 협력으로 북한 도처에서 약 200구에 달하는 유해를 수습했는데, 2002년 1월 당시 조지 부시(George W. Bush) 미대통령이 신년사에서 북한을 이란, 이라크와 함께 "악의 축"으로 규정한 후 돌연 중단되었다.

한국전쟁 전사자와 관련해서 중국과 한국 사이, 그리고 미국과 북한 사이에 있었던 위의 두 외교적 움직임은 서로 맞물려 있었다. 2000년에 한국전쟁 발발 50주년 기념을 준비하면서 한국정부는 10만명이 넘는 것으로 추정되는, 지금껏 수습되지 못한 전사자 유해를 찾는 사업을 시작했고, 이를 위해 국군 유해발굴감식단도 창설했다. 지금도 진행 중인 이 역사적인 사업은 한국전쟁을 비롯하여 해외에서 수행한 전쟁 중에 실종된 미군을 확인하는 일을 담당하는 미국의 전쟁포로·실종자 합동 확인국을 모델로 기획되었다. 한국의 실종자 확인 작업은 대중의 큰 관심을 끌었고, 최근 그 활동은 학도병들처럼 아직 조명되지 못한 전투원들로 확대되었다. 중국 지원군 전사자 유해에 관한 최근의 관심은 2000년부터 한국에서 진행된 한국전쟁 전사자 유해발굴에 대한 대중들의 관심의 일환으로 생겨났다. 이는 또한 동북아시아 국제관계 지평에서 현재 일어나는 변화도 대변한다. 대한민국 육군 대변인에 따르면 중국 전사자 유해의 중국 송환은 "전쟁의 상처를 치유하고 두 나라의 관계를 한걸음 더 진전시키려는" 의도로 이루어졌다.[46] 중국 전사자 유해가 고국으로 돌아가 랴오닝성 선양의 '항미원조열사능원'에 이장되기 전까지 국내에 안치해두는 장소가 어쩌면 이 "치유"의 좋은 예시일지 모르겠다. 휴전선 가까이 파주에 위치한, 북한군과 중국군 전사자들이 묻힌 이 묘지는 최근 '적군묘지'에서 '북한군·중국군 묘지'로 이름이 바뀌었다.

2018년 한국전쟁 기념행사 준비과정에서 상황은 또다시 바뀌었다. 연초부터 국내외 언론들은 한반도의 새로운 전쟁 위험을 보도하기 시작했다. 평양과 워싱턴이 호전적인 언사를 주고받았다. 북한은 미본토를 향한 대륙간탄도탄의 완성을 공표했고, 미국은 1953년 7월 종전 이래 가장 큰 규모의 전략 해군과 공군력을 한반도 주변으로 배치했다. 전쟁의 위협은 실질적이었고, 오늘날 세계에서 가장 가난한 나라 중 하나와 초강대국 사이에서 점증하는 군사적 긴장은 놀랍고 우려스러웠다. 이후 분위기는 다시 급변한다. 4월 27일 남북 정상회담과 6월 12일 싱가포르에서 열린 북미 정상회담으로 한반도에 지속적인 평화가 찾아올 가능성에 대한 언급이 무성했다. 이 평화를 위해서는 오래도록 미뤄진 종전협정과 북미 간 외교관계의 개시가 필요하다. 중국도 연루될 수밖에 없다. 한국전쟁은 무엇보다 한 민족 내 동족상잔의 전쟁이었지만, 오늘날 세계의 두 강대국인 미국과 중국의 젊은이들이 서로를 살상했던 전장이기도 했기 때문이다.

상황은 너무나 극적으로 전개되어 믿기 힘들 정도였다. 이러한 변화를 가져오는 데는 워싱턴과 평양 사이에서 외교적 노력을 했던 한국정부의 역할이 컸다. 전쟁의 레토릭을 쏟을 때도 그랬지만 이어서 평양과 대화의 물꼬를 트는 데 놀랍게도 자기중심적인 트럼프 미대통령의 외교방식도 한몫을 했다. 더하여 북한 경제를 심각하게 압박하는 국제사회의 경제제재에 중국이 동참한 것 역시 그러했다. 결과는 놀라웠다. 이 마지막 장을 마무리하는 현재 북한은 올해의 조국해방전쟁 행사를 진행하고 있다. 지난해와는 너무나 상반되게 2018년 평양의 행사에서는 늘 있던 반미반제 구호가 사라졌다. 한국에서는 저명한 세계 지도자들이 제주에 모여 한반도의 평화와 공동번영의 전망에 대해 논의했다. 한국적십자는 한국전쟁으로 인해 생이별한 이산가족의 문제에 대한 협상이 재개될 것으로 전망한다. 평양과 워싱턴은 수년간 중단되었던 문제인, 한국전쟁 중 북한에서 실종된 미군 유해 송환을 포함한 여러 인도주의적 의제를 놓고 대화 중이다. 미군의 유해 송환은 중요하다. 1993년에 미국이 당시 그들의 또다른 적대적 아시아 국가였던 베트남과 관계를 정상화하는 과정에서 미군 유해 송환은 아주 핵심적인 외교 사안이었다.[47] 북의 젊은 지도자는 중국을 거쳐 중국이 제공한 항공기로 싱가포르에 갔지만, 회담 자체는 북한의 강력한 동맹인 중국이 낄 자리는 없는 북미 단둘의 회담이었다. 앞으로 약한 자와 강한 자, 또한 두 강한 자들 사이에서 벌이는 모진 게임의 드라마를 계속 지켜보게 될 듯하다.

북한은 이런 형식의 권력 드라마에 오랜 경험이 있다. 냉전시기 내내, 특히 1950년대말 이후 중소분쟁의 와중에 북은 두 이웃하는 사회주의 강대국 사이에서 자신만의 자리를 찾았다.[48] 이제는 점증하는 중국과 미국의 지정학적 경쟁과 충돌의 환경에서 생존의 공간을 찾아야 한다. 북한은 이 두 강대국 사이에서 일종의 줄타기를 하려 할 텐데, 한편으로는 오래도록 친밀한 동맹관계를 맺어왔던 중국을 이용하여 미국의 관심을 끌고, 다른 한편으로는 미국과의 일정한 관계개선을 추구함으로써 이를 불안해하는 중국의 관심을 계속 유지하려 할 것이다. 북의 체제는 여전히 전체주의적 요소를 많이 지니고 있지만,[49] 경제적으로는 탈사회주의적 시장화가 상당히 진전되어 있다.[50] 김정은은 이 사실을 잘 알고 있고, 인민에게 경제적으로 안정된 미래를 안겨주겠다고 약속한 바 있다.

2018년 4월 27일 남북 정상회담이 열리기 얼마 전에 그래서 한반도의 분위기가 전쟁의 위협에서 평화의 희망으로 급선회하기 전에, 제주에서는 4·3희생자 연례 추모식이 열렸다. 중산간과 해안지대를 막론하고 거의 모든 마을에서 수천명의 도민들이 이 화산섬 산중턱의 평화공원에 운집했다. 그것은 거의 도 전역에서 사람들이 모인 드문 경우였는데, 이들이 그 화사한 날 아름다운 평화공원을 찾은 이유는 개인적이면서 동시에 집단적이었다. 참석자들은 공원의 위패봉안실에 이름이 새겨진, 1948~53년 학살의 피해자와 가까운 관계였다. 실종자의 이름과 출신마을이 적힌 묘비가 줄지어 서 있는 행방불명자 묘역을 찾기 위해 온 사람도 많았다. 그들은 공적 추모행사에 참석했는데, 거기서 여러 정부요원과 정치인의 추념사 낭독이 있었다. 이 행사가 끝난 뒤 도민들은 각자 봉안실이나 행방불명자 묘소를 향해 흩어졌고, 그 시점에서 분위기가 바뀌었다. 외부 방문객을 대상으로 한 공식행사는 계속되어 참석자들은 준비된 국화꽃을 한송이씩 들고 위패봉안실 앞에 마련된 상석에 놓았다. 하지만 희생자 가족에게는 공식행사가 마감되었고, 그들이 그날 이곳을 찾은 이유인 조상을 모시는 제례가 시작되었다.

사람들은 준비해온 과일과 술을, 봉안실의 위패 아래에 혹은 행불자 묘소 앞에 차렸다. 제사 때에만 쓰는 무거운 유기 제구를 집에서 가져온 가족들도 있었다. 위패나 묘소 앞에 음식을 올리고 절을 한 다음, 참석자들은 마을 단위로 모여 준비해온 도시락을 다른 손님들과 함께 나누었다. 이때 분위기가 다시 바뀌어서 앞선 공식 추모행사의 엄숙한 분위기는 사라지고 사람들이 공원 여기저기로 가족을 찾아 흩어졌던 때와도 또 달랐다. 나에게는 이 순간이 소중했다. 그 순간은 화려한 말의 잔치였다. 대파와 미깡 가격에 대해, 육지나 더 멀리서 온 마을사람들, 중국인 관광객, 그리고 오랫동안 연락이 없던 오사카의 친지의 방문에 대해 여기저기서 이야기꽃이 폈다. 한쪽에서는 얼마전에 발표된 남북 정상회담에 대해 어르신과 청년 몇이 대화를 나누고 있었다. 그러다가 제주 남서쪽의 섬 같지도 않은 섬을 두고 일본과 중국 사이에 벌어지는 갈등으로 대화의 주제가 넘어가기도 했다. 그것은 남중국해와 더불어서 오늘날 동아시아의 안전을 위협하는 영토분쟁 가운데 하나이다. 다른 편에서는 한 여성이 막내며느리 자랑을 한창 하고 있었다. 아침에 베트남 남부 출신의 젊은 여성이 시어머니가 4·3평화공원에 왜 가시는지 안다고, 베트남에도 전쟁에서 실종되어 고향에 돌아오지 못한 사람들이 많다고 말하면서 잘 다녀오시라고 했다고 한다. 여성의 친구들은 그 며느리를 칭찬했고, 한 친구는 자신의 며느리는 대한민국에서 태어나고 자랐어도 시집식구가 과거에 어떤 어려움을 겪었는지 도무지 관심이 없는 것 같다고 불평했다. 그러고는 대한민국 대통령이 추념식을 위해 여기까지 내려와 따뜻한 위로의 말을 해주니 얼마나 좋은지 모르겠다고 한목소리로 말했다.

70주년 추념식이 끝나고 그 자리에서 일주일간 위령굿이 있었다. 제주의 대표적인 심방 몇이 주재했던 '해원상생큰굿'은 살아 있는 자와 죽은 자의 만남의 장소를 마련해주기 위한 것이었는데 이는 공공의 세계에서의 광장이었다. 매일 각각의 마을 사람들이 자리를 잡으면 심방이 그 마을의 조상들을 청배했다. 혼령들을 위해 제사상에는 메밀로 만든 죽을 담은 수많은 사발이 올라갔다. 굿이 끝날 즈음엔 각각의 마을 희생자 이름을 하나하나 부르고 그러면 참가자들은 비상한 관심을 갖고 귀를 기울였다. 일주에 걸쳐 거의 모든 지역을 빠짐없이 시계방향으로 순회했고, 마지막 날에는 실종자 영혼들을 위한 행사가 있었다. 이 행사는 1948~53년에 비극적으로 생을 마감한 혼령들 모두를 하나의 광장으로 불러 모으는 의식이었는데, 그럼에도 불구하고 그들의 특정한 지역적 근거와 친족관계의 존재를 인정하고 존중하는 형식이었다. 그래서 이 광장은 전통적인 의미에서 위령의 실천이 일어날 수 있는 지리적이고 관계적으로 합당한 영역을 무시하거나 이와 분리된 것이 아니었다.

추념식 행사는 전체적으로 전통적인 것과 현대적인 것의 놀라운 만남이었다. 또한 모건의 소시에타스와 시비타스의 구분을 들어 앞서 논한 인간관계의 두가지 다른 정치적 형태의 정교한 교차라고도 할 수 있다. 제주 4·3평화공원은 제주 시민사회와 그 힘의 표상이다. 작가와 예술가, 지식인, 학생, 지역언론을 비롯한 제주의 수많은 시민단체들의 힘겨운 노력 끝에 가능했기 때문이다. 이 단체들이 힘을 하나로 결집하고 1948년 비극에 대한 국가의 책임과 이에 대한 인정을 받아내기 위해 오래도록 노력을 집중했다. 평화공원 자체가 국가와 사회 간의 화해의 몸짓이자 선언으로, 오늘날 세계 어디에서도 보기 힘든 눈부신 성과이다. 제주에서 전개된 시민 연대는 최근 들어 해외로까지 확장되어 앞서 논했던 전지구적 시민사회의 특성도 지니게 되었다. 예를 들어 2013년의 연례 추모행사에서는 대만과 인도네시아와 과테말라에서 학자들과 시민운동가들이 참석한 가운데 냉전의 폭력을 주제로 시민포럼이 열리기도 했다. 이러한 초국가적 연대는 이후 오키나와, 베트남 등의 다른 지역으로까지 확대되었다. 이러한 움직임과 병행하여 4월의 추모는 사회적 평화라는 이상을 발현한다고 말할 수 있다. 가족과 마을이 시민단체나 국가만큼이나, 그것도 지역적으로나 국제적으로 중요한 역할을 한다는 의미에서다. 결국 공동체를 사회와 분리하는 근현대 세계의 주된 이념적 경향을 이겨내고 소시에타스와 시비타스가 서로 합심하여 놀라운 정치적 공간을 창출했다고 말할 수 있다. 이 공간은 가족들에게는 자유의 영역이다. 그들이 집이나 마을에서 하는 실천을 공공의 세계에서 공개적으로 수행할 자유이다. 그러나 이 자유가 사적인 이해관계, 혹은 헤겔이 말한바 가족애(자연적 사랑)가 공민적인 공적 공간에 침범한 것은 전혀 아니다. 반대로 가족이 가족 자체에서 자유롭고자 하는, 냉전기에 인간의 친족의 삶에 깊이 침투해서 친족의 우호를 정치적 통제의 수단으로 전락시켰던 그 괴물로부터 벗어나고자 하는 소망과 의지의 표현이다.

돌이켜보면 바로 이러한 자유에 대한 열망의 표현을 가능하게 한다는 의미에서 평화공원은 그 이름이 적절하지 않나 싶다. 평화가 단지 전쟁의 반의어라면, 일각에서 주장하듯이 냉전의 전체 역사를 "오랜 평화"라고 정의할 수 있을지도 모르겠다. 힘의 균형이라는 논리로 강대국들과 그들이 주도하는 동맹국 연맹 사이에 대규모 군사적 충돌을 성공적으로 억제했다는 의미에서 말이다. 그러나 탈식민 냉전의 역사적 현실은 이렇게 단순하고 공허한 평화개념에 저항한다. 그것은 단지 이 현실에 참혹한 내전을 비롯한 극단의 정치적 폭력이 만연했기 때문만은 아니다. 초기 냉전을 폭력으로 겪어야 했던 공동체에게 평화로운 삶, 즉 폭력과 박해가 없는 삶이란 무엇보다도 일상의 영역에서 갈등의 해소를 의미하기 때문이기도 하다. 이러한 의미의 평화는 냉전기간의 소위 오랜 평화 기간 동안 내내 요원한 목표였다. 역사적 현실에 근거한 전지구적 냉전의 이해는 오랜 평화와는 다른 평화개념을 절실히 요구한다. 공동체의 도덕적·정치적 삶의 위기를 오래도록 견뎌야 했던 사람들의 열망을 아우르는 그런 평화 말이다. 제주에서는 이러한 평화를 일상이라는 덕목, "절망의 역사에서 벗어나 일상의 삶으로 돌아가고 싶은 바람"으로 명료하게 표현하기도 한다.[51] 공동체 삶의 덕목으로 정의되기도 하는데, 여기서는 "슬픔에 빠진 외로운 이웃에게 먼저 위로의 손길을 내밀 때" 시작하는 기적 같은 새로운 역사를 의미한다.[52] 후손에게는 절대 역사의 짐을 지우지 않겠다는 전쟁세대의 의지, 자신들의 일상의 영역을 연좌제의 정치에서 자유롭게 하겠다는 결의도 있다.[53] 이러한 평화가 실현되려면 친족의 세계와 정치적 세계가 소통할 필요가 있고 관계의 권리를 핵심적인 정치적 문제로 거듭 주장해야 한다.

최근에 제주에서 열린 4·3추모제는 이렇게 희생자의 혼령을 부르는 것으로 시작했다.

어서오세요, 삼춘,
조캐, 나 왔네.
삼춘!
조캐!

오늘은 저승의 모든 삼춘과 이승의 모든 조캐가 한자리에 모였네

제주 언어에서, '삼춘'(아저씨 혹은 아주머니)과 '조캐'는 친족관계와 이웃을 아우르는 넓은 영역에서 심적으로 가까운 사이에서 쓰인다. 추모의 현장에서는 그 자리에 청배된 모든 망자의 영혼, 모든 1948~53년 폭력의 희생자가 그 자리에 모인 모든 사람들, 곧 제주도민 모두에게 삼춘인 것이다.

결론

　우애라는 개념은 근대사회의 형성에 깊이 관여했고, 우애에 대한 경의는 현대 전쟁의 역사적 장에서 넘쳐났다. 플랑드르 서부와 프랑스 북부의 1차대전 격전지에는 정치적 우애를 상징하는 기념비들이 산재해 있다. 그곳에는 끔찍했던 참호전에서 전사한 장병들이 나라별로 가지런히 정돈된 묘지에 잠들어 있다. 이 장소는 그들의 희생을 기리는 동시에 현대사회와 정치의 주요 규범인 개인성과 평등과 형제애라는 원칙을 구현한다. 과거에는 신분이 높거나 특출한 공로가 있는 전사자에게만 개별 묘지를 마련해주었지만 1차대전 전사자들은 모두 개별 묘지에 묻혔다. 그리고 계급이나 다른 사회적 지위의 차이를 불문하고 모두 똑같은 모습이다. 이것은 평등의 원칙, 혹은 "죽음의 민주주의" 원칙에 따른 것이다.[1] 묻힌 이들의 희생이 정치공동체의 고결함을 체현한다는 의미에서, 이 묘지는 민족주의라는 근대 시민종교의 성지이기도 하다. 최근 1차대전 백주년을 맞아 이러한 우애의 개념을 확장하려는 노력이 있었다.

　벨기에 몽스(Mons) 인근의 생생포리앙(Saint-Synphorien) 마을에는 잘 알려져 있지 않은 묘지가 있는데 여기서도 백주년 기념식이 열렸다. 그보다 서쪽의 잘 알려진 1차대전 전사자 묘지와 달리 생생포리앙 묘지에는 독일군 전사자와 영연방 전사자가 나란히 묻혀 있다.[2] 이 점에서 지난 백년간 유럽에서 있었던 점진적인 변화와 그 과정에서 등장한 정치적 우애, 유럽적 정체성이라는 새로운 감수성에 대해 생각해볼 적절한 장소라고 여겨진다. 오늘날 유럽에서는 그와는 좀 다른 변화도 눈에 띈다. 2차대전 이후 구 동유럽권 국가에 국제적 우애를 기리는 기념비가 우후죽순 세워졌다. 대개 독일 치하에서 유럽을 해방시킨 소련군의 영웅적 희생을 기리기 위해 세워진 이 기념비들은 전후 사회주의 국제연대의 형성에서 중요한 상징물이었다. 그런데 1990년대초 소련체제가 내부로부터 붕괴하기 시작하면서 이 상징물의 의미도 급변했다. 동유럽과 중부유럽의 많은 지역에서 이 기념비들은 이제 외세의 지배와 외세의 지지를 받았던 억압적 정치체제를 상기시키는 달갑지 않은 존재가 된 것이다.[3]

아리스토텔레스까지 거슬러 올라갈 수도 있는 우애의 개념에 현재 사회과학 학계가 새롭게 관심을 가지게 된 배경에는 급변하는 정치적 우애의 지평이 있다. 서로 아무 관련 없는 개인들 사이에서 어떻게 우애에 기초한 연대와 동지적 관계를 만들어낼 수 있을 것인가라는 문제가 다시금 공적 담론과 학계에서 두드러진 주제가 된 것이다. 정치이론에서 우애를 민주주의 정치질서의 핵심적 규범으로 내세우면서 공적인 공공선의 덕목과 호혜의 실천으로 규정되는 우애가 서로를 타인으로 여기는 개개의 시민들을 묶어주는 끈으로 기능할 수 있다고 보는 것이다.[4] 한편에서는 인간주체가 내재적으로 자기 본위의 이기적인 존재라고 가정하는 공리주의 철학 전통이 옹호하는 사회질서를 비판하기 위해 우애의 이론을 개진하기도 한다. 다른 편에서는 우애라는 개념으로 현대사의 유산, 특히 민족주의시대의 유산을 재조명하는 데 더 관심을 보인다. 예를 들어 자크 데리다(Jacques Derrida)는『우애의 정치』(*The Politics of Friendship*)에서 광범위한 열린 개념으로서의 공적 우애 혹은 정치적 우애에 토대를 둔 민주주의적 정치질서를 상상한다. 그것을 위해 우선적으로 필요한 일은 정치적 우애라는 개념을 형제애(fraternity) 개념 — 데리다에 따르면 근대 민족주의의 발명품이자 그 불행한 유산인 — 에서 떼어내는 일이다.[5] 정치적 우애는 또한 오늘날 국제관계 이론에서 격렬한 논쟁의 대상이 되기도 한다.[6] 주로 서구의 국가 간 관계에 주목하여 힘과 힘의 균형을 국제관계 연구의 핵심 개념으로 삼았던 냉전기의 지배적 경향에 맞서는 시각이 생겨났기 때문이다. 이 논쟁은 사회적 우정이든 국제적 우정이든 — 개인이라고 불리는 존재와 마찬가지로 국가라고 불리는 존재도 자기 이익만을 추구한다고 미리 정해져 있는가, 아니면 그 존재가 사회적 개인과 마찬가지로 하나의 세계에서 타인과 사회적으로 함께 살아갈 수밖에 없는가 — 우정을 둘러싼 온갖 논의에서 나타나는 동일한 문제를 주로 다룬다. 국제관계 이론에서 우정에 대한 관심이 생겨난 것은 국제질서를 이기적인 행위자들이 각자 협소한 이해관계만을 냉혹하게 추구하는 힘겨루기로 특징짓는 시각, 즉 홉스의 "만인의 만인에 대한 투쟁"식의 근본적으로 무정부적 체제로 보는 사고에서 벗어나기 위해서이다.[7] 같은 맥락에서 근대 정치주권이 친구 대 적의 이분법에 기초한다고 보았던 독일 헌법학자 카를 슈미트(Carl Schmitt)의 영향을 받은 이론에도 비판적이다.[8] 이들은 슈미트의 정치이론에서 적의 개념은 상대적으로 명료한데 비해 친구의 개념은 불분명하다고 주장하면서 국제관계에서 친구의 개념이 반드시 그러한 친구 대 적의 이분법에 근거해야 하는 것인지 질문한다.[9]

우애의 정치를 둘러싼 이러한 논의는 예전처럼 친구와 적이 확실하지 않은 냉전 이후 세계의 분위기를 반영한다. 다른 중요한 특성도 있지만 냉전은 전지구적으로 친구 대 적의 구도를 지녔다는 점에서, 예를 들어 식민주의 같은 근대사의 다른 주요 정치형태와 구별된다. 전지구적으로 영토에 기초한 정치체와 민족들 사이에 분할된 양편에서 전례 없이 광범위한 초국가적 연대를 장려했던 것이다. 결과적으로 한편으로는 적개심 정치의 보편화, 다른 한편으로는 우애의 정치의 전지구화로 세계가 양분되었는데, 이런 조건을 두고 코젤렉은 '세계내전'이라고 칭했다.[10] 현재 우애의 정치와 우애의 도덕에 쏟아지는 관심은 탈냉전시대에 이제는 실제의 적이건 상상의 적이건 공동의 적이라는 존재에 의존하지 않는 새로운 정치적 우애의 지평을 그려나가야 할 절박한 필요를 반영한다.

이렇게 현대 정치사와 정치이론에서 우애라는 개념은 특정한 시기에 지배적이었던 친구 대 적의 구도에 토대를 두고 있다. 그런데 근대 사회사상 전통에서는 우애의 개념이 적대감보다는 친족과 더 밀접한 관계에 있었다는 사실에 주목할 필요가 있다. 친족이란 우리가 출생과 함께 갖게 되는 관계망으로서 귀속된 관계인 반면, 우애란 우리가 살아가면서 만들어가는 것으로 획득된 관계이다. 친족은 전근대 집단사회의 도덕적·정치적 질서에서 핵심적이었는데, 공동체에 대항하여 쌓은 "사생활의 높은 장벽" 뒤에 피신한 "근대 가족"이 생겨나기 전에는 작은 규모의 부족사회든 전통적인 농경사회든 마찬가지였다.[11] 개인의 삶과 대인관계의 중요한 측면을 이루는 우애는 근대 개인사회의 친밀한 인간관계를 표현하는 주요한 요소이다. 곧 전통사회에서 친족이 차지했던 자리에 그 대안으로 들어선 것이다. 전통적 공동체에서 근대사회로 이행하면서 친족의 타당성도 감소하고, 친족의 기능이 쇠퇴하면서 생겨난 그러한 빈자리를 우애가 메운다는 것이 근대 사회사상사의 지배적인 생각이다. 비록 이러한 지배적 가정이 근대사에서 실제로 친족관계가 이해되고 실행되는 방식과는 맞지 않을 수도 있지만, 그럼에도 불구하고 친족관계의 후퇴는 여전히 근대의 정치, 사회와 관련된 이념의 핵심적 구성요소다. 이렇게 보면 근대 정치의 합리성은 단지 우애의 정치가 아니라 친족에 대항한, 친족을 배제하는 정치이기도 하다. 따라서 우애에 대한 비판적 사고는 근대 공적 세계의 구성적 공간에서 추방된 친족에 대해 재고할 것을 필요로 한다.[12]

가부장 질서를 중심으로 한 새로운 형식의 '가족주의' 이념이 유럽과 그 식민지에서 근대 시민적 유대를 형성하는 데 일조했다는 사실의 중요성을 과소평가하는 것은 아니다. 카미유 로브시스(Camille Robcis)는 프랑스의 공화적 사회계약의 형성에서 개인의 자유와 사회적 연대 사이에 어떻게 협상이 이루어졌는지를 탐구한다. 1904년 민법의 핵심 요소인 사회계약은 비록 자율적 개인 사이의 자발적 합의를 찬미하지만 동시에 질서의 중심에 보수적인 가족과 부부관계의 이미지를 지니고 있다고 본다.[13] 위르겐 하버마스(Jürgen Habermas)는 유럽의 부르주아 사회경제 혁명에서 가족과 친족관계가 어떻게 공적·정치적 특성을 상실하게 되었는지 흥미로운 이론을 개진한다. 그에 따르면 가족관계를 사적 차원으로 한정하는 일은 사유재산의 신성함을 법적으로 확보하고 사유재산이 있는 시민의 정치적 힘을 강화하기 위해 필수불가결했다.[14] 이와 다른 각도에서 앤더슨은 민족주의에 대한 그의 고전적 연구에서 민족 같은 인위적 단일체의 요구가 어떻게 "전통적으로 사심 없는 사랑과 연대의 영역으로 여겨졌던" 가족의 요구만큼이나 강력한 도덕적 힘을 갖게 되었는지를 따져본다.[15] 데리다 역시 정치적 형제애와 친족관계의 친연성에 주목했고, 앞서 언급한 저서의 주요 관심사도 "형제애(fraternity)를 그 동종의 쌍둥이인 친족(kinship)과의 인접성에서 벗어나게 하는 것이" 어떻게 가능할 것인가이다.[16] 데리다에 따르면 미래의 민주적 정치는 형제애의 원칙을 넘어서야 하고, 이를 위해서는 우애를 혈연관계의 망령에서 진정으로, 완전히 해방시키는 일이 핵심적이다.

다른 차원으로 옮겨 가자면, 친족과 우애의 대립은 또한 식민지 근대와 정치적 주체성에 대한 점증하는 관심에서도 상당히 중요한 주제다. 앞에서 살펴보았듯이 차크라바르티는 벵골의 시민성 개념을 예로 들어 그것이 제국의 중심에서 수입된 소유적 개인주의와 정치적 우애라는 이념이 아니라 전통적이고 토착적인 부계혈통 이념에 뿌리를 두고 있다고 주장함으로써 유럽 자유주의 정치이론의 전통을 비판했다. 이 책의 논지와 내용적으로 좀더 가까운 입장인 나오코 시마주(Naoko Shimazu)는 1904~1905년의 러일전쟁에 동원된 많은 일본인들에게 '코쿠민(国民)'으로서의 정체성이나 천황의 신민이 아닌 가족이나 지역적 소속감이 "가장 중요한 정체성의 근원"이었다고 주장한다.[17]

오늘날 사회이론과 국제관계 연구에서 친족과 우애를 둘러싸고 이렇게 다양한 의견이 나오긴 하지만, 우애의 정치와 관련한 친족의 윤리가 놀랍게 표현된 사례는 1차대전의 역사적 현장에서도 찾아볼 수 있다. 현대 전쟁의 기념비 예술이 모두 정치적 형제애의 이상만을 찬미하는 것은 아니어서 주목할 만한 예외도 존재한다. 1차대전 묘역 중에서 플랑드르 서부 블라드슬로(Vladslo)의 전사자 묘지는 구성이 독특하다. 여기에 묻힌 사람들이 독일군이어서만은 아니다. 이곳은 1차대전의 문화사 연구자들 사이에서 잘 알려져 있는데, 묘역 안에 독일 표현주의 예술가 케테 콜비츠(Käthe Kollwitz)의 조각상 「애도하는 부모」(Die Eltern)가 있기 때문이다. 이 조각상은 콜비츠 자신과 남편 카를이 자식의 죽음을 슬퍼하는 모습을 묘사하고 있다. 아들 페터는 2500여명의 동료들과 함께 이 묘지에 묻혀 있다. 이곳을 찾은 사람들은 근처의 다른 1차대전 전사자 묘역과는 사뭇 다른 인상을 받는다. 이 묘지는 구조상 다른 묘역과 크게 다른 점은 없다. 현대 전사자 묘지가 일반적으로 그렇듯이 반듯하게 줄지어 선 동일한 모습의 무덤에 전사자들이 묻혀 있어서, 다른 곳과 마찬가지로 평등과 형제애의 미학이 구현되어 있다. 하지만 「애도하는 부모」와 함께 보게 되면 그런 미학이 더이상 성립하지 않는다. 전사자 추모의 모호함을 설득력 있게 주장한 역사학자 제이 윈터(Jay Winter)에 따르면 이곳이 기억의 장소인지 애도의 장소인지도 불분명하다.

> 콜비츠의 조각상이 종교적이든 세속적이든 다른 많은 기념비와 확연히 다른 것은 순전한 단순함, 특정한 분파의 예술이나 어떤 이념의 표식에서도 완전히 벗어날 수 있었던 강력한 힘 때문이다. 아들 페터에게 바치는 기념비에는 과거의 종교적 준거를 취해서 현대의 참사에 맞게 재구성한 그녀의 재능이 빚어낸 영원성이 깃들어 있다.

「애도하는 부모」에 대한 윈터의 해석은 문화사 학계에서 1차대전과 관련해 열띤 논쟁의 대상이었던 '전통–종교 대 근대–세속'이라는 대비에 근거한다. 이 논쟁은 상당부분 세계대전을 단지 정치적 재앙만이 아닌 문화적 지각변동으로 보았던 저명한 문학비평가 폴 퍼셀(Paul Fussell)의 주장으로 초래되었다. 퍼셀은 1914~18년의 기계화되고 산업화된 전쟁의 참담한 경험 이후 낭만주의에서 강한 영향을 받은 이전의 미학적 선호가 전후 엄격한 모더니즘적 비판 경향으로 급변한, 근대적 기억의 발흥에 주목했다. "전장에 나간 수십만 병사가 공유했고 민간인이 목격했던, 그리고 그것을 하나의 일관된 양식 안에 그려 넣으려 했던 서로 동떨어진 수많은 사건의 동시성"과 관련된다는 점에서 근대적 기억은 시간적이라기보다 공간적이다.[18] 이러한 퍼셀의 근대적 기억에 대해 이후 많은 학자들이 의

견을 내놓았다.[19] 윈터는 모더니즘 비평의 전격적 출현이 전통적인 종교적 상징과 사상의 강력한 부활이라는 현상과 공존했던 전후 유럽사회의 문화적 상황에 초점을 맞췄다. 엘리트 사회에서 문학과 예술을 매개로 세속적인 비평미학이 만개한 것과는 별개로 슬픔에 잠긴 평범한 가족들은 그들에게 익숙한 부활이라는 종교적 상징에서 위안을 찾았다는 것이다. 「애도하는 부모」를 해석하면서 그는 이렇게 전통적인 것과 근대적인 것, 종교적인 것과 세속적인 것의 시공간적 공존을 전후 유럽의 추모의 장으로 확장한다. 블라드슬로 묘지는 현재의 시간 안에 존재하는 과거의 훌륭한 사례이다. 콜비츠의 「애도하는 부모」는 독일 기독교 예술의 오랜 전통, 주로 14세기 이래 '피에타'(Pietà)라는 성상(聖像)과 특히 한스 홀바인(Hans Holbein)의 1521년 그림 「무덤 속 그리스도의 시신」을 계승하고 있다. 이렇게 종교적 전통에 깊이 뿌리를 둔 예술작품이 근대사회와 정치의 구성 원칙인 개인성과 평등과 우애를 구현하는 장소에 통합되어 있는 것이다.

블라드슬로 묘지를 또다른 각도에서 바라볼 수도 있다. 「애도하는 부모」는 예술사의 시각에서 보면 종교예술의 요소를 지닌 것으로 생각될 수 있다. 하지만 묘역을 찾은 사람들이 이 조각상에서 직접 받는 인상은 친근함의 정서와 사랑하는 사람의 상실이고 다들 그 상실감에 공감한다. 사실 윈터도 이렇게 말한다. "아들 페터에게 바치는 기념비를 통해 [콜비츠는] 추모예술을 동시대 예술의 수준 이상으로 끌어올렸다. (⋯) 블라드슬로에서 무릎을 꿇은 콜비츠 부부는 우리 모두를 아우르는 가족을 제안하고, 아마 그 점을 생각하며 이 작품을 만들었을 것이다. **여기서 가장 친근한 것은 또한 가장 보편적이다.**[인용자 강조]"[20] 이런 면에서 보자면 가족의 슬픔이 초대받지 못하는 공간, 즉 근대 정치적 우애의 미덕을 상징하고 따라서 전통적인 가족애나 친족의 윤리를 들이지 않는 공간으로 밀고 들어간 것이다. 이렇게 「애도하는 부모」의 존재 자체는 정치적 우애의 미학적 확실성의 기반을 허무는 데, 우애의 정치에 대한 어떤 비판철학의 사고보다 더 효과적일지도 모른다.[21]

친족의 미학을 전쟁에 대한 사유의 중요한 요소로 포괄하려는 또다른 노력은 모더니즘 예술에서도 찾아볼 수 있다. 1952년 파블로 피카소(Pablo Picasso)는 전쟁과 평화를 주제로 한 연작의 마지막 작품을 완성했다. 프랑스 남부 발로리스 마을 예배당의 돔구조의 천장과 벽면에 설치한 피카소의 벽화 「전쟁과 평화」는 1937년에 완성된 유명한 대작 「게르니카」와 1951년 유화작품인 「한국에서의 학살」의 연속선상에 있다. 「한국에서의 학살」은 화폭을 양분하여 왼편에는 벌거벗은 여성과 아이들이 무리 지어 있고, 오른편에는 로봇처럼 보이는 무장한 군인이 그들에게 총을 겨누고 있다. 대비되는 이 두 무리 사이로 멀리 공동묘지처럼 보이는 곳이 있다. 「전쟁과 평화」도 각각 전쟁과 평화를 나타내는 두 부분이 서로 마주보고 있다. 발로리스 국립 피카소 박물관의 설명에 따르면 「평화」에는 "평화의 취약함을 상징하는 줄타기 소년이 있고 (…) 오렌지나무 아래에서 햇빛을 받으며 차분하고 행복한 시간을 즐기는 가족"이 묘사되어 있다.[22] 또한 "중앙의 페가수스 형상 주변으로 엄마와 노는 아이들이 있고, 한 아이가 페가수스에 묶인 줄을 잡고 있는데 이는 각각 비옥한 평화의 세계"를 묘사한다.[23] 「한국에서의 학살」과 「전쟁과 평화」의 상징언어에 대해 미술사가들의 여러 연구문헌들이 나왔다. 그런데 이 작품들을 함께 연결해 보면 「평화」에 묘사된 공동체의 활기가 「한국에서의 학살」의 끔찍한 테러와 대화를 나누는 듯이 보인다. 「한국에서의 학살」에서 소멸된 생명을 다시 「평화」에서 불러낸 것처럼 말이다.[24]

「평화」 속 오렌지나무 아래 "차분하고 행복한 시간을 즐기는 가족"을 보면 행복하고 친밀한 가족적인 장면이 전쟁에 대한 저항으로서의 평화의 정치적 힘과 어떻게 연결되어 있는지 묻게 된다. 그림 속에는 아기에게 젖을 먹이면서 책을 읽는 여성과 화로에서 식사를 준비하는 남성이 있다. 또 뭔가를 열심히 쓰는 사람도 있다. 한 미술사가는 「평화」가 "모성과 문화를 상징하는 인물형상을 올리브 가지 사이로 내리쬐는 햇볕이 따뜻하게 감싸는 몰정치적 황금시대"를 묘사한다고 썼다.[25] 그러면서 아주 정치적인 작품인 「한국에서의 학살」(피카소는 여기서 자신의 반미정서와 공산주의자로서의 정체성을 적나라하게 표현했다)과 달리 「전쟁과 평화」에서는 정치적 색채가 약화되고 예술의 순수함이 복원되었다고 한다.

그러나 이런 식의 판단에는 문제가 있다. 예술과 정치의 거리라는 측면에서가 아니라 화목한 가정의 이미지를 몰정치적인 것으로 단정하는 입장이 그렇다. 그 이미지만 놓고 보면 목가적일 정도로 순진하고 확실히 비정치적으로 보일 수도 있지만, 작품 전체를 놓고 봤을 때는 그런 식으로 해석될 수 없다. 전쟁의 파괴적 힘에 반한 선언의 일부로 보았을 때 친밀한 사회성의 이미지는 전쟁의 경험과 평화를 향한 투쟁의 엄중한 의미를 담고 생생하게 다가올 수 있기 때문이다. 그런 점에서 「평화」에 그려진 화목한 가족의 모습은 관점주의적 이미지이다(예술의 입체주의 운동은 철학과 미학의 관점주의와 밀접했다). 임의의 관람객이 아니라 전쟁의 파괴를 직접 체험했고 산산조각난 삶을 어떻게든 다시 주워 맞추려 애쓰는 사람이 이 작품을 보고 있다고 상상해보라. 그러면 몰정치적으로 보이는 화롯가의 일상적인 풍경은 전쟁으로 인해 이젠 기억하기도 힘든 까마득한 과거이거나, 아니면 그들의 힘으로는 아무리 애를 써도 도저히 닿을 수 없을 듯한, 너무도 먼 미래로 다가올 것이다. 아주 평범한 일상이지만 그들로서는 미래에 이루길 바라는 이상이고 그 희망을 계속 유지하려면 초인간적인 의지를 동원해야 하는 것이다. 이렇게 보면 이 작품의 가족적 삶의 이미지는 전쟁의 슬픔을 이미 품고 있는 특정한 관점으로 전쟁에 대한 통렬한 메시지를 전하고 있는 셈이다. 미술사가 박영택은 평화로운 가족생활의 이미지가 전후 한국미술에 왜 그리 자주 등장하는지 질문한다. 그는 이러한 작품들에서 핵심적인 요소는 역사적 현실의 재현이라기보다는 미래를 향한 소망이라고 주장하면서 이렇게 말한다. "이 전쟁세대 한국 화가들이 가족이라는 주제에 몰두한 이유는 전쟁으로 부서진 가족을 [예술을 통해] 회복하기를 바랐기 때문이다." 따라서 그 작품들은 "체제의 폭력과 광기에 대한 미학적 반응물"이라는 것이다.[26]

　「한국에서의 학살」은 전시 한국에서 작은 파란을 일으켰다. 일본의 맥아더 사령부는 긴장했고, 공보담당자들이 발 빠르게 대응했다. 일단의 남한 화가들도 반응했다. 이 예술가들은 모더니즘 예술운동에 대단한 관심을 가졌고, 전쟁 전에는 피카소가 특히 이들에게 인기 있었다. 그런데 「한국에서의 학살」이 유럽에서 공개되고 그 소식이 전시의 한국에 전해졌을 때, 피카소라는 이름은 용공의 행위와 거의 동일시되면서 위험한 이름이 되었다. 피카소가 공산주의에 경도되었다고 비난하고 과거에 그의 작품에 관심을 가졌던 것을 후회한다며 공개적으로 절연을 선언한 경우도 있었다. 예술정신을 이념적 경향으로 오염했다고 비난하면서, 그가 제정신이고 한국전쟁의 현실을 객관적으로 이해했다면 작품 속에서 무고한 시민에게 폭력을 행사하는 자들을 공산주의자라고 명시적으로 표현했어야 한다고 주장했다. 이후 남한에서는 피카소의 작품에 대한 저서, 특히 그의 반전예술을 다룬 저서는 1970년대 중반까지 불온시되었다. 한반도에서 있었던 실제 학살의 역사는 피카소의 「한국에서의 학살」보다 더 오래 금기시되었다. 내전의 주요 배경이었던 냉전이 종결된 지 수십년이 지난 지금도 「한국에서의 학살」을 매도했던 정서구조는 아직 과거지사가 아니어서 여전히 학살의 규모와 범위에 대한 진정한 이해를 가로막고 있다. 지난 20여년간 정치적 민주주의의 측면에서 대단한 진보를 이루었지만 국가폭력으로 인한 무고한 희생자들의 명예회복이라는 문제에 대해서는 아직도 사회 일각에서 불편해한다. 한국전쟁의 의미를 두고 그리고 그 비극적 유산을 어떻게 풀어야 할지에 대해서도 시민사회는 여전히 합의를 이루지 못했다. 이는 우리가 통상 냉전이라고 부르는 전지구적 내전이 한반도에서는 아직 종식되지 못했다는 사실과 관련되는지도 모른다. 또한 전쟁의 유산을 다룰 때 친근한 관계의 비극적인 정치적 운명보다는 정치적 우애의 영웅적 서사를 특권시하는 것이 근대 정치사회의 구성방식과 현대 전쟁의 공공역사에서 일반적인 경향이기 때문일 수도 있다. 하지만 분명한 것은 코리아에서 벌어진 학살의 역사적 이해는 이제 변하고 있고, 이 변화는 그 비극적 현실을 담아내려 했던 「한국에서의 학살」의 예술정신에 가까이 다가가고 있다는 것이다.

인간의 친족이라는 환경이 정치적 사회의 공적 구조가 진전되는 과정에서 자리를 지니지 못하는 사적 영역에 불과하다는 생각은 근대 정치에서 지속되어온 신화이다. 이 신화는 심지어 친족이 공적 세계에서 물러나 사적 영역으로 들어가야만 근대사회와 정치의 지평이 드러난다고까지 주장한다. 전지구적 분쟁의 최전선에서 벌어진 냉전적 근대성의 역사적 경험은 이러한 안이한 가정과 틀이 맞지 않는다. 양극화의 시대를 넘어서기 위해 그곳에서 벌어지고 있는 정치발전 과정도 마찬가지다. 그 과정에서는 공적 세계가 회복되기 위해 친족의 목소리가 오히려 크고 분명하게 들려야 하기 때문이다. 제주도민들이 추모행사를 위해 평화공원으로 들고 오는 반짝이는 유기 제기에서, 그리고 유족들이 가정공간의 연장으로서 공적 공간에 참여할 수 있는 권리를 주장할 때 그러한 친족의 목소리가 들린다. 유족들이 제기를 싼 보자기를 조심스럽게 풀 때, 그리고 따뜻하면서 위엄 있는 이러한 행위가 공공의 영역에서 그 모습을 나타내는 짧은 순간에, 곧 친족의 도덕성이 연좌제라는 정치에서 자유로운 주권적 지위를 당당히 선언할 때 들리는 것이다. 산 자들에게 그 자유로움은 정치적 두려움 없이 고인을 추모하고 애도할 수 있는 권리의 회복을 의미한다. 죽은 자와 실종된 이에게는 자신이 속해 있다는 이유로 친족 전체를 위험에 빠뜨릴 걱정 없이 친족세계에 귀속될 수 있는 권리이다. 코리아에서의 학살 이후 친족의 정치적 삶은 산 자가 죽은 자를 친근한 존재로 기억할 양도할 수 없는 권리, 뒤르켐이 **영혼의 권리**(the rights of soul)라고 정의했던 그 권리를 다시 찾기 위한 길고 지난한 싸움이었다.[27] 영혼의 권리란 죽은 이에게는 친족의 세계에 존재할 수 있는 권리의 회복이고, 살아 있는 이에게는 정치적 사회 내의 시민권의 회복과 동일한 의미이다. 내전의 무시무시한 손님이 문을 두드려댔던 그 순간으로부터 두 세대가 흐른 지금 이 섬에서는 친족의 에머티를 되찾으려는 수많은 열망이 일구어낸 평화를 향한 긴 여정이 계속되고 있다. 이 환경에서 친족의 평화는 평화로운 사회의 이상과 동일하다.

서론

1 이 일화는 박완서 소설집 『배반의 여름』(문학동네 2013)에 실린 「겨울나들이」 11~29면에 나온다.

2 박완서의 이 단편소설은 *The Red Room: Stories of Trauma in Contemporary Korea*, trans. by B. & J. Fulton (Honolulu: University of Hawai'i Press, 2009)에 "In the Realm of the Buddha"라는 제목으로 실려 있다. 이 소설의 원제는 「부처님 근처」로, 이 제목은 종교적 공간에서 지금껏 억압된 가족사의 기억이 분출되면서도 동시에 복잡하게 얽힌 과거의 기억으로 인해 이 공간으로 쉽게 진입하지 못하는 상황을 나타낸다.

3 김성칠 『역사 앞에서: 한 사학자의 6·25 일기』, 창비 2009.

4 Wan-suh Park, *Who ate up all the shinga?: an autobiographical novel*, trans. by Y. Yu and S. Epstein (New York: Columbia University Press, 2009).

5 Han Kang, "While the U.S. talks of war, South Korea shudders: there is no war scenario that ends in victory," *The New York Times*, October 7, 2017.

6 Allan Young, "W. H. R. Rivers and the anthropology of psychiatry," *Social Science and Medicine*, Vol. 36 (1993), pp. ii~vii.

7 Allan Young, *The harmony of illusions: inventing post-traumatic stress disorder* (Princeton, NJ: Princeton University Press, 1995).

8 이 점에서 무엇보다 주목할 만한 작품은 최인훈의 『광장』이다. 최인훈은 이 소설에서 당시 격동하던 지정학적 상황을 배경으로 친밀한 인간관계의 망에서 벌어지는 일련의 위기라는 시각에서 한국전쟁을 그렸다. In-hun Choi, *The square: a novel*, trans. by S. Kim (McLean, IL: Dalkey Archive Press, 2014). 현길언의 『관계』(고려원 2001)

도 참조할 것.

9 식민지시대 폭력의 미시사를 다루면서 이러한 3차원적 관계의 개념, 그리고 이와 관련하여 사회적이면서 동시에 정치적인 의미의 '친밀함'(intimacy)의 개념을 채택하는 학자들이 있다는 사실은 주목할 만하다. 예를 들어 Nayoung Aime Kwon, *Intimate empire: collaboration and colonial modernity in Korea and Japan* (Durham, NC: Duke University Press, 2015); Timothy Brook, *Collaboration: Japanese agents and local elites in wartime China* (Cambridge, MA: Harvard University Press, 2005)를 볼 것. Heonik Kwon, "Excavating the history of collaboration," *The Asia-Pacific Journal*, Vol. 6, Issue 7 (July 2, 2008)도 참조할 것. https://apjjf.org/-Heonik-Kwon/2801/article.html에서 볼 수 있다.

10 냉전과 관련한 라인하르트 코젤렉의 '세계내전(Weltbürgerkrieg)'의 개념이 다루어지는 2장 참조. David Armitage, *Civil Wars: A History in Ideas* (New Haven, CT: Yale University Press, 2017)도 볼 것.

11 Jian Chen, *Mao's China and the Cold War* (Durham: University of North Carolina Press, 2000).

12 Steven H. Lee, *The Korean War* (New York: Longman, 2001).

13 Dong-choon Kim, *The unending Korean War: a social history*, trans. by S. Kim (Larkspur, CA: Tamal Vista Publications, 2009), 38면.

14 박찬승 『마을로 간 한국전쟁: 한국전쟁기 마을에서 벌어진 작은 전쟁들』, 돌베개 2010.

15 Lewis H. Morgan, *Ancient Society* (New York: Henry Holt, 1907); Meyer Fortes, *Kinship and the Social Order: The Legacy of Lewis Henry Morgan* (Chicago: Aldine, 1969).

16 전사자는 대략 북한군 520,000명, 한국군 100,000명, 중국군 900,000명, 그리고 미군이 36,940명이다. Bruce Cumings, *The Korean War: A History* (New York: Modern Library, 2010), 35면.

17 마셜 살린스도 최근 이런 방식으로 데이비드 슈나이더 식의 극히 상대주의적이고 구성주의적인 친족개념에서 벗어나 친족을 재규정하려고 한다. Marshall Sahlins, *What Kinship Is — And Is Not* (Chicago: University of Chicago Press, 2013). Andrew Shryock, "It's this, not that: how Marshall Sahlins solves kinship," *HAU: Journal of Ethnographic Theory*, Vol. 3, No. 2 (2013), 271~79면도 볼 것.

18 Heonik Kwon, "Ghosts of war and the spirit of cosmopolitanism," *History of*

Religions, Vol. 48, No. 1 (2008), 22~42면을 보라.

19 Linda Colley, "What gets called 'civil war'?" *The New York Review of Books*, Vol. 64, No. 10 (2017), 42~43면에서 인용.

20 '마이크로히스토리'의 개념에 대해서는 Carlo Ginzburg, "Microhistory: two or three things that I know about it," *Critical Inquiry*, Vol. 20, No. 1 (1993), 10~35면 참조. 미시사의 목적은 작은 장소에서 크고 중요한 문제를 제기하려는 것으로, 클리퍼드 기어츠에 따르면 "작지만 아주 촘촘히 짜인 사실에서 크고 중요한 결론을 끌어내고자" 하는 민족지학과 공유하는 바가 많다.

21 Morgan, 앞의 책 65~67면. 모건의 전반적인 주제는 다음과 같다. "문명화된 사회에서 국가는 개인과 재산의 보호를 떠맡는다. 개인의 권리를 유지하는 임무도 국가에서 구하는 데 익숙해지다보니 그에 비례하여 친족유대의 힘은 감소되어갔다. 하지만 부족사회에서 개인은 삶의 안정을 위해 친족에게 의지한다. 친족은 이후 국가가 가졌던 자리까지 맡아서 효율적인 감독을 위해 요구되는 인원수도 확보했다. 그 구성원 사이에서 친족유대는 상호 지원의 강력한 요소였다. 한명의 구성원에게 해를 입히는 것은 곧 그의 친족집단 전체에 해를 입히는 것이다. 누군가를 지지한다고 할 때 그것은 친족집단 전체가 그를 뒤에서 밀어주고 있다는 뜻이다." 같은 책 76면에서 인용.

22 이 학자들은 대부분 영국에 기반을 두고, 연구작업도 주로 대영제국의 간접통치를 받았던 아프리카 지역을 대상으로 이루어졌다. 하지만 이들이 개진한 이론은 보다 폭넓은 배경에서 생겨난 것으로 19세기 중반 모건의 연구뿐 아니라, 20세기초에 초기 프랑스 사회학파를 주도하면서 인간유대의 특성에 대한 전반적 관심의 일환으로 사회통합 기제에도 관심을 보였던 에밀 뒤르켐 사상에서 많은 영향을 받았다. 1~2차대전 사이 친족의 정치이론은 모건의 주제였던 친족체제와 정치질서 형태 사이의 밀접한 관계라는 문제를 모건처럼 사회적 진화의 차원이 아니라 뒤르켐을 따라 실증주의 사회학의 문제로 삼아 접근했던 것이다.

23 이에 대한 전형적인 견해는 다음과 같다. "누에르족의 정치조직은 전혀 공식화되어 있지 않다. 정부나 행정조직 같은 분명한 제도가 존재하지 않는다. 이렇게 형식이 불분명하고 유동적인 정치구조에서는 상호 충돌하는 연대의식이 자발적으로 변화무쌍하게 표현된다. 그들의 부족생활에서 어느정도 확고한 형식을 가능하게 하는 유일한 원칙은 가계의 원칙이다." Mary Douglas, *Purity and danger: an analysis of concepts of pollution and taboo* (London: Routledge, 1966), 143면에서 인용.

24 E. E. Evans-Pritchard, "The Nuer of the southern Sudan," in M. Fortes and E. E. Evans-Pritchard (eds.), *African political systems* (London: Oxford University Press,

1940), 272~96면.

25 피터 윌슨에 따르면 심층적인 인간진화 과정에서 친족과 우애는 상호적 구성요소였다고 한다. "친족은 (…) 우애를 나타내고, 우애는 친족을 실현하고 확증한다." Peter J. Wilson, *The domestication of the human species* (New Haven, CT: Yale University Press, 1988), 35면에서 인용. 우애를 "친족의 범주"로 논의하면서, 왜 이러한 고대의 사고가 현대 이론에서는 찾아볼 수 없는지 논의한 Peter Goodrich, "Veritie hidde: amity, law, miscellany," *Law and Humanities*, Vol. 11, No. 1 (2017), 137~55면도 참조할 것.

26 민족들 간의 가족(family of nations)이라는 개념에는 어두운 역사도 존재한다. 식민지시대에 그 개념은 당시 팽창주의적인 몇몇의 제국들에만 적용되었다. 기타 약소국들은 이 '가족'에서 추방되어 오히려 개별 제국의 피보호국으로 전락했다. Harald Kleinschmidt, "The family of nations as an element of the ideology of colonialism," *Journal of the History of International Law*, Vol. 18 (2016), 278~316면. 2차대전 이후 재발명된 유사한 개념을 다룬 연구로는 David Mole, "Discourses of world kinship and the United Nations: the quest for a human family," PhD thesis (London School of Economics, 2009)를 보라.

27 Max Gluckman, *Custom and Conflict in Africa* (Oxford: Blackwell, 1955).

28 Thomas Borstelmann, *Apartheid's reluctant uncle: the United States and southern Africa in the early Cold War* (New York: Oxford University Press, 1993).

29 Fred Halliday, *The making of the second Cold War* (London: Verso, 1987).

30 Signe Howell and Roy Willis (eds.), *Societies at peace: anthropological perspectives* (London: Routledge, 1989).

31 Roger D. Masters, "World politics as a primitive political system," *World Politics*, Vol. 16, No. 4 (1964), 595~619면.

32 Hedley Bull, *The Anarchical Society: A Study of Order in World Politics* (New York: Columbia University Press, 1977).

33 Tim B. Mueller, "The Rockefeller Foundation, the social sciences, and the humanities in the Cold War," *Cold War Studies*, Vol. 15, No. 3 (2013), 108~35면을 보라. Francis S. Saunders, *The cultural Cold War: the CIA and the world of arts and letters* (New York: Free Press, 2000)도 참조.

34 친족 현상을 더욱 보편화하려는 경향(보편적인 근친상간 금기라는 아이디어에 근거한 프랑스 인류학자 끌로드 레비스트로스의 구조주의 이론처럼)과 함께 반대로 다원

화·상대화하려는 경향(미국 인류학자 슈나이더가 주장하는 것처럼 존재하는 문화만
큼이나 많은 친족규범이 존재한다는 식으로)으로 양극화되었던 현상도 주목할 만하
다. David Schneider, *American kinship: a cultural account* (Chicago: University of
Chicago Press, 1980); Claude Lévi-Strauss, *The elementary structures of kinship*
(Boston, MA: Beacon Press, 1969) 참조.

35 Pierre Bourdieu, *Outline of a theory of practice* (Cambridge: Cambridge University
Press, 1977), 34~35면.

36 Peter P. Schweitzer, "Introduction," in P. P. Schweitzer (ed.), *Dividends of kinship:
meaning and uses of social relatedness* (London: Routledge, 2000), 9면.

37 예를 들어 친족개념이 생물학(재생산이라는 자연 과정처럼)에 속하는가 아니면 문
화(우리가 어떻게 세상에 나오게 되었는가에 관한, 일반화될 수 없는 특정한 관념들)
에 속하는가라는 문제는 인류학만이 아니라 불임시술을 비롯한 생체의학기술에 대
한 인문사회과학적 연구 같은 영역에서도 열띤 논쟁의 대상이다. 인류학 내 친족연구
사를 훌륭하게 개관한 것으로는 Janet Carsten, *After Kinship* (Cambridge: Cambridge
University Press, 2004)과 Schweitzer, "Introduction," 앞의 책을 보라.

38 Fortes, 앞의 책 219면.

39 Sharon Herbarch, "Afghan families divided, villages uprooted," *Los Angeles Times*,
July 26, 1992; Hussein Tahiri, "Divided Afghans will never accept one master," *The
Sydney Morning Herald*, October 22, 2010을 보라.

40 Fortes, 앞의 책 237면.

41 Maurice Bloch, "The long term and the short term: the economic and political
significance of the morality of kinship," in Jack Goody (ed.), *The character of
kinship* (Cambridge: Cambridge University Press, 1973), 75~87면.

42 Fortes, 앞의 책 77면.

43 일례로 Christine Sylvester, "Experiencing war: an introduction," in C. Sylvester (ed.),
Experiencing war (London: Routledge, 2010), 1~7면을 보라.

1장 코리아의 학살

1 『대구매일신문』 1950. 7. 10.

2 『대구매일신문』 1960. 7. 29. 이 대목은 김소월의 시 「초혼」(1925)에서 따온 것이다.

3 Adam Roberts, "The civilian in modern war," *Yearbook of International*

Humanitarian Law, Vol. 12 (2009), 13~51면.

4 같은 책 38면.

5 Peter Gatrell, *The Making of the Modern Refugee* (Oxford: Oxford University Press, 2013), 2면에서 인용.

6 박경리『시장과 전장』, 나남 1993, 321면.

7 박완서「그 살벌했던 날의 할미꽃」,『배반의 여름』, 문학동네 2013, 282면.

8 박찬승, 앞의 책 8면.

9 Stathis N. Kalyvas, *The Logic of Violence in Civil War* (Cambridge: Cambridge University Press, 2006).

10 같은 책 333~36면.

11 Steven H. Lee, 앞의 책 60면.

12 Sahr Conway-Lanz, *Collateral Damage: Americans, Non-combatant Immunity, and Atrocity after World War II* (New York: Routledge, 2006)를 보라.

13 Charles J. Hanley, Sang-Hun Choe and Martha Mendoza, *The bridge at No Gun Ri* (New York: Henry Holt, 2001).

14 김동춘「한국전쟁 60년, 한반도와 세계」,『역사비평』91호 (2010), 161~63면.

15 Marilyn B. Young, "Remembering to Forget," in M. P. Bradley and P. Petro (eds.), *Truth claims: representation and human rights* (New Brunswick, NJ: Rutgers University Press, 2002), 20면.

16 김기진『끝나지 않은 전쟁, 국민보도연맹: 부산·경남지역』, 역사비평사 2002, 19~22면.

17 "반역이 의심되는 자"라는 표현은 Gavan McCormack, "Korea at 60," *The Asia-Pacific Journal*, Vol. 6, Issue 9 (September 1, 2008)에서 따왔다. https://apjjf.org/-Gavan-McCormack/2869/article.html에서 볼 수 있다. 같은 저자의 *Cold war, hot war: an Australian perspective on the Korean War* (Sydney: Hale and Iremonger, 1983)도 참조할 것.

18 Su-Kyoung Hwang, "South Korea, the United States and emergency powers during the Korean War," *The Asia-Pacific Journal*, Vol. 12, Issue 5 (January 30, 2014). https://apjjf.org/2014/12/5/Su-kyoung-Hwang/4069/article.html에서 볼 수 있다.

19 같은 글 4면.

20 대검찰청수사국『좌익사건실록 제11권』, 대검찰청 1975; 진실·화해를 위한 과거사정리위원회『2007년 상반기 보고서』, 진실·화해를 위한 과거사정리위원회 2007, 192면

에서 인용.

21 같은 책.

22 영국 기자인 앨런 위닝턴 역시 이에 대한 기록물을 출간했다. Alan Winnington, *I saw the Truth in Korea* (London: People's Press, 1950).

23 구림지편찬위원회『(호남명촌) 구림: 구림사람들이 손수 쓴 마을공동체 이야기』, 리북 2006, 373면.

24 같은 곳.

25 김병인「기념비와 마을사」, 정근식 외『구림연구: 마을공동체의 구조와 변동』, 경인문화사 2003, 131면.

26 Wan-suh Park, *Who ate up all the shinga?*, 97~108면.

27 같은 책 199~200면.

28 같은 책 257~58면.

29 같은 책 258면.

30 이에 대한 적절한 자료로는, 윤택림의『인류학자의 과거여행: 한 빨갱이 마을의 역사를 찾아서』(역사비평사 2003)와 표인주 외『전쟁과 사람들: 아래로부터의 한국전쟁연구』(한울아카데미 2003), 권귀숙『기억의 정치: 대량학살의 사회적 기억과 역사적 진실』(문학과지성사 2006)이 있다.

31 박찬승, 앞의 책 57면.

32 같은 책 63면.

33 진실·화해를 위한 과거사정리위원회, 충북대학교박물관 편『(한국전쟁 전후 민간인 집단희생 관련) 2007년 유해발굴보고서 제1권』, 충북대학교박물관 2008, 236면.

34 같은 책 237면.

35 윤택림, 앞의 책 176면.

36 같은 책 178면.

37 같은 책 177면.

38 같은 책 182~90면.

39 같은 책 190면.

40 윤정란「한국전쟁기 기독교인 학살의 원인과 성격」, 김경학 외『전쟁과 기억』, 한울아카데미 2005, 76~112면.

41 서동만『북조선사회주의 체제성립사: 1945~1961』, 선인 2005, 466~71면; John Halliday and Bruce Cumings, *Korea: the unknown war* (London: Viking, 1988), 99~110면 참조. 유엔군이 퇴각한 후 북한지역에서 공산주의 세력이 자행한 이러한

폭력행위에 대한 증언이 군데군데에서 발견된다. 전시에 북한지역에서 활동했던 천도교 계통의 비밀정치집단인 동학영우회의 경험이 그 한 예이다. 『영우회 비사』, 영우회비사편찬위원회 1989.

42 김동춘, 앞의 글 273면.

43 홍순권 외 『전쟁과 국가폭력』, 선인 2012, 177면.

44 「이원식 사형확정」, 『한국일보』 1961. 12. 8.

45 Nan Kim, *Memory, Reconciliation, and Reunions in South Korea: Crossing the Divide* (Lanham, MD: Lexington, 2016).

46 Marilyn B. Young, "Bombing civilians from the twentieth to the twentieth-first centuries," in Y. Tanaka and M. B. Young (eds.), *Bombing civilians: a twentieth century history* (New York: New Press, 2009), 154~74면을 볼 것.

47 김성칠, 앞의 책 243면.

48 같은 책 258면.

49 「양민, 비양민으로 격론」, 『대구매일신문』 1960. 6. 16.

50 1960년 6월 16일자 『대구매일신문』에서 인용. 같은 신문 1960년 5월 27일자도 참조할 것.

51 『대구매일신문』 1960. 6. 16.

2장 불온한 공동체

1 예를 들어 Maurice Bloch, *Placing the Dead: Tombs, Ancestral Villages, and Kinship Organizations in Madagascar* (London: Seminar Press, 1971)를 보라.

2 이도영 『죽음의 예비검속: 양민학살 진상조사 보고서』, 월간 말 2000.

3 같은 책 46~47면.

4 같은 책 77면. 거창의 경우로는 노민정·강희정의 『거창양민학살: 그 잊혀진 피울음』 (온누리 1988)을 참조할 것.

5 이도영, 같은 책 46면.

6 Charles R. Kim, *Youth for Nation: Culture and Protest in Cold War South Korea* (Honolulu: University of Hawai'i Press, 2017) 참조.

7 김광택 『부모님 영전』, 대구유족회 팸플릿 1960, 4면.

8 Sung Chul Yang, *Korea and Two Regimes: Kim Il Sung and Park Chung Hee* (Cambridge, MA: Schenkman Publishing Company, 1981), 4면에서 인용.

9 군사정변 주도자들은 자신들이 권력을 잡으면 반공을 철저히 추구하겠다는 것을 미국에 보여줄 필요가 있어서, 이 특정한 영역에서 사회적 통제에 특별한 관심을 가졌었다는 주장이 있다. 김형태「아 슬플 손, 남에도 북에도 '백조일손'이로세」,『한겨레신문』2012. 11. 30.

10 콜롬비아의 사례는 Michael Taussig, *Law in a Lawless Land* (New York: The New Press, 2003)를 참조할 것.

11 1951년 2월에 반란진압군에 의한 대규모 학살사건이 있었던 거창에서도, 유족들은 3년 후에 유해를 수습해서 남녀 따로 공동무덤 2기를 지어 다시 묻었다.「비극의 역사를 캔다 3」,『부산일보』1960. 5. 11.

12 백조일손유족회『백조일손영령 제52주기 합동위령제』, 2002, 13~14면.

13 Bruce Cumings, *The Origins of the Korean War: Liberation and the Emergence of Separate Regimes, 1945-1947* (Princeton, NJ: Princeton University Press, 1981).

14 Bruce Cumings, *Parallax Visions: Making Sense of American-East Asian Relations at the End of the Century* (Durham, NC: Duke Universtiy Press, 1999).

15 역사학자 강만길은 1980년대말 시민운동의 승리는 이전 시대 저항운동의 사회적 집단기억과 유산의 결과였다고 한다. Man-gil Kang, *A History of Contemporary Korea* (Folkstone: Global Oriental, 2006)을 참조할 것.

16 George Mosse, *Fallen soldiers: reshaping the memory of the world wars* (Oxford: Oxford University Press, 1990).

17 같은 책 7면.

18 Christine Sylvester, "Experiencing War: An Introduction," in C. Sylvester (ed.), *Experiencing War* (London: Routledge, 2010), 1~7면.

19 Laura Sjorberg, *Gendering Global Conflict: Towards a Feminist Theory of War* (New York: Columbia University Press, 2013), 271면.

20 Aleida Assman, *Cultural Memory and Western Civilization* (Cambridge: Cambridge University Press, 2011).

21 Stéphane Audoin-Rouzeau & Annette Becker, *14-18, Retrouver la Guerre* (Paris: Gallimard, 2000).

22 Christopher E. Goscha & Vatthana Pholsena, "The Experience of War: Four Sino-Indochinese Perspective," *European Journal of East Asian Studies*, Vol. 9, Issue 2 (2010), 189~99면.

23 Edward Miller & Tuong Vu, "The Vietnam War as a Vietnamese War: Agency and

Society in the Study of the Second Indochina War," *Journal of Vietnamese Studies*, Vol. 4, N0. 3 (2009), 1~16면.

24 Bao Ninh, *The Sorrow of War* (New York: Vintage, 1987).

25 주목할 만한 예로, Robert K. Brigham, *ARVN: Life and Death in the South Vietnamese Army* (Lawrence: University Press of Kansas, 2006); Nha Ca, *Mourning Headband for Hue: An Account for the Battle for Hue, Vietnam 1968*, trans. by Olga Dror (Bloomington: Indiana University Press, 2014)가 있다.

26 Brigham, 같은 책.

27 Morgan, 앞의 책.

28 Michael Carrithers, Steven Collins and Steven Lukes (eds.), *The Category of the Person: Anthropology, Philosophy, History* (Cambridge: Cambridge University Press, 1985).

29 Clifford Geertz, *The interpretation of cultures* (New York: Basic Books, 1973), 389~90면.

30 『경향신문』 2001년 2월 25일자 작가 현길언과의 대담에서 인용. 현길언의 앞의 책도 참조할 것.

31 '무아적 인물'이라는 용어는 Steven Collins, *Selfless Persons: Imagery and Thought in Theravada Buddhism* (Cambridge: Cambridge University Press, 1990)에서 따왔다.

32 Carrithers, 앞의 책.

33 C. Wright Mills, *The Sociological Imagination* (New York: Oxford University Press, 1959).

34 더구나 이 개념은 일종의 역사적 사실주의를 지칭하기도 한다. 전쟁이 인간의 관계망에 남긴 상흔이 인간 신체의 상처처럼 물리적이지 아닐지는 모르지만, 피터 퍼스가 한나 아렌트의 공동체 개념에 대해 지적한 것처럼 "공동으로 경험한 세상사의 실제적인 중간자(in-between) 못지않게 현실적"이다. Peter Fuss, "Hannah Arendt's conception of Political community," in Melvyn A. Hill (ed.), *Hannah Arendt: the recovery of the public world* (New York: St. Martin's Press, 1979), 162면.

35 Keith Hart, *The Memory Bank: Money in an Unequal World* (London: Profile Books, 2000).

36 김성칠, 앞의 책.

37 같은 책 184~86면.

38 Nancy Abelman, *Echoes of the Past, Epics of Dissent: A South Korean Social*

Movement (Berkeley: University of California Press, 1996); Bruce Cumings, *Korea's Place in the Sun: A Modern History* (New York: W. W. Norton, 1997), 337~93면; Hagen Koo, *Korean Workers: The Culture and Politics of Class Formation* (Ithaca, NY: Cornell University Press, 2001); Namhee, Lee, *The Making of Minjung: Democracy and the Politics of Representation in South Korea* (Ithaca, NY: Cornell University Press, 2009)를 보라. Charles K. Armstrong (ed.), *Korean Society: Civil Society, Democracy and the State* (New York: Routledge, 2007); Gi-Wook Shin and Paul Chang (eds.), *South Korean Social Movements: From Democracy to Civil Society* (New York: Routledge, 2011)도 참조할 것.

39 Bruce Cumings, "Civil Society in West and East," in Armstrong (ed.), 같은 책 9~32면.

40 같은 글.

41 같은 글 9면.

42 Anthony Giddens, *The Third Way: Renewal of Social Democracy* (Cambridge: Polity Press, 1998).

43 Mary Kaldor, *Global Civil Society: An Answer to War* (Cambridge: Polity, 2003), 50~77면.

44 같은 곳.

45 같은 책 70면.

46 같은 책 61면.

47 같은 책 72면. Mary Kaldor, *The Imaginary War: Interpretation of East-West Conflict in Europe* (Oxford: Blackwell, 1990)도 참조할 것.

48 Tony Judt, *Reappraisals: Reflections on the Forgotten Twentieth Century* (New York: Penguin, 2008), 371면에서 인용. 토니 주트가 논하는 책은, John L. Gaddis, *The Long Peace: Inquiries into the History of the Cold War* (New York: Oxford University Press), 1987이다.

49 Mary Kaldor, *New and Old Wars: Organized Violence in a Global Era* (Stanford, CA: Stanford University Press, 1999).

50 같은 책 29면.

51 같은 책 30면.

52 Heonik Kwon, *The Other Cold War* (New York: Columbia University, 2010).

53 Niklas Olsen, "Carl Schmitt, Reinhart Koselleck and the Foundations of History and Politics," *History of European Ideas*, Vol. 37, No. 2 (2011), 199면.

54 중요한 예로는, Odd A. Westad, *The Global Cold War: Third World Interventions and the Making of Our Times* (Cambridge: Cambridge University Press, 2005); Robert J. McMahon, *The Cold War in the Third World* (New York: Oxford University Press, 2013); Hajimu Masuda, *Cold War crucible: The Korean Conflict and the Postwar World* (Cambridge, MA: Harvard University Press, 2015)가 있다.

55 Neni Panourgiá, *Dangerous Citizens: The Greek Left and the Terror of the State* (New York: Fordham University Press, 2009), 23~30면.

56 '국제적인 내전'이라는 용어는 André Gerolymatos, *Red Acropolis, Black Terror: The Greek Civil War and the Origins of Soviet-American Rivalry, 1943-1949* (New York: Basic Books, 2004), 187~228면에 있다.

57 Paul G. Pierpaoli, Jr., *Truman and Korea: The Political Culture of the Early Cold War* (Columbia: University of Missouri Press, 1999), 8면.

58 Gerolymatos, 앞의 책 231면.

59 같은 책 6면, 8면.

60 인용은 Mark Mazower, "Introduction," in M. Mazower (ed.), *After the War Was Over: The Family, Nation, and the State in Greece, 1943-1960* (Princeton, NJ: Princeton University Press, 2000), 14면. 여기 언급된 저서는, 김귀옥의 『이산가족 '반 공전사'도 '빨갱이'도 아닌…: 이산가족 문제를 보는 새로운 시각』(역사비평사 2004) 과 윤택림, 앞의 책 214~19면이다.

61 윤택림, 같은 책 214~22면.

62 이는 지난 세기 위대한 인류학자 마르셀 모스가 고전적인 자신의 저서에서 주장한 것 이다. Marcel Mauss, *Seasonal Variations of the Eskimo: A Study in Social Morphology* (Abingdon: Routledge, 1979).

63 Ferdinand Tönnies, *Community and Society*, trans. by Charles P. Loomis (East Lansing: Michigan State University Press, 1957), 34면.

64 현대 전쟁에 대한 기존 문헌에서도 가족 기반의 공적 연대의 유사한 유형을 찾아볼 수 있다. 예를 들어 제이 윈터는 1차대전 이후 프랑스에서 유족들이 광범위한 상호부 조 네트워크를 이루었던 일에 대해 감동적으로 전한다. Jay Winter, "Forms of Kinship and Remembrance in the Aftermath of the Great War," in J. Winter and E. Sivan (eds.), *War and Remembrance in the Twentieth Century* (Cambridge: Cambridge University Press, 1999), 40~60면.

65 '애도의 연대'라는 표현은 Judith Butler, *Antigone's Claims: Kinship between Life* *and Death* (New York: Columbia University Press, 2000)에서 인용.

3장 분쟁 중의 평화

1 윤택림, 앞의 책.

2 Gatrell, 앞의 책 2면.

3 같은 곳.

4 Valérie Gelézeau, Koen De Ceuster and Alain Delissen, "Introduction," in V. Gelézeau, K. De Ceuster and A. Delissen (eds.), *De-bordering Korea: tangible and intangible legacies of the Sunshine Policy* (London: Routledge, 2013), 1면.

5 2005년 9월 11일 KBS라디오에서 방영된「이산가족」에서 인용.

6 Margaret MacMillan, *Nixon and Mao: the week that changed the world* (New York: Random House, 2008). "장기 1970년대"란 표현은 Jian Chen, "China's changing policies toward the Third World and the end of the global Cold War," in Artemy M. Kalinovsky and Sergey Radchenko (eds.), *The end of the Cold War and the Third World: new perspectives on regional conflict* (London: Routledge, 2011), 101면, 119면에서 인용.

7 Yongho Kim, *North Korean foreign policy: security dilemma and succession* (Lanham, MD: Lexington Books, 2011), 35~52면; Chin O. Chung, *P'yongyang between Peking and Moscow: North Korea's involvement in the Sino-Soviet dispute, 1958-1975* (Tuscaloosa: University of Alabama Press, 1978)를 보라.

8 Don Oberdorfer, *The Two Koreas: A Contemporary History* (London: Warner Books, 1999).

9 『금수강산』 10호 (1990), 14면.

10 James A. Foley, "'Ten million families': statistics or metaphor?" *Korean Studies*, Vol. 25, No. 1 (2001), 96~110면.

11 예를 들어 Roger L. Janelli and Dawnhee Yim, "South Korea's Great Transformation (1960~1995)," 『학술원 논문집』, 55권 1호 (2016), 53~120면을 보라.

12 "천만"이란 한국 사람들이 수많다는 의미를 전달할 때 관습적으로 쓰는 용어일 수도 있다. 말하자면 이 맥락에서는 전쟁으로 인한 이산과 그 결과 가족이 겪어야 했던 위기의 심각성과 보편성을 나타내는 표현일 것이다.

13 김광억「전통적 '관계'의 현대적 실천」, 『한국문화인류학』 33권 2호 (2000), 7~48면.

14 대한적십자사『이산가족찾기 60년』, 대한적십자사 2005.

15 Tessa Morris-Suzuki, *Exodus to North Korea: Shadows from Japan's Cold War* (Lanham, MD: Rowman and Littlefield, 2007).

16 John Borneman, *Being in the Two Berlins: Kin, State, Nation* (Cambridge: Cambridge University Press, 1992).

17 Charles Stafford, *Separation and Reunion in Modern China* (Cambridge: Cambridge University Press, 2000), 156~73면.

18 Sheila Miyoshi Jager and Jiyul Kim, "The Korean War after the Cold War: commemorating the Armistice Agreement in South Korea," in S. M. Jager and R. Mitter (eds.), *Ruptured histories: war, memory, and the post-Cold War in Asia* (Cambridge, MA: Harvard University Press, 2007), 234면.

19 이 과정에 대한 훌륭한 개관으로는, Nan Kim, 앞의 책을 보라.

20 Choong-soon Kim, *Faithful Endurance: An Ethnography of Korean Family Dispersal* (Tucson: University of Arizona Press, 1988).

21 강경자「고향의 가족, 북의 가족」, 재일제주인의 생활사를 기록하는 모임 엮음『고향의 가족, 북의 가족』, 김경자 옮김, 선인 2015, 121~68면도 참조할 것.

22 남북이산가족찾기 이산가족정보통합시스템의 하고픈 이야기 게시판에 올라온 2018년 8월 31일자 글(https://reunion.unikorea.go.kr/reuni/home/brd/storyinfo/view.do?id=1492&mid=SM00000139&limit=10&eqDataDiv1=HIS).

23 김귀옥, 앞의 책.

24 조은「전쟁과 분단의 일상화와 기억의 정치: '월남'가족과 '월북'가족 자녀들의 구술을 중심으로」, 김귀옥 외『전쟁의 기억 냉전의 구술』, 선인 2008, 63면.

25 김귀옥, 앞의 책 198~200면.

26 아세아자유문제연구소『반공계몽독본』, 아세아자유문제연구소 1967, 200면.

27 Su-jong Lee, "Making and Unmaking the Korean National Division: Separated Families in the Cold War and Post-Cold War Eras," Unpublished doctoral thesis (University of Illinois at Urbana-Champaign, December 2006).

28 김희곤「한국독립운동과 전통명가」, 국가보훈처『나라사랑 독립정신: 학술논문집 I』, 국가보훈처 2005, 460면. 독립운동과 관련해서 지역 정치운동에서 친족유대의 역할을 살펴본 연구도 있다. 예를 들어 역사학자 박찬승은 1919년 3월 일제에 저항한 대중적 궐기에서 왜 동성 촌락에서 특히 인적 동원이 효과적이었는지 조사했다. 박찬승『1919: 대한민국의 첫 번째 봄』, 다산초당 2019, 265~75면.

29 노민정·강희정, 앞의 책 76~83면.

30 같은 책 85면.

31 Gluckman, 앞의 책.

32 그 지역을 잘 아는 저자가 개인적으로 기록한 마을역사인 「가일에서 있던 일」에서 인용.

33 두 마을 사람들이 인척관계를 통해 집안끼리 연결되어 있다는 인식에 대해서, 지역 역사가는 "두 마을 사람이 성은 다르지만 피가 섞여 있다. 그러니 같은 뿌리에서 나온 후손이라고 볼 수 있다"라고 증언했다. 지역 대학에서 수행한 마을역사 프로젝트의 결과물인 다음 책을 참조할 것. 안동대학교 안동문화연구소 『안동 가일 마을: 풍산들 가에 의연히 서다』, 예문서원 2006.

4장 연좌제

1 Geoffrey Robinson, *The Dark Side of Paradise: Political Violence in Bali* (Ithaca, NY: Cornell University Press, 1995).

2 같은 책 294면, 300면.

3 Heonik Kwon, *Ghosts of War in Vietnam* (Cambridge: Cambridge University Press, 2008).

4 Stephan Feuchtwang, *After the Event: The Transmission of Grievous Loss in Germany, China and Taiwan* (Oxford: Berghahn, 2011); Sylvia Li-chun Lin, *Representing Atrocity in Taiwan: The 2/28 Incident and White Terror in Fiction and Film* (New York: Columbia University Press, 2007), 47~72면도 참조.

5 Greg Grandin, *The Last Colonial Massacre: Latin America in the Cold War* (Chicago: University of Chicago Press, 2004), 14면.

6 Polymeris Voglis, *Becoming a subject: Political Prisoners during the Greek Civil War* (Oxford: Berghahn, 2002), 7~8면.

7 같은 책 6~10면.

8 Michel Foucault, *Discipline and Punish: The Birth of the Prison*, trans. by Alan Sheridan (New York: Penguin, 1991), 224면.

9 같은 책 216~17면.

10 조영민 「전향제도와 감옥의 야만」, 참여사회연구소 기획, 이병천·이광일 엮음 『20세기 한국의 야만 2』, 일빛 2001, 125면.

11 서재일 「전향공작과 의문사」, 의문사진상규명위원회 보고서 발간위원회 편『의문사진상규명위원회 보고서 2차(2003. 7~2004. 6)』, 의문사진상규명위원회 2004, 586~622면을 보라.

12 조영민, 앞의 글 114면.

13 Foucault, 앞의 책 224면.

14 Balázs Szalontai, *Kim Il Sung in the Khrushchev era: Soviet-DPRK relations and the roots of North Korean despotism, 1953-1964* (Washington, DC: Woodrow Wilson Center Press, 2005), 221~23면.

15 같은 책 222면.

16 한성훈의 훌륭한 저작,『전쟁과 인민: 북한사회주의 체제의 성립과 인민의 탄생』(돌베개 2012), 125~28면을 보라.

17 Elazar Barkan, "Individual versus group rights in Western philosophy and the law," in Nyla R. Branscombe and Bertjan Doosje (eds.), *Collective guilt: international perspectives* (Cambridge: Cambridge University Press, 2004), 309면; Emile Durkheim, "Two laws of penal evolution," T. A. Jones and Andrew T. Scull trans. by *Economy and Society*, Vol. 2, No. 3 (1973 [1900]), 298면 참조.

18 Frederic William Maitland, "Criminal liability of the hundred," *The Law Magazine and Review*, Vol. 7 (1882), 367~80면.

19 Larry May, *The morality of groups: collective responsibility, group-based harm, and corporate rights* (Notre Dame, IN: University of Notre Dame Press, 1987), 8면에서 인용. Barkan, 앞의 글 311면도 볼 것.

20 Joseph W. Koterski, "Introduction," in Karl Jaspers, *The Question of German Guilt*, trans. by E. B. Ashton (New York: Fordham University Press, 2000), p. xi.

21 Durkheim, 앞의 글 296면.

22 한국에서 연좌제는 1980년 10월 개정헌법(12조 3항)에 이어 1988년에 공식적으로 다시 철폐되었다. 1987년 군부정권이 막을 내린 후 민주적으로 선출된 입법기관에서 처음으로 단행한 개혁입법 가운데 하나가 이 제도적 관행을 다시 한번 불법으로 규정한 일이었다. 전문가들은 한국의 법제사에서 괄목할 만한 진일보라며 환영했다. 그러나 예전보다 덜 체계적이고 강도도 덜하긴 했지만 가족을 범죄자 취급하는 일은 1990년대까지도 지속되었다고 증언된다. 사회학자 조은은 연좌제가 2000년대 중반이나 되어서야 최종적으로 철폐되었다고 주장한다. 조은 「분단의 긴 그림자」, 한국구술사학회 편『구술사로 읽는 한국전쟁』, 휴머니스트 2011, 213면.

23 John Lord O'Brian, "Loyalty Tests and Guilt by Association," *Harvard Law Review*, Vol. 61, No. 4 (1948), 599면.

24 이문구『관촌수필』, 문학과지성사 1996.

25 조승미·김귀옥「월북인 유가족의 반공적 억압과 '월북'의 의미체계」, 김귀옥, 앞의 책 178면.

26 중요한 저서로 다음의 책이 있다. 표인주 외, 앞의 책; 김경학 외, 앞의 책.

27 한국전쟁전후 민간인학살 진상규명 범국민위원회『100만 민간인학살, 그 블랙박스를 열다』, 한국전쟁전후 민간인학살 진상규명 범국민위원회 2006, 34면.

28 이도영, 앞의 책 79면.

29 같은 책 32~35면.

30 김성환「쿠데타로 중단된 역사의 현장」,『월간 말』2000년 3월호, 79면.

31 1970년대 후반은 이런 면에서 특히 위험천만한 때였다. 1975년 3월에 북베트남이 베트남을 무력으로 통일하자 이에 위협을 느낀 한국정부는 일련의 조처를 내려 사회 전반적으로 반공캠페인을 강화했다. 1975년 7월에 시행된 이른바 '사회안전법'도 그 가운데 하나로, 경찰이나 보안요원이 정치적·사상적으로 의심스럽다고 판단되면 누구든 감금·조사하는 게 가능했다.

32 『진도타임스』2009. 6. 26;『경향신문』2009. 11. 15.

33 이원규「저승꽃」,『실천문학』15호 (1989), 177~78면에서 인용.

34 Foucault, 앞의 책 138면.

35 같은 책 141면.

36 같은 책 221면.

37 Alasdair MacIntyre, "The virtues, the unity of a human life, and the concept of a tradition," in Lewis P. Hinchman and Sandra K. Hinchman (eds.), *Memory, identity, community: the idea of narrative in the human sciences* (Albany: State University of New York Press, 1997), 241~43면.

38 공동체에서 떨어져 나온 자율적인 '근대적' 개인을 초점으로 삼는 것은 또한 역사연구에서 일종의 방법론적 선택이기도 하다. 예를 들어 푸코 연구자인 토머스 플린은 "푸코가 자신의 '[역사적] 명목론'이라고 지칭한 것은 어쩔 수 없이 일종의 방법론적 개인주의이다. 설명의 방식으로, 국가 같은 집단, 혹은 '인간'이나 '권력' 같은 추상이 그것을 구성하는 개인으로 환원될 수 있는 것처럼 취급하는 것이다"라고 지적한다. Thomas R. Flynn, "Foucault and historical nominalism," in Harold A. Durfee and David F. T. Rodier (eds.), *Phenomenology and beyond: the self and its language*

(Dordrecht: Kluwer Academic Publishers, 1989), 134면에서 인용.

39 Michel Foucault, "Qu'est-ce qu'un auteur?!" in *Dits et écrits 1, 1954-1975* (Paris: Gallimard, 2001), 810~11면.

40 Maryon McDonald, "Medical anthropology and anthropological studies of science," in U. Kockel, M. Nic Craith and J. Frykman (eds.), *A Companion to the anthropology of Europe* (Oxford: Wiley-Blackwell, 2012), 459~79면.

41 Flynn, 앞의 글 138면.

42 Foucault, *Discipline and Punish*, 30면.

43 『감시와 처벌』은 푸코가 1972~73년에 꼴레주 드 프랑스에서 했던 강연을 토대로 쓴 책이다. 그런데 나중에 '처벌하는 사회'라는 제목으로 출간된 강연노트는 『감시와 처벌』과 상당한 차이가 있다. 예를 들어 『감시와 처벌』에서 보이는 권력의 대상으로서의 신체에 대한 집요한 관심을 강연노트에서는 찾아볼 수 없다. Michel Foucault, *The Punitive society: lectures at the Collège de France, 1972-1973* (London: Palgrave, 2015) 참조.

44 Foucault, *Discipline and Punish*, 31면.

45 같은 책 207면.

46 같은 책 200면.

47 같은 책 198면.

48 같은 책 7면.

49 Arthur M. Jr., Schlesinger, *The vital center: the politics of freedom* (Boston, MA: Houghton Mifflin, 1962), p. xiii.

50 Cynthia Hendershot, *Anti-communism and Popular Culture in Mid-century America* (Jefferson, NC: McFarland, 2003), 13면.

51 Douglas Field, "Introduction," in D. Field (ed.), *American Cold War culture* (Edinburgh: Edinburgh University Press), 3~4면.

52 Walter LaFeber (ed.), *The origins of the Cold War 1941-1947: a historical problem with interpretations and documents* (New York: John Wiley, 1971), 165~67면.

53 Ron Robin, *The Making of the Cold War Enemy: Culture and Politics in the Military-intellectual Complex* (Princeton, NJ: Princeton University Press, 2001), 168면.

54 O'Brian, 앞의 글 597면, 599면.

55 유영익 「우남 이승만의 개혁, 건국 사상」, 『아세아학보』 20호 (1997), 40면에서 재인용.

56 아세아자유문제연구소, 앞의 책 385면.

5장 도덕과 이념

1 이창동『소지』, 문학과지성사 2003[1987], 122면.

2 Amy Murrell Taylor, *The Divided Family in Civil War America* (Chapel Hill: The University of North Carolina Press, 2005), 124면.

3 여기에는 남북전쟁시기 여성 인권운동가이자 인도주의 활동가인 델핀 베이커 (Delphine Baker)가 쓴 불운한 사랑 이야기도 있다. 에이브러햄 링컨의 딸과 제퍼슨 데이비스의 아들이라는 허구적 인물을 내세워 남북전쟁이 일어나고 두 부친이 양쪽 의 지도자가 되면서 두 연인의 사랑에 닥친 불행을 그렸다.

4 Taylor, 앞의 책 63면.

5 팜 주이의 노래 '형제'의 가사는 다음과 같다. "두 병사가 있었네, 한 집안의 사람들 / 한 민족이었지, 베트남이라는 / 두 병사가 있었네, 한 집안의 사람들 / 한 핏줄이었지, 베트남이라는 / 두 병사가 있었네, 들판에 엎드려 / 둘 다 총을 쥐고 기다리고 있었지. / 두 병사가 있었네, 붉게 물든 이른 아침에 / 서로를 죽인 — 베트남을 위해서."

6 Joshua Parthow, "War pulls apart Afghan families," *The Washington Post*, April 11, 2011에서 인용.

7 Mujib Mashal, "'I will kill him': Afghan commander targets son, a Taliban fighter," *The New York Times*, May 15, 2016을 보라.

8 Sheila Miyoshi Jager, *Narratives of nation building in Korea: a genealogy of patriotism* (New York: M. E. Sharpe, 2003), 136면.

9 Jager & Jiyul, 앞의 책 234면.

10 같은 글 242면. Roland Bleiker and Young-Ju Hoang, "Remembering and Forgetting the Korean War: From Trauma to Reconciliation," in Duncan Bell (ed.), *Memory, Trauma and World Politics: Reflections on the Relationship between Past and Present* (London: Palgrave, 2006), 195~212면도 볼 것.

11 Choong-soon Kim, 앞의 책. 또다른 면에서 가족의 이산은 현재 한국사회처럼 고도 로 도시화·산업화된 사회에서 가족 이념을 계속 유지하는 데에 기여했다는 주장이 있다.

12 Hyangjin Lee, *Contemporary Korean cinema: identity, culture and politics* (Manchester: Manchester University Press, 2000), 139면.

13 Heonik Kwon and Byong-Ho Chung, *North Korea: beyond charismatic politics* (Lanham, MD: Rowman & Littlefield, 2012), 18~26면.

14 일례로 Carol Delaney, "Father state, motherland, and the birth of modern Turkey," in S. Yanagisako and C. Delaney (eds.), *Naturalizing power: essays in feminist cultural analysis* (New York: Routledge, 1995), 177~99를 보라.

15 Ernest Gellner, *Nations and Nationalism* (Oxford: Blackwell, 1986), 181~88면.

16 Benedict Anderson, *Imagined Communities: Reflections on the Origin and Spread of Nationalism* (London: Verso, 2006).

17 끈끈한 관계와 성긴 관계의 대비(thick versus thin relations)는 Avishai Margalit, *The ethics of memory* (Cambridge, MA: Harvard University Press, 2002)에서 따왔다.

18 Dipesh Chakravarty, *Provincializing Europe: Postcolonial Thought and Historical Difference* (Princeton, NJ: Princeton University Press, 2000), 217면.

19 같은 곳.

20 1989년 이전 독일에 있었던 이와 관련된 현상을 논의한 책으로 Borneman, 앞의 책 284~312면 참조.

21 Charles K. Armstrong, *The Koreas* (New York: Routledge, 2007), 167면을 보라.

22 오제도 『추격자의 증언』(반공지식총서 1권), 희망출판사 1969, 5면.

23 "반공 민주 정신에 투철한 애국 애족"이라는 표현은 1968년 12월 5일 한국정부가 반포한 「국민교육헌장」에 나온다. 「국민교육헌장」은 무엇보다 반공을 일상적 규범으로 만들었다. 경기도교육연구원 『국민교육헌장 이념구현 및 반공교육 실천사례집』, 경기도교육연구원 1971, 261~84면 참조.

24 같은 책 309면.

25 Christina Klein, *Cold War Orientalism: Asia in the middlebrow imagination, 1945–1961* (Berkeley: University of California Press, 2003).

26 같은 책 37면.

27 같은 책 47~48면.

28 같은 책 50면.

29 같은 책 37면.

30 같은 책 11면.

31 같은 책 191~222면.

32 Eleana J. Kim, *Adopted Territory: Transnational Korean Adoptees and the Politics of Belonging* (Durham, NC: Duke University Press, 2010), 76면.

33 Eleana J. Kim, *The Origins of Korean Adoption: Cold War Geopolitics and Intimate Diplomacy*, US-Korea Institute Working Paper, October 2009.

34 유임하『한국 소설의 분단 이야기』, 책세상 2006, 49~56면.

35 같은 책 54면.

36 전후 북한의 문화생산의 경우에도, "일반적으로 전통적인 가족적 가치를 가장 강력한 문화적 힘으로 다루었다"라고 본다. Hyangjin Lee, 앞의 책 139면에서 인용.

37 아세아자유문제연구소, 앞의 책 17면.

38 같은 책 188~89면.

39 같은 책 188면.

40 같은 책 187~88면.

41 이 역사소설을 영화화한 작품에 대한 분석으로는 Hyangjin Lee, 앞의 책 129~35면을 보라.

42 Cumings, *The Korean War*, 290면.

43 Gregory Henderson, "Korea," in G. Henderson, R. N. Lebow and J. G. Stoessinger (eds.), *Divided nations in a divided world* (New York: David Mckay, 1974), 43면.

44 이창동, 앞의 책.

45 David Kehr, "Revisiting the Korean War in a Tale of Two Brothers," *The New York Times*, September 3, 2004.

46 강제규『태극기 휘날리며』, 시공사 2004, 32~33면.

47 같은 책 33면.

48 Robert R. Williams, *Hegel's ethics of recognition* (Berkeley: University of California Press, 1997), 274면.

49 같은 곳.

50 같은 곳.

51 Shlomo Avineri, *Hegel's Theory of the Modern State* (Cambridge: Cambridge University Press, 1972), 134면.

52 Bruce Cumings, *North Korea: Another Country* (New York: The New Press, 2004), 107면.

53 국토통일원『북한 정치문화의 형성과 그 특징: 북한의 정치, 정치문화』, 국토통일원 조사연구실 1977, 39면.

54 김원일『불의 제전』, 문학과지성사 1997.

55 Carl Schmitt, *Theory of the Partisan: Intermediate Commentary on the Concept of*

the Political, trans. by G. L. Ulmen (New York: Telos Press, 2007), p. xvi.

56 권귀숙, 앞의 책 59면. 제주 한림읍 출신의 임문국 씨는 1948~49년 4·3의 반란진압작전에서 살아남았고, 다시 1950년 앞선 국가폭력의 생존자를 대상으로 한 소위 예방적 폭력(백조일손지묘에 묻힌 이들이 이 폭력의 희생자이다)에서도 가까스로 생존했다. 그 지역의 대다수 친척이나 이웃과 달리 이렇게 두번 살아남은 뒤 그는 위기가 또 닥칠 것이고 그때는 가족에게 기적 같은 행운이 다시 생길 보장이 없다는 생각에 군대에 자원했다. 제주 4·3 제50주년 학술·문화사업추진위원회 편 『(제주4·3유적지 기행) 잃어버린 마을을 찾아서』(학민사 1998)에 실린 그의 증언을 참조할 것.

57 김성칠, 앞의 책 231면.

58 2016년 4월에 있었던 개인적 대화. 제주4·3연구소 편 『이제사 말햄수다』, 한울 1989; 강경자, 앞의 글 참조.

59 Samuel S. Kim, "Introduction: managing the Korean conflict," in S. S. Kim (ed.), *Inter-Korean relations: problems and prospects* (New York: Palgrave, 2004), 3면.

6장 소리 없는 혁명

1 Mosse, 앞의 책.

2 같은 책 27면에서 인용.

3 Philip J. Kain, *Hegel and right: a study of the Philosophy of Right* (Albany: State University of New York, 2018), 91~93면.

4 Roberto Esposito, *Communitas: The Origin and Destiny of Community*, trans. by Timothy Campbell (Stanford, CA: Stanford University Press, 2009).

5 이 평범한 삶이라는 개념에 대한 훌륭한 논의로는 Veena Das, *Life and Words: Violence and the Descent into the Ordinary* (Berkeley: University of California Press, 2007)가 있다.

6 3·1운동 역시 길게 보아 한국전쟁의 기원인데, 이 운동이 실패한 후 한반도의 독립운동은 그 경향과 궤도에서 좌우로 양분되어 그 정도가 갈수록 심화되었기 때문이다.

7 Hannah Arendt, *The human condition* (Chicago: University of Chicago Press, 1958).

8 허영선 『제주 4·3을 묻는 너에게』, 서해문집 2014, 59면.

9 박찬식 「1947년 3·1사건의 역사적 성격」, 『4·3과 평화』 27호 (2017), 14면.

10 제주4·3연구소 편, 앞의 책 21~22면.

11 Seong-Nae Kim, "Lamentations of the dead: the historical imagery of violence in

Cheju Island, South Korea," *Journal of Ritual Studies*, Vol. 3, No.2 (1989), 251~85면; Seong-Nae Kim, "The work of memory: ritual laments of the dead and Korea's Cheju massacre," in Janice Boddy and Michael Lambek (eds.), *A companion to the anthropology of religion* (Chichester: Wiley Blackwell, 2013), 223~38면도 볼 것.

12 현기영『순이삼촌』, 창비 2015[1979], 55면.

13 '삼촌'이나 '삼춘'은 제주에서 넓은 영역에서 대인관계를 나타내는 유연한 용어이다. 육지에서 삼촌은 주로 어머니나 아버지의 남자형제를 가리키지만, 제주에서 '삼춘'으로 발음되는 이 용어는 성별과 관계없이 부모의 형제를 모두 지칭한다. 또한 친척과 이웃, 심지어 모르는 사람에게도 적용된다.

14 Youngju Ryu, *Writers of the Winter Republic: Literature and Resistance in Park Chung Hee's Korea* (Honolulu: University of Hawai'i Press, 2015).

15 이런 이유로 마을에서 다수의 기제사가 있는 날을 '잔칫날'이라고 묘사하는 증언자도 있다. 제주4·3연구소 편, 앞의 책 82면, 125면, 140면.

16 제사를 모시기 위해 이루어졌던 전통적인 입양관습을 17~19세기까지 자세하게 분석한 책으로는 최재석의『한국가족제도사연구』(일지사 1983)가 있다.

17 Roger L. Janelli and Dawnhee Yim Janelli, *Ancestor Worship and Korean Society* (Stanford, CA: Stanford University Press, 1982), 156~58면.

18 제주 작가 김수열은 자신의 시「조천 할망」에서 이 관습을 이렇게 묘사한다. "시체로도 건너오지 못한 아들놈 위해 / 귀빠진 날로 대신하는 까마귀 모르는 식겟날 / 냉수 한 사발 떠올려 파제를 보고." 김수열「조천 할망」,『꽃 진 자리』(걷는사람 2018).

19 Seong-Nae Kim, "The Work of Memory," 223~28면.

20 Laurel Kendall, *Shamans, Housewives, and Other Restless Spirits: Women in Korean Ritual Life* (Honolulu: University of Hawai'i Press, 1985).

21 Martina Deuchler, *The Confucian Transformation of Korea: A Study of Society and Ideology* (Cambridge, MA: Harvard University Press, 1995).

22 김광억「저항문화와 무속의례」,『한국문화인류학』23권 (1992), 131~72면.

23 같은 글.

24 Jae-Jung Suh (ed.), *Truth and Reconciliation in South Korea: Between the Present and Future of the Korean Wars* (New York: Routledge, 2012) 참조.

25 Dong-choon Kim, 앞의 책.

26 박명림『역사와 지식과 사회: 한국전쟁 이해와 한국사회』, 나남 2011, 296면.

27 같은 책 291면.

28 제주시 유족회 전 회장인 김두연 씨와 2007년 1월에 한 인터뷰 자료.

29 Sang-hun Choe, "A Korean Village Torn Apart from within Mends Itself," *The New York Times*, February 21, 2008.

30 구립지편찬위원회, 앞의 책 7면.

31 박현정『집단적 전쟁경험의 기억과 기념』, 전남대학교 대학원 석사학위논문 2005, 62면.

32 이령경『한국 전쟁 전후 좌익관련 여성유족의 경험 연구: 여성주의 평화개념에서』, 성공회대학교 시민사회복지대학원 석사학위논문, 2003, 82면.

33 김희곤「권오설, 그를 새롭게 평가한다」,『소곡세고』, 대보사 2009, 942면.

34 정병욱『식민지 불온열전: 미친 생각이 뱃속에서 나온다』, 역사비평사 2013, 210면.

35 김희곤『안동의 독립운동사』, 안동시 1999, 401면.

36 같은 책 402면.

37 Hue-Tam Ho Tai, *Millenarianism and Peasant Politics in Vietnam* (Cambridge, MA: Harvard University Press, 1983).

38 김미영「가일 안동권씨, 6백년 생의 역사」, 한국국학진흥원『정선자락에 드리운 節義』, 한국국학진흥원 2009, 143~47면.

39 애월읍『애월읍지』, 애월읍지편찬추진위원회 1997, 167면.

40 이규헌·한국반공교육연구원 엮음『반공안보전서』, 경인문화사 1986, 283면.

41 제주4·3연구소 편, 앞의 책 124면을 보라.

42 같은 책 41면.

43 김정아「4·3의 증언」,『4·3과 평화』 33호 (2018), 50면.

44 전문은 http://www.43archives.or.kr/viewHistoricSiteD.do?historicSiteSeq=18에서 확인할 수 있다.

45 Heonik Kwon, "The Korean War and Sino-North Korean friendship," *The Asia-Pacific Journal*, Vol. 11, Issue 32, No. 4 (August 12, 2013) 참조. https://apjjf.org/2013/11/32/Heonik-Kwon/3982/article.html에서 볼 수 있다.

46 *Voice of America*, 2016년 3월 31일자 방송.

47 Michael Allen, *Until the Last Man Comes Home: POWs, MIAs, and the Unending Vietnam War* (Durham: University of North Carolina Press, 2009).

48 Charles K. Armstrong, *Tyranny of the weak: North Korea and the world, 1950-1992* (New York: Columbia University Press, 2013).

49 Patrick McEachern, *Inside the Red Box: North Korea's Post-totalitarian Politics* (New

York: Columbia University Press, 2010); Sonia Ryang, *Reading North Korea: An Ethnological Inquiry* (Cambridge, MA: Harvard University Press, 2010)를 볼 것.

50 Hazel Smith, *North Korea: Markets and Military Rule* (Cambridge: Cambridge University Press, 2015).

51 저명한 제주도 시인 김광협의 시 「희망가」에 대한 논평.

52 2004년 4월 3일, 제주 4·3 제56주년 추념행사에서 시인 김영훈이 읽은 추념사.

53 허영선, 앞의 책 239면.

결론

1 Thomas W. Laqueur, "Memory and naming in the Great War," in John R. Gillis (ed.), *Commemorations: the politics of national identity* (Princeton, NJ: Princeton University Press, 1994), 151면.

2 Edward Madigan, "St. Symphorien Military Cemetery, the Battle of Mons and British Centenary commemoration," *World War One centenary: continuations and beginnings* (June 13, 2013). http://ww1centenary.oucs.ox.ac.uk/?p=2658에서 볼 수 있다. Heonik Kwon, "Bürgerkriegstote in Vietnam und Europa," *Mittelweg 36* (2014) 도 참조.

3 Mischa Gabowitsch, Fordula Gdaniec and Ekaterina Makhotina (eds.), *Kriegsgedenken als event: der 9. Mai 2015 im postsozialistischen Europa* (Paderborn: Ferdinand Schöningh, 2017)를 보라. Ewa Ochman, *Post-communist Poland: contested pasts and future identities* (New York: Routledge, 2013), 3~5면; Paul Stangl, "The Soviet war memorial in Treptow, Berlin," *Geographical Review*, Vol. 93, No. 2 (2003), 230~31면; Berthold Forssman, "The controversy over Soviet monuments in eastern Europe," *Eurotopics* (April 18, 2016)도 참조할 것.

4 P. E. Digeser, *Friendship reconsidered: what it means and how it matters to politics* (New York: Columbia University Press, 2016); John von Heyking and Richard Avramenko (eds.), *Friendship and politics: essays in political thought* (Notre Dame, IN: University of Notre Dame Press, 2008)를 볼 것. 특히 미국사회와 민주주의를 둘러싼 논쟁으로는 Robert Putnam, *Bowling Alone: The Collapse and Revival of American Community* (New York: Simon and Schuster, 2000); Danielle Allen, *Talking to Strangers: Anxieties of Citizenship since Brown v. Board of Education*

(Chicago: University of Chicago Press, 2004)을 보라.

5 Jacques Derrida, *The Politics of Friendship* (London: Verso, 2006).

6 Digeser, 앞의 책 217~34면을 보라. Felix Berebskoetter, "Friends, There are no Friends? An Intimate Reframing of the International," *Millennium: Journal of International Studies*, Vol. 35, No. 3 (2007), 647~76면도 참조.

7 홉스의 자연상태에 대한 유사한 비판은 인류학 연구에서도 종종 찾을 수 있다. 예를 들어 Marshall Sahlins, *Evolution and Culture* (Ann Arbor: University of Michigan Press, 1960); Signe Howell and Roy Willis (eds.), *Societies at Peace: Anthropological Perspectives* (London: Routledge, 1989); Leslie E. Sponsel and Thomas Gregor (eds.), *The Anthropology of Peace and Nonviolence* (Boulder, CO: Lynne Rienner, 1994)를 보라. 이와 같은 비판이 있긴 하지만 자연상태라는 홉스의 개념이 인류학, 특히 교환 이론의 형성에 큰 영향을 주었다는 흥미로운 주장으로는 Raymond Corbey, "Laying aside the spear: Hobbesian warre and the Maussian gift," in Ton Otto, Henrik Thrane and Helle Vandkilde (eds.), *Warfare and society: archaeological and social anthropological perspectives* (Aarhus: Aarhus University Press, 2006), 29~36면을 보라.

8 Carl Schmitt, *The concept of the political* (Chicago: University of Chicago Press, 1996).

9 Felix Berenskoetter, "Friends, there are no friends? An intimate reframing of the international," *Millennium: Journal of International Studies*, Vol. 35, No. 3 (2007), 670~71면.

10 Reinhart Koselleck, *Futures past: on the semantics of historical time*, trans. by K. Tribe (New York: Columbia University Press, 2004), 56~57면. 코젤렉은 이렇게 단호하게 주장한다. "1945년 이래로 우리는 잠재적 내전과 실제적 내전 사이에서 살아왔다. 그런데 지금은 핵전쟁이 그 모든 내전의 참혹함을 능가할 수 있어서 마치 전세계에서 그렇게 들끓었던 내전이 전통적인 해석을 뒤집으며 오히려 [핵전쟁으로 인한] 인류의 전멸을 막아줄 우리의 궁극적인 구원자인 것도 같다." 같은 책 57면에서 인용.

11 Edward Shorter, *The Making of the Modern Family* (New York: Basic Books, 1975).

12 이성과 배제의 불가분성을 논한 데리다의 다른 저작들과 그가 "유령"이라는 표현으로 말하고자 했던 완벽한 배제의 불가능성에 대한 고찰에 근거하여 이러한 배제의 조건을 현대세계에서 출몰하는 친족이라는 유령으로 이해할 수도 있다. Jacques Derrida, *Specters of Marx: the state of the debt, the work of mourning, and the new international* (London: Routledge, 1994).

13 Camille Robcis, *The law of kinship: anthropology, psychoanalysis, and the family in France* (Ithaca, NY: Cornell University Press, 2013).

14 Jürgen Habermas, *The structural transformation of the public sphere: an inquiry into a category of bourgeois society*, trans. by Thomas Berger and Frederik Lawrence (Cambridge, MA: MIT Press, 1989).

15 Anderson, 앞의 책 148면.

16 Derrida, *The Politics of Friendship*, p. viii.

17 Naoko Shimazu, *Japanese Society at War: Death, Memory and the Russo-Japanese War* (Cambridge: Cambridge University Press, 2009), 281면.

18 Stephen Kern, *The culture of time and space, 1880-1918* (Cambridge, MA: Harvard University Press, 1989), 65면.

19 최근의 예로는, Patrick J. Houlihan, *Catholicism and the Great War: religion and everyday life in Germany and Austria-Hungary, 1914-1922* (Cambridge: Cambridge University Press, 2015)를 보라.

20 Jay Winter, *Sites of Memory, Sites of Mourning: The Great War in European Cultural History* (Cambridge: Cambridge University Press, 1998).

21 같은 책 100면, 105면.

22 www.vallauris-golfe-juan.fr/Picasso.html?lang=en에 있는 해설 참조.

23 www.all-art.org/art_20th_century/picasso13.html에 있는 해설 참조.

24 정영목 「피카소와 한국전쟁: 〈韓國에서의 虐殺〉을 중심으로」, 『서양미술사학회논문집』 제8집 (1996), 241~58면.

25 Kristen Hoving Keen, "Picasso's Communist Interlude: The Murals of 'War' and 'Peace'," *The Burlington Magazine*, Vol. 122, No. 928 (1980), 467면.

26 박영택 『가족을 그리다: 그림 속으로 들어온 가족의 얼굴들』, 바다출판사 2009; 정준모 『한국미술, 전쟁을 그리다』, 마로니에북스 2014도 볼 것.

27 Emile Durkheim, *Sociology and Philosophy*, trans. by D. F. Pocock (London: Cohen & West, 1953), p. xxxix에서 인용.

| 참고문헌 |

국내문헌

강경자 「고향의 가족, 북의 가족」, 재일제주인의 생활사를 기록하는 모임 엮음 『고향의 가족, 북의 가족』, 김경자 옮김, 선인 2015.

강제규 『태극기 휘날리며』, 시공사 2004.

경기도교육연구원 『국민교육헌장 이념구현 및 반공교육 실천사례집』, 경기도교육연구원 1971.

구림지편찬위원회 『(호남명촌) 구림: 구림사람들이 손수 쓴 마을공동체 이야기』, 리북 2006.

국토통일원 『북한 정치문화의 형성과 그 특징: 북한의 정치, 정치문화』, 국토통일원 조사연구실 1977.

권귀숙 『기억의 정치: 대량학살의 사회적 기억과 역사적 진실』, 문학과지성사 2006.

김경학·박정석·염미경·윤정란·표인주 『전쟁과 기억』, 한울아카데미 2005.

김광억 「저항문화와 무속의례」, 『한국문화인류학』 23권, 1992.

_____ 「전통적 '관계'의 현대적 실천」, 『한국문화인류학』 33권 2호, 2000.

김광택 『부모님 영전』, 대구유족회 팸플릿 1960.

김귀옥 『이산가족, '반공전사'도 '빨갱이'도 아닌…: 이산가족 문제를 보는 새로운 시각』, 역사비평사 2004.

김기진 『끝나지 않은 전쟁, 국민보도연맹: 부산·경남지역』, 역사비평사 2002.

김동춘 「한국전쟁 60년, 한반도와 세계」, 『역사비평』 91호, 2010.

김미영 「가일 안동권씨, 6백년 생의 역사」, 한국국학진흥원 『정선자락에 드리운 節義』, 한국국학진흥원 2009.

김병인 「기념비와 마을사」, 정근식 외 『구림연구: 마을공동체의 구조와 변동』, 경인문화사 2003.

김성칠 『역사 앞에서: 한 사학자의 6·25 일기』, 창비 2009.

김수열 「조천 할망」, 『꽃 진 자리』, 걷는사람 2018.

김원일 『불의 제전』, 문학과지성사 1997.

김정아 「4·3의 증언」, 『4·3과 평화』 33호, 2018.

김희곤 「권오설, 그를 새롭게 평가한다」, 『소곡세고』, 대보사 2009.

_____ 「한국독립운동과 전통명가」, 국가보훈처 『나라사랑 독립정신: 학술논문집 I』, 국가보훈처 2005.

_____ 『안동의 독립운동사』, 안동시 1999.

노민정·강희정 『거창양민학살: 그 잊혀진 피울음』, 온누리 1988.

대검찰청수사국 『좌익사건실록 제11권』, 대검찰청 1975.

대한적십자사 『이산가족찾기 60년』, 대한적십자사 2005.

박경리 『시장과 전장』, 나남 1993.

박명림 『역사와 지식과 사회: 한국전쟁 이해와 한국사회』, 나남 2011.

박영택 『가족을 그리다: 그림 속으로 들어온 가족의 얼굴들』, 바다출판사 2009.

박완서 『배반의 여름』, 문학동네 2013.

박찬승 『1919: 대한민국의 첫 번째 봄』, 다산초당 2019.

_____ 『마을로 간 한국전쟁: 한국전쟁기 마을에서 벌어진 작은 전쟁들』, 돌베개 2010.

박찬식 「1947년 3·1사건의 역사적 성격」, 『4·3과 평화』 27호, 2017.

박현정 『집단적 전쟁경험의 기억과 기념』, 전남대학교 대학원 석사학위논문 2005.

백조일손유족회 『백조일손영령 제52주기 합동위령제』, 2002.

서동만 『북조선사회주의 체제성립사: 1945~1961』, 선인 2005.

서재일 「전향공작과 의문사」, 의문사진상규명위원회 보고서 발간위원회 편 『의문사진상규명위원회 보고서 2차(2003. 7~2004. 6)』, 의문사진상규명위원회 2004.

아세아자유문제연구소『반공계몽독본』, 아세아자유문제연구소 1967.

안동대학교 안동문화연구소『안동 가일 마을: 풍산들가에 의연히 서다』, 예문서원 2006.

애월읍『애월읍지』, 애월읍지편찬추진위원회 1997.

『영우회 비사』, 영우회비사편찬위원회 1989.

오제도『추격자의 증언』(반공지식총서 1권), 희망출판사 1969.

유영익「우남 이승만의 개혁, 건국 사상」,『아세아학보』20호, 1997.

유임하『한국 소설의 분단 이야기』, 책세상 2006.

윤정란「한국전쟁기 기독교인 학살의 원인과 성격」, 김경학 외『전쟁과 기억』, 한울아카데미 2005.

윤택림『인류학자의 과거여행: 한 빨갱이 마을의 역사를 찾아서』, 역사비평사 2003.

이규헌·한국반공교육연구원 엮음『반공안보전서』, 경인문화사 1986.

이도영『죽음의 예비검속: 양민학살 진상조사 보고서』, 월간 말 2000.

이령경『한국 전쟁 전후 좌익관련 여성유족의 경험 연구: 여성주의 평화개념에서』, 성공회대학교 시민사회복지대학원 석사학위논문, 2003.

이문구『관촌수필』, 문학과지성사 1996.

이원규「저승꽃」,『실천문학』15호, 1989.

이창동『소지』, 문학과지성사 2003[1987].

정근식 외『구림연구: 마을공동체의 구조와 변동』, 경인문화사 2003.

정병욱『식민지 불온열전: 미친 생각이 뱃속에서 나온다』, 역사비평사 2013.

정영목「피카소와 한국전쟁: 〈韓國에서의 虐殺〉을 중심으로」,『서양미술사학회논문집』제8집, 1996.

정준모『한국미술, 전쟁을 그리다』, 마로니에북스 2014.

제주 4·3 제50주년 학술·문화사업추진위원회 편『(제주4·3유적지 기행) 잃어버린 마을을 찾아서』, 학민사 1998.

제주4·3연구소 편『이제사 말햄수다』, 한울 1989.

조승미·김귀옥「월북인 유가족의 반공적 억압과 '월북'의 의미체계」, 김귀옥『이산가족 '반공전사'도 '빨갱이'도 아닌…: 이산가족 문제를 보는 새로운 시각』, 역사비평사 2004.

조영민 「전향제도와 감옥의 야만」, 참여사회연구소 기획, 이병천·이광일 엮음 『20세기 한국의 야만 2』, 일빛 2001.

조은 「분단의 긴 그림자」, 한국구술사학회 편 『구술사로 읽는 한국전쟁』, 휴머니스트 2011.

_____ 「전쟁과 분단의 일상화와 기억의 정치: '월남'가족과 '월북'가족 자녀들의 구술을 중심으로」, 김귀옥 외 『전쟁의 기억 냉전의 구술』, 선인 2008.

진실·화해를 위한 과거사정리위원회 『2007년 상반기 보고서』, 진실·화해를 위한 과거사정리위원회 2007.

진실·화해를 위한 과거사정리위원회, 충북대학교박물관 편 『(한국전쟁 전후 민간인 집단희생 관련) 2007년 유해발굴보고서 제1권』, 충북대학교박물관 2008.

최재석 『한국가족제도사연구』, 일지사 1983.

표인주 외 『전쟁과 사람들: 아래로부터의 한국전쟁연구』, 한울아카데미 2003.

한국전쟁전후 민간인학살 진상규명 범국민위원회 『100만 민간인학살, 그 블랙박스를 열다』, 한국전쟁전후 민간인학살 진상규명 범국민위원회 2006.

한성훈 『전쟁과 인민: 북한사회주의 체제의 성립과 인민의 탄생』, 돌베개 2012.

허영선 『제주 4·3을 묻는 너에게』, 서해문집 2014.

현기영 『순이삼촌』, 창비 2015[1979].

현길언 『관계』, 고려원 2001.

홍순권 외 『전쟁과 국가폭력』, 선인 2012.

Janelli, Roger L. and Dawnhee Yim, "South Korea's Great Transformation (1960~1995)," 『학술원 논문집』, 55권 1호, 2016.

국내언론

『경향신문』 2001. 2. 25.

『경향신문』 2009. 11. 15.

『금수강산』 10호, 1990.

『대구매일신문』 1950. 7. 10.

『대구매일신문』 1960. 5. 27.

『대구매일신문』 1960. 6. 16.

『대구매일신문』 1960. 7. 29.

『부산일보』 1960. 5. 11.

『월간 말』 2000년 3월호.

『진도타임스』 2009. 6. 26.

『한겨레신문』 2012. 11. 30.

『한국일보』 1961. 12. 8.

외국문헌

Abelman, Nancy, *Echoes of the Past, Epics of Dissent: A South Korean Social Movement* (Berkeley: University of California Press, 1996).

Allen, Danielle, *Talking to strangers: anxieties of citizenship since Brown v. Board of Education* (Chicago: University of Chicago Press, 2004).

Allen, Michael, *Until the last man comes home: POWs, MIAs, and the unending Vietnam War* (Durham: University of North Carolina Press, 2009).

Anderson, Benedict, *Imagined communities: reflections on the origin and spread of nationalism* (London: Verso, 2006).

Arendt, Hannah, *The human condition* (Chicago: University of Chicago Press,1958).

Armitage, David, *Civil wars: a history in ideas* (New Haven, CT: Yale University Press, 2017).

Armstrong, Charles K., *The Koreas* (New York: Routledge, 2007).

_____, *Tyranny of the weak: North Korea and the world, 1950-1992* (New York: Columbia University Press, 2013).

Armstrong, Charles K., (ed.), *Korean Society: Civil Society, Democracy and the State* (New York: Routledge, 2007).

Assman, Aleida, *Cultural Memory and Western Civilization* (Cambridge: Cambridge University Press, 2011).

Audoin-Rouzeau, Stéphane and Annette Becker, *14-18, Retrouver la Guerre* (Paris: Gallimard, 2000).

Avineri, Shlomo, *Hegel's theory of the modern state* (Cambridge: Cambridge University Press, 1972).

Barkan, Elazar, "Individual versus group rights in Western philosophy and the law," in Nyla R. Branscombe and Bertjan Doosje (eds.), *Collective guilt: international perspectives* (Cambridge: Cambridge University Press, 2004), 309~319면.

Berenskoetter, Felix, "Friends, there are no friends? An intimate reframing of the international," *Millennium: Journal of International Studies*, Vol. 35, No. 3 (2007), 647~676면.

Bleiker, Roland and Young-Ju Hoang, "Remembering and forgetting the Korean War: from trauma to reconciliation," in Duncan Bell (ed.), *Memory, trauma and world politics: reflections on the relationship between past and present* (London: Palgrave, 2006), 195~212면.

Bloch, Maurice, "The long term and the short term: the economic and political significance of the morality of kinship," in Jack Goody (ed.), *The character of kinship* (Cambridge: Cambridge University Press, 1973), 75~87면.

_____, *Placing the Dead: Tombs, Ancestral Villages, and Kinship Organizations in Madagascar* (London: Seminar Press, 1971).

Borneman, John, *Being in the two Berlins: kin, state, nation* (Cambridge: Cambridge University Press, 1992).

Borstelmann, Thomas, *Apartheid's reluctant uncle: the United States and southern Africa in the early Cold War* (New York: Oxford University Press, 1993).

Bourdieu, Pierre, *Outline of a theory of practice* (Cambridge: Cambridge University Press, 1977).

Brigham, Robert K., *ARVN: Life and Death in the South Vietnamese Army* (Lawrence:

University Press of Kansas, 2006).

Brook, Timothy, *Collaboration: Japanese agents and local elites in wartime China* (Cambridge, MA: Harvard University Press, 2005).

Bull, Hedley, *The anarchical society: a study of order in world politics* (New York: Columbia University Press, 1977).

Butler, Judith, *Antigone's Claims: Kinship between Life and Death* (New York: Columbia University Press, 2000).

Ca, Nha, *Mourning Headband for Hue: An Account for the Battle for Hue, Vietnam 1968*, trans. by Olga Dror (Bloomington: Indiana University Press, 2014).

Carrithers, Michael, Steven Collins and Steven Lukes (eds.), *The Category of the Person: Anthropology, Philosophy, History* (Cambridge: Cambridge University Press, 1985).

Carsten, Janet, *After kinship* (Cambridge: Cambridge University Press, 2004).

Chakravarty, Dipesh, *Provincializing Europe: Postcolonial Thought and Historical Difference* (Princeton, NJ: Princeton University Press, 2000).

Chen, Jian, "China's changing policies toward the Third World and the end of the global Cold War," in Artemy M. Kalinovsky and Sergey Radchenko (eds.), *The end of the Cold War and the Third World: new perspectives on regional conflict* (London: Routledge, 2011), 101~121면.

_____, *Mao's China and the Cold War* (Durham: University of North Carolina Press, 2000).

Choe, Sang-hun, "A Korean village torn apart from within mends itself," *The New York Times*, February 21, 2008.

Choi, In-hun, *The square: a novel*, trans. by S. Kim (McLean, IL: Dalkey Archive Press, 2014).

Chung, Chin O., *P'yongyang between Peking and Moscow: North Korea's involvement in the Sino-Soviet dispute, 1958-1975* (Tuscaloosa: University of Alabama Press, 1978).

Colley, Linda, "What gets called 'civil war'?" *The New York Review of Books*, Vol. 64, No. 10 (2017), 42~43면.

Collins, Steven, *Selfless Persons: Imagery and Thought in Theravada Buddhism* (Cambridge: Cambridge University Press, 1990).

Conway-Lanz, Sahr, *Collateral damage: Americans, non-combatant immunity, and atrocity after World War II* (New York: Routledge, 2006).

Corbey, Raymond, "Laying aside the spear: Hobbesian warre and the Maussian gift," in Ton Otto, Henrik Thrane and Helle Vandkilde (eds.), *Warfare and society: archaeological and social anthropological perspectives* (Aarhus: Aarhus University Press, 2006), 29~36면.

Cumings, Bruce, *Korea's Place in the Sun: A Modern History* (New York: W. W. Norton, 1997).

_____, *North Korea: another country* (New York: The New Press, 2004).

_____, *Parallax Visions: Making Sense of American-East Asian Relations at the End of the Century* (Durham, NC: Duke Universtiy Press, 1999).

_____, *The Korean War: a history* (New York: Modern Library, 2010).

_____, *The Origins of the Korean War: Liberation and the Emergence of Separate Regimes, 1945-1947* (Princeton, NJ: Princeton University Press, 1981).

Das, Veena, *Life and words: violence and the descent into the ordinary* (Berkeley: University of California Press, 2007).

Delaney, Carol, "Father state, motherland, and the birth of modern Turkey," in S. Yanagisako and C. Delaney (eds.), *Naturalizing power: essays in feminist cultural analysis* (New York: Routledge, 1995), 177~199면.

Derrida, Jacques, *Specters of Marx: the state of the debt, the work of mourning, and the new international* (London: Routledge, 1994).

_____, *The politics of friendship* (London: Verso, 2006).

Deuchler, Martina, *The Confucian transformation of Korea: a study of society and ideology* (Cambridge, MA: Harvard University Press, 1995).

Digeser, P. E., *Friendship reconsidered: what it means and how it matters to politics* (New York: Columbia University Press, 2016).

Douglas, Mary, *Purity and danger: an analysis of concepts of pollution and taboo* (London: Routledge, 1966).

Durkheim, Emile, "Two laws of penal evolution," T. A. Jones and Andrew T. Scull trans. by *Economy and Society*, Vol. 2, No. 3 (1973 [1900]), 285~308면.

_____, *Sociology and philosophy*, trans. by D. F. Pocock (London: Cohen & West, 1953).

Esposito, Roberto, *Communitas: the origin and destiny of community*, trans. by Timothy Campbell (Stanford, CA: Stanford University Press, 2009).

Evans-Pritchard, E. E., "The Nuer of the southern Sudan," in M. Fortes and E. E. Evans-Pritchard (eds.), *African political systems* (London: Oxford University Press, 1940), 272~296면.

Feuchtwang, Stephan, *After the event: the transmission of grievous loss in Germany, China and Taiwan* (Oxford: Berghahn, 2011).

Field, Douglas, "Introduction," in D. Field (ed.), *American Cold War culture* (Edinburgh: Edinburgh University Press), 1~16면.

Flynn, Thomas R., "Foucault and historical nominalism," in Harold A. Durfee and David F. T. Rodier (eds.), *Phenomenology and beyond: the self and its language* (Dordrecht: Kluwer Academic Publishers, 1989), 134~147면.

Foley, James A., "'Ten million families': statistics or metaphor?" *Korean Studies*, Vol. 25, No. 1 (2001), 96~110면.

Forssman, Berthold, "The controversy over Soviet monuments in eastern Europe," *Eurotopics* (April 18, 2016), available online at http://archiv.eurotopics.net/en/home/presseschau/archiv/magazin/kultur-verteilerseite-neu/denkmalstreit_2007_05/debatte_denkmalstreit_2007_05/.

Fortes, Meyer, *Kinship and the social order: the legacy of Lewis Henry Morgan* (Chicago: Aldine, 1969).

Foucault, Michel, *Discipline and punish: the birth of the prison*, trans. by Alan Sheridan (New York: Penguin, 1991).

_____, *Dits et écrits 1, 1954-1975* (Paris: Gallimard, 2001).

_____, *The Punitive society: lectures at the Collège de France, 1972-1973* (London: Palgrave, 2015).

Fuss, Peter, "Hannah Arendt's conception of Political community," in Melvyn A. Hill (ed.), *Hannah Arendt: the recovery of the public world* (New York: St. Martin's Press, 1979).

Gabowitsch, Mischa, Fordula Gdaniec and Ekaterina Makhotina (eds.), *Kriegsgedenken als event: der 9. Mai 2015 im postsozialistischen Europa* (Paderborn: Ferdinand Schöningh, 2017).

Gaddis, John L., *The Long Peace: Inquiries into the History of the Cold War* (New York: Oxford University Press, 1987).

Gatrell, Peter, *The making of the modern refugee* (Oxford: Oxford University Press, 2013).

Geertz, Clifford, *The interpretation of cultures* (New York: Basic Books, 1973).

Gelézeau, Valérie, Koen De Ceuster and Alain Delissen, "Introduction," in V. Gelézeau, K. De Ceuster and A. Delissen (eds.), *De-bordering Korea: tangible and intangible legacies of the Sunshine Policy* (London: Routledge, 2013), 1~10면.

Gellner, Ernest, *Nations and nationalism* (Oxford: Blackwell, 1986).

Gerolymatos, André, *Red Acropolis, Black Terror: The Greek Civil War and the Origins of Soviet-American Rivalry, 1943-1949* (New York: Basic Books, 2004).

Giddens, Anthony, *The Third Way: Renewal of Social Democracy* (Cambridge: Polity Press, 1998).

Ginzburg, Carlo, "Microhistory: two or three things that I know about it," *Critical Inquiry*, Vol. 20, No. 1 (1993), 10~35면.

Gluckman, Max, *Custom and conflict in Africa* (Oxford: Blackwell, 1955).

Goodrich, Peter, "Veritie hidde: amity, law, miscellany," *Law and Humanities*, Vol. 11, No. 1 (2017), 137~155면.

Goscha, Christopher E. and Vatthana Pholsena, "The Experience of War: Four Sino-Indochinese Perspective," *European Journal of East Asian Studies*, Vol. 9, Issue 2 (2010).

Grandin, Greg, *The last colonial massacre: Latin America in the Cold War* (Chicago: University of Chicago Press, 2004).

Habermas, Jürgen, *The structural transformation of the public sphere: an inquiry into a category of bourgeois society*, trans. by Thomas Berger and Frederik Lawrence (Cambridge, MA: MIT Press, 1989).

Halliday, Fred, *The making of the second Cold War* (London: Verso, 1987).

Halliday, Jon and Bruce Cumings, *Korea: the unknown war* (London: Viking, 1988).

Han, Kang, "While the U.S. talks of war, South Korea shudders: there is no war scenario that ends in victory," *The New York Times*, October 7, 2017.

Hanley, Charles J., Sang-Hun Choe and Martha Mendoza, *The bridge at No Gun Ri* (New York: Henry Holt, 2001).

Hart, Keith, *The Memory Bank: Money in an Unequal World* (London: Profile Books, 2000).

Hendershot, Cynthia, *Anti-communism and popular culture in mid-century America* (Jefferson, NC: McFarland, 2003).

Henderson, Gregory, "Korea," in G. Henderson, R. N. Lebow and J. G. Stoessinger (eds.), *Divided nations in a divided world* (New York: David Mckay, 1974), 43~98면.

Herbarch, Sharon, "Afghan families divided, villages uprooted," *Los Angeles Times*, July 26, 1992.

Houlihan, Patrick J., *Catholicism and the Great War: religion and everyday life in Germany and Austria-Hungary, 1914-1922* (Cambridge: Cambridge

University Press, 2015).

Howell, Signe and Roy Willis (eds.), *Societies at peace: anthropological perspectives* (London: Routledge, 1989).

Hwang, Su-kyoung, "South Korea, the United States and emergency powers during the Korean War," *The Asia-Pacific Journal*, Vol. 12, Issue 5 (January 30, 2014), available online at https://apjjf.org/2014/12/5/Su-kyoungHwang/4069/article. html.

Jager, Sheila Miyoshi, *Narratives of nation building in Korea: a genealogy of patriotism* (New York: M. E. Sharpe, 2003).

Jager, Sheila Miyoshi and Jiyul Kim, "The Korean War after the Cold War: commemorating the Armistice Agreement in South Korea," in S. M. Jager and R. Mitter (eds.), *Ruptured histories: war, memory, and the post-Cold War in Asia* (Cambridge, MA: Harvard University Press, 2007), 233~265면.

Janelli, Roger L. and Dawnhee Yim Janelli, *Ancestor worship and Korean society* (Stanford, CA: Stanford University Press, 1982).

Judt, Tony, *Reappraisals: Reflections on the Forgotten Twentieth Century* (New York: Penguin, 2008).

Kain, Philip J., *Hegel and right: a study of the Philosophy of Right* (Albany: State University of New York, 2018).

Kaldor, Mary, *Global Civil Society: An Answer to War* (Cambridge: Polity, 2003).

_____, *New and Old Wars: Organized Violence in a Global Era* (Stanford, CA: Stanford University Press, 1999).

_____, *The Imaginary War: Interpretation of East-West Conflict in Europe* (Oxford: Blackwell, 1990).

Kalyvas, Stathis N., *The logic of violence in civil war* (Cambridge: Cambridge University Press, 2006).

Kang, Man-gil, *A History of Contemporary Korea* (Folkstone: Global Oriental, 2006).

Keen, Kirsten Hoving, "Picasso's communist interlude: the murals of 'War' and

'Peace'," *The Burlington Magazine*, Vol. 122, No. 928 (1980), 464~470면.

Kehr, David, "Revisiting the Korean War in a tale of two brothers," *The New York Times*, September 3, 2004.

Kendall, Laurel, *Shamans, housewives, and other restless spirits: women in Korean ritual life* (Honolulu: University of Hawai'i Press, 1985).

Kern, Stephen, *The culture of time and space, 1880-1918* (Cambridge, MA: Harvard University Press, 1989).

Kim, Charles R., *Youth for Nation: Culture and Protest in Cold War South Korea* (Honolulu: University of Hawai'i Press, 2017).

Kim, Choong-soon, *Faithful endurance: an ethnography of Korean family dispersal* (Tucson: University of Arizona Press, 1988).

Kim, Dong-choon, *The unending Korean War: a social history*, trans. by S. Kim (Larkspur, CA: Tamal Vista Publications, 2009).

Kim, Eleana J., *Adopted territory: transnational Korean adoptees and the politics of belonging* (Durham, NC: Duke University Press, 2010).

_____, *The origins of Korean adoption: Cold War geopolitics and intimate diplomacy*, US-Korea Institute Working Paper, October 2009.

Kim, Nan, *Memory, reconciliation, and reunions in South Korea: crossing the divide* (Lanham, MD: Lexington, 2016).

Kim, Samuel S., "Introduction: managing the Korean conflict," in S. S. Kim (ed.), *Inter-Korean relations: problems and prospects* (New York: Palgrave, 2004), 1~20면.

Kim, Seong-nae, "Lamentations of the dead: the historical imagery of violence in Cheju Island, South Korea," *Journal of Ritual Studies*, Vol. 3, No.2 (1989), 251~285면.

_____, "The work of memory: ritual laments of the dead and Korea's Cheju massacre," in Janice Boddy and Michael Lambek (eds.), *A companion to the anthropology of religion* (Chichester: Wiley Blackwell, 2013), 223~238면.

Kim, Yongho, *North Korean foreign policy: security dilemma and succession* (Lanham, MD: Lexington Books, 2011).

Klein, Christina, *Cold War Orientalism: Asia in the middlebrow imagination, 1945–1961* (Berkeley: University of California Press, 2003).

Kleinschmidt, Harald, "The family of nations as an element of the ideology of colonialism," *Journal of the History of International Law*, Vol. 18 (2016), 278~316면.

Koo, Hagen, *Korean Workers: The Culture and Politics of Class Formation* (Ithaca, NY: Cornell University Press, 2001).

Koselleck, Reinhart, *Futures past: on the semantics of historical time*, trans. by K. Tribe (New York: Columbia University Press, 2004).

Koterski, Joseph W., "Introduction," in Karl Jaspers, *The question of German guilt*, trans. by E. B. Ashton (New York: Fordham University Press, 2000), vii~xxii면.

Kwon, Heonik, "Bürgerkriegstote in Vietnam und Europa," *Mittelweg 36* (2014).

_____, "Excavating the history of collaboration," *The Asia-Pacific Journal*, Vol. 6, Issue 7 (July 2, 2008), available online at https://apjjf.org/-Heonik-Kwon/2801/article.html.

_____, "Ghosts of war and the spirit of cosmopolitanism," *History of Religions*, Vol. 48, No. 1 (2008), 22~42면.

_____, "The Korean War and Sino-North Korean friendship," *The Asia-Pacific Journal*, Vol. 11, Issue 32, No. 4 (August 12, 2013), available online athttps://apjjf.org/2013/11/32/Heonik-Kwon/3982/article.html.

_____, *Ghosts of war in Vietnam* (Cambridge: Cambridge University Press, 2008).

_____, *The Other Cold War* (New York: Columbia University, 2010).

Kwon, Heonik and Byung-Ho Chung, *North Korea: beyond charismatic politics* (Lanham, MD: Rowman & Littlefield, 2012).

Kwon, Nayoung Aime, *Intimate empire: collaboration and colonial modernity in Korea and Japan* (Durham, NC: Duke University Press, 2015).

LaFeber, Walter (ed.), *The origins of the Cold War 1941-1947: a historical problem with interpretations and documents* (New York: John Wiley, 1971).

Laqueur, Thomas W., "Memory and naming in the Great War," in John R. Gillis (ed.), *Commemorations: the politics of national identity* (Princeton, NJ: Princeton University Press, 1994), 150~167면.

Lee, Hyangjin, *Contemporary Korean cinema: identity, culture and politics* (Manchester: Manchester University Press, 2000).

Lee, Namhee, *The Making of Minjung: Democracy and the Politics of Representation in South Korea* (Ithaca, NY: Cornell University Press, 2009).

Lee, Steven H., *The Korean War* (New York: Longman, 2001).

Lee, Su-jong, "Making and unmaking the Korean national division: separated families in the Cold War and post-Cold War eras," Unpublished doctoral thesis (University of Illinois at Urbana-Champaign, December 2006).

Lévi-Strauss, Claude, *The elementary structures of kinship* (Boston, MA: Beacon Press, 1969).

Lin, Sylvia Li-Chun, *Representing atrocity in Taiwan: the 2/28 incident and white terror in fiction and film* (New York: Columbia University Press, 2007).

MacIntyre, Alasdair, "The virtues, the unity of a human life, and the concept of a tradition," in Lewis P. Hinchman and Sandra K. Hinchman (eds.), *Memory, identity, community: the idea of narrative in the human sciences* (Albany: State University of New York Press, 1997), 241~263면.

MacMillan, Margaret, *Nixon and Mao: the week that changed the world* (New York: Random House, 2008).

Madigan, Edward, "St. Symphorien Military Cemetery, the Battle of Mons and British Centenary commemoration," *World War One centenary: continuations and beginnings* (June 13, 2013), available online at http://ww1centenary.oucs.ox.ac.uk/?p=2658.

Maitland, Frederic William, "Criminal liability of the hundred," *The Law Magazine and Review*, Vol. 7 (1882), 367~380면.

Margalit, Avishai, *The ethics of memory* (Cambridge, MA: Harvard University Press, 2002).

Mashal, Mujib, "'I will kill him': Afghan commander targets son, a Taliban fighter," *The New York Times*, May 15, 2016.

Masters, Roger D. "World politics as a primitive political system," *World Politics*, Vol. 16, No. 4 (1964), 595~619면.

Masuda, Hajimu, *Cold War crucible: The Korean Conflict and the Postwar World* (Cambridge, MA: Harvard University Press, 2015).

Mauss, Marcel, *Seasonal Variations of the Eskimo: A Study in Social Morphology* (Abingdon: Routledge, 1979).

Mazower, Mark, "Introduction," in M. Mazower (ed.), *After the War Was Over: The Family, Nation, and the State in Greece, 1943-1960* (Princeton, NJ: Princeton University Press, 2000).

May, Larry, *The morality of groups: collective responsibility, group-based harm, and corporate rights* (Notre Dame, IN: University of Notre Dame Press, 1987).

McCormack, Gavan, "Korea at 60," *The Asia-Pacific Journal*, Vol. 6, Issue 9 (September 1, 2008), available online at https://apjjf.org/-Gavan-McCormack/2869/article.html.

_____, *Cold war, hot war: an Australian perspective on the Korean War* (Sydney: Hale and Iremonger, 1983).

McDonald, Maryon, "Medical anthropology and anthropological studies of science," in U. Kockel, M. Nic Craith and J. Frykman (eds.), *A Companion to the anthropology of Europe* (Oxford: Wiley-Blackwell, 2012), 459~479면.

McEachern, Patrick, *Inside the red box: North Korea's post-totalitarian politics* (New York: Columbia University Press, 2010).

McMahon, Robert J., *The Cold War in the Third World* (New York: Oxford University Press, 2013).

Miller, Edward and Tuong Vu, "The Vietnam War as a Vietnamese War: Agency and Society in the Study of the Second Indochina War," *Journal of Vietnamese Studies*, Vol. 4, NO. 3 (2009).

Mills, C. Wright, *The Sociological Imagination* (New York: Oxford University Press, 1959).

Mole, David, "Discourses of world kinship and the United Nations: the quest for a human family," PhD thesis (London School of Economics, 2009).

Morgan, Lewis H., *Ancient society* (New York: Henry Holt, 1907).

Morris-Suzuki, Tessa, *Exodus to North Korea: shadows from Japan's Cold War* (Lanham, MD: Rowman and Littlefield, 2007).

Mosse, George, *Fallen soldiers: reshaping the memory of the world wars* (Oxford: Oxford University Press, 1990).

Mueller, Tim B., "The Rockefeller Foundation, the social sciences, and the humanities in the Cold War," *Cold War Studies*, Vol. 15, No. 3 (2013), 108~135면.

Ninh, Bao, *The Sorrow of War* (New York: Vintage, 1987).

O'Brian, John Lord, "Loyalty tests and guilt by association," *Harvard Law Review*, Vol. 61, No. 4 (1948), 592~611면.

Oberdorfer, Don, *The two Koreas: a contemporary history* (London: Warner Books, 1999).

Ochman, Ewa, *Post-communist Poland: contested pasts and future identities* (New York: Routledge, 2013).

Olsen, Niklas, "Carl Schmitt, Reinhart Koselleck and the Foundations of History and Politics," *History of European Ideas*, Vol. 37, No. 2 (2011).

Panourgiá, Neni, *Dangerous Citizens: The Greek Left and the Terror of the State* (New York: Fordham University Press, 2009).

Park, Wan-suh, *The red room: stories of trauma in contemporary Korea*, trans. by B. Fulton and J. Fulton (Honolulu: University of Hawai'i Press, 2009).

_____, *Who ate up all the shinga?: an autobiographical novel*, trans. by Y. Yu and S.

Epstein (New York: Columbia University Press, 2009).

Parthow, Joshua, "War pulls apart Afghan families," *The Washington Post*, April 11, 2011.

Pierpaoli, Jr., Paul G., *Truman and Korea: The Political Culture of the Early Cold War* (Columbia: University of Missouri Press, 1999).

Putnam, Robert, *Bowling alone: the collapse and revival of American community* (New York: Simon and Schuster, 2000).

Robcis, Camille, *The law of kinship: anthropology, psychoanalysis, and the family in France* (Ithaca, NY: Cornell University Press, 2013).

Roberts, Adam, "The civilian in modern war," *Yearbook of International Humanitarian Law*, Vol. 12 (2009), 13~51면.

Robin, Ron, *The making of the Cold War enemy: culture and politics in the military-intellectual complex* (Princeton, NJ: Princeton University Press, 2001).

Robinson, Geoffrey, *The dark side of paradise: political violence in Bali* (Ithaca, NY: Cornell University Press, 1995).

Ryang, Sonia, *Reading North Korea: an ethnological inquiry* (Cambridge, MA: Harvard University Press, 2010).

Ryu, Youngju, *Writers of the Winter Republic: Literature and Resistance in Park Chung Hee's Korea* (Honolulu: University of Hawai'i Press, 2015).

Sahlins, Marshall, *Evolution and culture* (Ann Arbor: University of Michigan Press, 1960).

_____, *What kinship is —and is not* (Chicago: University of Chicago Press, 2013).

Saunders, Francis S., *The cultural Cold War: the CIA and the world of arts and letters* (New York: Free Press, 2000).

Schlesinger, Arthur M. Jr., *The vital center: the politics of freedom* (Boston, MA: Houghton Mifflin, 1962).

Schmitt, Carl, *The concept of the political* (Chicago: University of Chicago Press, 1996).

_____, *Theory of the partisan: intermediate commentary on the concept of the political*, trans. by G. L. Ulmen (New York: Telos Press, 2007).

Schneider, David, *American kinship: a cultural account* (Chicago: University of Chicago Press, 1980).

Schweitzer, Peter P., "Introduction," in P. P. Schweitzer (ed.), *Dividends of kinship: meaning and uses of social relatedness* (London: Routledge, 2000), 1~32면.

Shimazu, Naoko, *Japanese society at war: death, memory and the Russo-Japanese war* (Cambridge: Cambridge University Press, 2009).

Shin, Gi-Wook and Paul Chang (eds.), *South Korean Social Movements: From Democracy to Civil Society* (New York: Routledge, 2011).

Shorter, Edward, *The making of the modern family* (New York: Basic Books, 1975).

Shryock, Andrew, "It's this, not that: how Marshall Sahlins solves kinship," *HAU: Journal of Ethnographic Theory*, Vol. 3, No. 2 (2013), 271~279면.

Sjorberg, Laura, *Gendering Global Conflict: Towards a Feminist Theory of War* (New York: Columbia University Press, 2013).

Smith, Hazel, *North Korea: markets and military rule* (Cambridge: Cambridge University Press, 2015).

Sponsel, Leslie E. and Thomas Gregor (eds.), *The anthropology of peace and nonviolence* (Boulder, CO: Lynne Rienner, 1994).

Stafford, Charles, *Separation and reunion in modern China* (Cambridge: Cambridge University Press, 2000).

Stangl, Paul, "The Soviet war memorial in Treptow, Berlin," *Geographical Review*, Vol. 93, No. 2 (2003), 213~236면.

Suh, Jae-Jung (ed.), *Truth and reconciliation in South Korea: between the present and future of the Korean wars* (New York: Routledge, 2012).

Sylvester, Christine, "Experiencing war: an introduction," in C. Sylvester (ed.), *Experiencing war* (London: Routledge, 2010), 1~7면.

Szalontai, Balázs, *Kim Il Sung in the Khrushchev era: Soviet-DPRK relations and the roots of North Korean despotism, 1953-1964* (Washington, DC: Woodrow

Wilson Center Press, 2005).

Tahiri, Hussein, "Divided Afghans will never accept one master," *The Sydney Morning Herald*, October 22, 2010.

Tai, Hue-Tam Ho, *Millenarianism and peasant politics in Vietnam* (Cambridge, MA: Harvard University Press, 1983).

Taussig, Michael, *Law in a Lawless Land* (New York: The New Press, 2003).

Taylor, Amy Murrell, *The divided family in Civil War America* (Chapel Hill: The University of North Carolina Press, 2005).

Tönnies, Ferdinand, *Community and Society*, trans. by Charles P. Loomis (East Lansing: Michigan State University Press, 1957).

Voglis, Polymeris, *Becoming a subject: political prisoners during the Greek Civil War* (Oxford: Berghahn, 2002).

Von Heyking, John and Richard Avramenko (eds.), *Friendship and politics: essays in political thought* (Notre Dame, IN: University of Notre Dame Press, 2008).

Westad, Odd A., *The Global Cold War: Third World Interventions and the Making of Our Times* (Cambridge: Cambridge University Press, 2005).

Williams, Robert R., *Hegel's ethics of recognition* (Berkeley: University of California Press, 1997).

Wilson, Peter J., *The domestication of the human species* (New Haven, CT: Yale University Press, 1988).

Winnington, Alan, *I saw the truth in Korea* (London: People's Press, 1950).

Winter, Jay, "Forms of Kinship and Remembrance in the Aftermath of the Great War," in J. Winter and E. Sivan (eds.), *War and Remembrance in the Twentieth Century* (Cambridge: Cambridge University Press, 1999).

_____, *Sites of memory, sites of mourning: the Great War in European cultural history* (Cambridge: Cambridge University Press, 1998).

Yang, Sung Chul, *Korea and Two Regimes: Kim Il Sung and Park Chung Hee* (Cambridge, MA: Schenkman Publishing Company, 1981).

Young, Allan, "W. H. R. Rivers and the anthropology of psychiatry," *Social Science and Medicine*, Vol. 36 (1993), ii-vii면.

_____, *The harmony of illusions: inventing post-traumatic stress disorder* (Princeton, NJ: Princeton University Press, 1995).

Young, Marilyn B., "Bombing civilians from the twentieth to the twentieth-first centuries," in Y. Tanaka and M. B. Young (eds.), *Bombing civilians: a twentieth century history* (New York: New Press, 2009), 154~174면.

_____, "Remembering to Forget," in M. P. Bradley and P. Petro (eds.), *Truth claims: representation and human rights* (New Brunswick, NJ: Rutgers University Press, 2002), 11~21면.

친족의 윤리 24, 170, 258, 261
친족의 정치적 삶 24, 26~40, 265

전쟁과 가족
가족의 눈으로 본 한국전쟁

초판 1쇄 발행 / 2020년 7월 3일
초판 3쇄 발행 / 2023년 8월 28일

지은이 / 권헌익
옮긴이 / 정소영
펴낸이 / 강일우
책임편집 / 이하림 배영하
조판 / 신혜원
펴낸곳 / (주)창비
등록 / 1986년 8월 5일 제85호
주소 / 10881 경기도 파주시 회동길 184
전화 / 031-955-3333
팩시밀리 / 영업 031-955-3399 편집 031-955-3400
홈페이지 / www.changbi.com
전자우편 / human@changbi.com

한국어판 ⓒ (주)창비 2020
ISBN 978-89-364-8661-7 93300